高等院校人文素质教育系列教材

财商素养：基本理念与财富逻辑

杨 军 张 波 主编

清华大学出版社

北 京

内 容 简 介

本书立足提升个人财商素养，基于每个人生存与发展的基本需求，对财商知识体系进行了重构。从财富建设、财富运管、财富分配、财富保障、财富增长、财投心理、财富监测等方面启迪财富智慧，为当代人成人、成事与立业提供指引。本书内容共分为四大板块。第一板块为第一章，从财富的理念和思维出发，介绍基本的财商素养知识。第二板块为第二章至第四章，主要从国家宏观层面阐述财富的源泉及其影响因素，探讨财富在国家层面和国际层面的运行、管理和流动体系，以及社会财富如何通过分配和调节转化为家庭财富和个人财富。第三板块为第五章到第十章，介绍了家庭财富的管理，个人财富的稳健型、积极型投资理念与渠道，并阐述财投心理和行业赛道选择的重要性和要点，以及如何监测作为财富创造主体的行业和企业的运营情况和盈利能力。第四板块为第十一章和第十二章，在充分阐述财投风险的基础上，向学生展示了期货、期权、外汇三种高风险、扩张型投资渠道，并且集中展示了一些财投案例，带领学生感受财投的风险与魅力。

本书适用于高等教育、职业教育、继续教育阶段的各类学生群体，同时也适用于已步入职场的工作者及组建家庭的社会大众。

图书在版编目(CIP)数据

财商素养：基本理念与财富逻辑 / 杨军，张波主编. --北京：清华大学出版社，2025. 6.
(高等院校人文素质教育系列教材). -- ISBN 978-7-302-69325-3

Ⅰ. F275

中国国家版本馆 CIP 数据核字第 2025J6W554 号

责任编辑：陈冬梅
装帧设计：李 坤
责任校对：么丽娟
责任印制：沈 露
出版发行：清华大学出版社
    网 址：https://www.tup.com.cn, https://www.wqxuetang.com
    地 址：北京清华大学学研大厦 A 座   邮 编：100084
    社 总 机：010-83470000   邮 购：010-62786544
    投稿与读者服务：010-62776969, c-service@tup.tsinghua.edu.cn
    质量反馈：010-62772015, zhiliang@tup.tsinghua.edu.cn
    课件下载：https://www.tup.com.cn, 010-62791865
印 装 者：三河市少明印务有限公司
经 销：全国新华书店
开 本：185mm×260mm 印 张：12.25 字 数：298 千字
版 次：2025 年 6 月第 1 版 印 次：2025 年 6 月第 1 次印刷
定 价：49.80 元

产品编号：102261-01

编委会名单

主　　编：杨　军　张　波

主　　审：王　刚

编写成员：

　　白　鸽　刘兵兵　任力军　王婧茹　赵　琳

　　杨　泽　宋婧玮　贾　倩　温旭新　李时雨

　　王月瑶　赵　亮　赵永斌　王凤至

视频录制：

　　高　令

前　　言

　　人生以健康和财富等物质条件为基础。财富，从量上看是一种不断生成与积累之物，从无到有，从少到多；从质上看是人类劳动成果的结晶，从有形到无形；从功能上看是满足生存和发展需求的保障，从自由通达到兼济天下。追求和使用财富的过程是一把双刃剑。有人在创造财富中成就事业、实现价值、普惠大众，收获幸福；有人却在追逐财富中迷失自我、利欲熏心、违法乱纪，甚至家破人亡。有人利用财富保障自身生存、充实自我、行善积德，造福人类；而有些人却利用财富纸醉金迷、穷奢极欲、炫耀欺凌、压榨剥削。因此，如何经营财富的生成、积累、控制和使用这一过程，反映了财富所有者具备的财商素养，决定了一个人是否会拥有幸福美满的人生。

　　当今世界，大多数国家和个人都在追求财富的不断增长。不同的社会制度影响了人们对财富的不同认知。资本主义社会将财富视为资本增值的工具，导致人们对财富的过度追求和盲目崇拜。社会主义国家将财富视为福祉，目的是让人民过上美好且有品质的生活。当前，我国正朝着共同富裕的目标稳步迈进，必须自觉抵制不良的财富观念，树立正确的财富理念，将对财产、财富的认知提升到财商、财道的层面去学习和领悟，改造和更新关于财富的思想与行为，不断提高财商素养，积极推动人的现代化，为实现中国式现代化和中华民族伟大复兴贡献力量。

　　大学生是未来财富的重要创造者和拥有者。当他们初入社会，面对物欲横流的世界时，极易被一时的物质利益冲昏头脑、随波逐流；在面对工作、家庭等诸多事务时，也难免会不知所措、陷入困顿，其中很多困扰都与财商有关。因而，大学生不仅要通过专业学习掌握创造财富的基本本领，更应培养认识财富、驾驭财富的财商素养，认清财富本质，把握财富变化规律，以此实现理想人生。

　　当前我国已跃居世界第二大经济体，所积累的巨额财富是一代又一代人经历漫长工业化进程艰苦奋斗的成果。伴随着中国式现代化建设新征程，财富还将在更高阶的工业化进程和更开放包容的国际化格局中实现更快速、更高质量的积累。本书的目的，是推进财富观念向高阶化提升，以使当代大学生乃至更广泛的社会群体，能够自觉适应中国式现代化发展需求，理性、科学地看待和规划自己的财富创造、管理和使用之路，成为具有较高财商素养的时代新人。本书主要特点如下。

　　(1) 财商素养与财富逻辑结合。不仅介绍了财商的基本概念和理念，还深入探讨了财富的生成、积累、控制和使用的逻辑，帮助读者全面理解财富管理的重要性。

　　(2) 理论与实践并重。通过案例分析和实际操作指导，教材将理论知识与实际应用紧密相连，让读者能够将所学知识运用到实际的财富管理和投资决策中。

　　(3) 覆盖面广泛。内容涵盖了从个人财商素养提升、国家财富管理、家庭财富保障到全球财富动态等多个层面，为读者提供了全方位的财富管理知识。

　　本书的编写方法如下。

　　一是体现多学科融合，结合了经济学、金融学、管理学等多个学科的理论知识。

二是采用案例驱动法，通过引入实际案例，增强学习的实践性和趣味性。

本书由杨军负责拟定整体编写计划与指导方针，进行章节设置、内容选择和结构编排。张波负责组织和领导编写团队，包括分配任务、监督进度和协调等工作，并对所有提交的稿件进行质量把控和审核，白鸽老师承担了第2~6章的编写工作。

在本书的编写过程中，得到了许多专家、同人和朋友们的鼎力支持与帮助。在此，特别感谢刘兵兵、任力军、王婧茹、赵琳、杨泽、宋婧玮、贾倩、温旭新、李时雨、王月瑶、赵亮、赵永斌、王凤至等，他们在书稿的资料整理、内容完善和审校等方面做出了重要贡献。同时感谢山西大学经济管理学院的高令老师为本书配备了在线视频讲解，进一步丰富了本书的内容。还要特别感谢清华大学出版社及其编辑团队，尤其是尹飒爽老师，感谢她们在出版过程中提供的专业支持和高效协作。正是由于大家的共同努力，本书才得以顺利完成。再次向所有给予帮助的老师、同学和朋友们表达诚挚的谢意！

编 者

目 录

思维的运用，观念的探索，对科学宁静的沉思，会带来不可名状的愉快，其中的乐趣是无法描绘的，就像一切智慧的活动，它的各种现象都是我们的外部官能所不能窥见的。

——法国小说家巴尔扎克

第一章　财商：理念与思维

学习目标

掌握财富理念与思维，运用财商思维正确对待现实生活中的财富问题，树立正确的财富观。

重点和难点

1. 掌握财商理念与思维的多维关系。
2. 了解财商素养的四个特性。
3. 塑造更深层次的财道领悟。

引导案例

一个乐善好施的商人，在街上看到一个乞丐在路边乞讨，于是，动了恻隐之心，想要给乞丐一个改变人生的机会。他对乞丐说："如果我给你 1 万元，你会怎样用这些钱？"乞丐听了很高兴，不假思索地说："那我就去买一部好一点的手机，这样一来，我就可以通过手机查询各个地区的情况，看哪里人多，我就去哪里乞讨，就不愁讨不到东西了。"

商人听了，面露失望之情，接着又问："那如果我给你 10 万元呢？你会如何花？"乞丐回答："那我就买一辆 10 万元以内的汽车，这样，我乞讨起来就会方便很多，想去哪里就去哪里。"

商人听了十分无语，不甘心地问道："那如果我给你 100 万元，你会怎么花？"乞丐一听自己会成为百万富翁，立刻激动地回答："那么，我就去这个城市最繁华的地方，买下一块土地！"

商人这次听了，很高兴，觉得乞丐终于开窍了。哪知道乞丐突然又补了一句："这样的话，我在自己的土地上乞讨，就没有别的乞丐来和我抢地盘了……"

最后，商人彻底失望了，放弃了拯救乞丐的想法。

乞丐的理念与思维，局限了他未来的人生。

（资料来源：本书作者整理编写。）

第一节　理念与思维

理念与思维

治国之道，富民为始。从古至今，人们都怀着对财富的渴望与期盼，如果没有树立正确的财富观，即使拥有再多财富也未必会感到幸福和满足。因此，大学生应该培养正确的财富观，理性看待财富，在个人财富创造和积累的同时，不断提升自身财商素养。

一、财富的五大理念

(一)财富与时间

正确的时间财富观，是长期获得财富的前提和基础。任何财富，都是靠时间积累出来的。自古以来，"财不入急门"，赚钱不能急，越急越赚不到钱。时间是财富，是资源，是机遇，是创造财富的最大资本。任何一个有成就的人，都善于运用自己的时间，包括运用好一年、一天和当下的时间，也包括提高自己每一天、每一小时、每一秒的时间效率。奥诺雷·德·巴尔扎克(Honoré de Balzac)说，"时间是人所拥有的全部财富。因为任何财富都是时间与行动化合之后的成果"。人们专注于一个领域，持续不断深耕，用行动创造财富、积累财富，通过时间的积累，让财富开花结果，如图1-1所示。

拓展阅读：富兰克林的时间管理

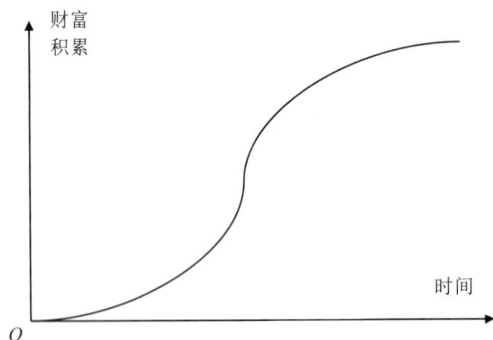

图 1-1　时间价值财富

案例 1-1：张阿姨的财富增长

张阿姨的职业是月嫂。她脑子灵活，手脚勤快，口碑极好。但她工作变动十分频繁，来到上海七八年，做过美发师、酒吧调酒师，去过美甲屋、中医按摩房工作。她每换一份工作，中间的过渡时间就去做月嫂。因此虽然工作经历丰富，但她的流动资金与存款积蓄却不多。她在每转入一个新行业时，往往是很有毅力的，都能很快入行，赚取大量财富。但结果却是，频繁的行业转换，导致她的财富起伏不定。如果张阿姨专注于月嫂行业，那么她的积蓄现在可能已经增长了10倍，如图1-2所示。

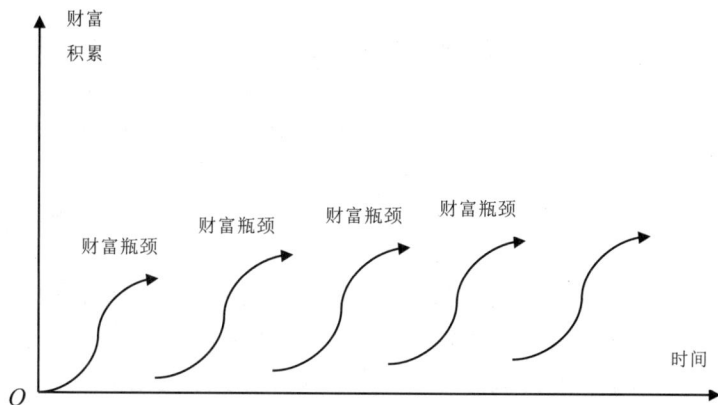

图1-2 张阿姨的财富增长曲线

张阿姨的问题在于，她有一个固执的信念，总是认为自己没有找到能赚钱的行业。很多人的想法与之相似，他们永远在想"现在做什么更赚钱"，而不是在某一擅长领域，通过时间沉淀，积累创造财富的能力和经验。实际上，能够长期持续发展、稳定性较强的行业，哪怕利润再小，也是大机会；而只能短期暴富的行业，哪怕利润再高，也是小机会。任何行业的发展都有其自身的生命周期，唯有在自己擅长的行业，不断沉淀，才能在年复一年的工作中，积累丰富的行业发展资源。

"荷花定律"表明，日复一日地重复自己所做的事，才能实现财富的逐台阶增长，并在机会出现时实现跳阶。有效的时间是最宝贵的资产，有效地管理时间，提高单位时间的工作效率，相当于拥有了比金钱更宝贵的资产和延长了生命。有限的时间越用越少，不可倒流，时间重复使用效应越多，所创造的价值就越大。比如已经制作好的影片、编写出版的专著等，都具有极高的复用效应，供他人多次重复使用，而所有权人便可源源不断地取得版权制作时间的重复使用价值。

金钱可以通过很多方式赚取，而时间，无论如何也不能重来。减少时间的浪费，花钱去购买时间，用可量化的金钱来换取自身更高价值的时间。经济学之父亚当·斯密在《国富论》中提到分工产能效能，即在每一种工艺中，使用劳动分工，就能成倍地提高劳动生产率。将稀缺的时间，专注于提升专业能力上，利用专业分工与合作，提升个人的时间价值。

(二)复利与速度

简单的事情重复做，复利就是在时间作用下，实现财富的快速增长。

金融投资的本质是复利效应，复利效应的条件是期限足够长。复利的计算公式为

$$F=A\times(1+i)^n$$

其中，F 代表收益，A 代表本金，i 代表收益率，n 代表时间。

从公式中，我们可以看到：时间、本金和收益率是复利的三个核心要素。本金可以不高，收益率可以不高，但是只要时间足够长，就会产生爆

拓展阅读：
巴菲特的"滚雪球"理论

发性的惊人效果。

卡尔·舍费尔(Karl Scheufele)曾说，如果你了解复利的力量，却不为了实现财务自由而运用它，那这就是不负责任的忽视。从这个角度来看，贫穷不是美德，而是无知。倘若能够持续实现稳定的复利增长，即便初期收益看似微不足道，但随着时间的推移，即便是少量的资产也能逐渐累积，最终裂变为一笔数额可观的财富。

由此可见，复利效应是线性增长完全无法比拟的。复利效应中非常小的基数，在时间的效用下，如同原子核在裂变时迅速扩大，达到线性增长几十倍的效果。沃伦·巴菲特(Warren E. Buffett)曾言，自己的人生就是一个滚雪球的过程。一条完美的复利曲线，在时间的作用下，增速会越来越快，最终实现巨大财富的积累。

由于财富观念和财富积累方式的不同，人们在财富积累过程中的速度也会有所差异，在某些阶段，财富会呈现爆发式增长。

案例 1-2：米粒的故事

曾有一个被国王赏赐的大臣，他想要的赏赐是，要求国王在 8×8 的棋盘方格中放米，在第一个格子里放 2^0 粒米，在第二个格子里放 2^1 粒米，在第三个格子里放 2^2 粒米，在第四个格子里放 2^3 粒米，以此类推，直到 64 个格子都放满米。国王一听，暗自窃笑，觉得他的要求太低，于是决定满足其要求。但是，令国王没有想到的是，棋盘很快就放不下米了，改用其他麻袋、小车、大马车来装，导致最后粮仓都没米了，但格子像个无底洞，怎么填都填不满。用公式来表示是这样的：$2^0+2^1+2^2+...+2^{63}=2^{64}-1$，总共需要米粒数高达18446744.07371 万亿粒。

(三)积累与流动

复利效应使得财富如同滚雪球般不断增长，而这一增长过程正是财富积累的体现。财富的流动则是其增长的催化剂，使得财富能够产生更多的实际价值。当财富流动性受限或停滞不前时，其潜在价值难以得到充分发挥，最终可能导致资源的浪费。财富积累的核心在于物质资料通过"生产—分配—交换—消费"的连续流动，完成社会再生产，形成一个完整的循环过程。在这个过程中，财富得以积累，并实现有效增长。

(四)保值与增值

财富具有一定的价值量，并处于不断变化中。只有在市场上流动，财富才能实现保值与增值。财富保值需要保证财富价值不因通货膨胀等因素产生亏损。财富增值则是以保住本金为前提，将财富融入社会大财富的整体流动中，实现财富价值不断增长。

在经济快速发展的背景下，要时刻关注市场变化，规避风险而保值，搭乘机遇而增值。通过理财规划，进行合理资产配置，将财富放在具有不同风险和收益的资产类别之间动态地进行分配，把不同资产放到不同"篮子"里，以此降低风险，提升收益，才能在变化的财富中实现保值与增值。

(五)"睡前"收入和"睡后"收入

《道德经》讲："天下万物生于有，有生于无。"要想实现真正的财富自由，一定要理解"无"这一面的东西，分清"睡前"的主动收益和"睡后"的被动收益。主动收益，没有沉淀和叠加效应，在劳累的路上越走越远。而真正睿智之人，深谙"有无相生"之道，平日里从事着主动收益的工作，但其终极目标是谋取被动收益。他们以主动收益作为助力，去获取"睡后"财富。

案例 1-3：主动收益和被动收益

有一位知名的建筑设计师，设计费往往是几百万元，但是，他每天非常累，头发也早早掉光了，已经 50 多岁的他还每天熬夜做设计，但赚到的也仅仅是主动收益，生活并不幸福。在朋友的推荐下，他咨询了一位财富专家。经过一段时间的咨询与学习，这位设计师在每次做项目报价的时候，会把价位报得虚高一些。原本 100 万元的设计费，报价为 200 万元，但是，多报的 100 万元，与甲方协商合作，参与甲方建筑中的一些食堂、物业、停车场等自营项目，将双方关系从甲、乙双方变成合伙人关系。然后这位设计师再将这些自营项目进行经营性出租，从而获得被动收益。三年之后，仅依靠设计中沉淀的合作资源，他每个月得到的租金就将近 5 万元。设计师的生活过得越来越好，他平时依旧按部就班正常做设计，但是，其认知已经发生转变，在生活中获得了足够的幸福感。

面对当下错综复杂的经济形势，价格战如火如荼，诸多企业深陷其中，疲于奔命，盲目跟进者，往往落得个遍体鳞伤的下场。反其道而行之，放弃主动收益，去拥抱被动收益，不失为一条竞争制胜的出路。例如，国际贸易的盈利模式已从单纯依赖商品销售转变为利用出口退税政策；软件服务器公司亦不再局限于产品销售，而是通过提供培训与软件服务获取收益；火锅店同样不再仅仅依靠食材销售，而是凭借特色锅底、精致油碟及丰富酒水等附加服务赢得市场。

枯木逢春再发芽，获取睡前收入是项目思维，而获取睡后收入是平台思维，两者初心不同，最终结局也截然不同。这就是道家思想里边讲的"有为"和"无为"，"有为"是主动收益，"无为"是被动收益，当被动收益远远大于主动收益时，才可以实现财富自由。因此要随时用自己的主动收益去沉淀自己的被动收益。

二、财富的五大思维

财富思维是一个人创造财富的基础和动力。正确的财富思维能够引导一个人走上致富之路。纵观历史，从古代的范蠡、邓通到近代的胡雪岩，财富思想在我国已有了数千年的传承和积淀。只有拥有符合时代发展的科学财富思维，才能更好地创造、经营和使用财富。

(一)时间价值思维

时间是最为稀缺的资源，时间因为稀缺而更具价值。这一方面是由于时间具有有限性，每个人在创造财富的过程中时间都是有限的；另一方面是由于时间的使用是排他的，用时间来进行财富创造的同时就舍弃了用时间做其他事情的机会，我们称之为机会成本。只有培养出色的时间价值思维，才能高效利用时间实现财富创造的最大化。

拓展阅读：
50：50 资产
配置法

时间是有价值的，是每个人都拥有的财富，但每个人对待和利用时间这笔财富的方式是不同的。时间是无情的，无论你选择做什么，也意味着你同时放弃了做什么，选择的东西就意味着放弃了某种东西。正如经济学中所讲的"机会成本"，放弃一个机会时的潜在成本，无论做什么选择，都会失去其他机会。为什么比尔·盖茨看到地上有 100 美元，他不应该去捡呢？根据计算，比尔·盖茨财富积累的速度，每 5 秒的时间可以赚 1000 美元，若他弯腰花 5 秒的时间去捡 200 美元，是不合算的行为，这会影响他赚更多的钱，也就是说，弯腰捡钱是赚更多钱的机会成本。因此，应该树立正确的时间价值观念，合理衡量时间价值，减少时间浪费，提高时间分配的有效性，优化时间利用，创造更多价值。

(二)空间价值思维

财富在每个时间点都能得到最优利用的前提下，在空间上也面临多种选择，如用财富进行消费、投资或捐赠等，这些选择对未来财富创造和积累都会产生重要影响。

选择大于努力。财富有如此多的配置方式，选择正确的配置方向和渠道，是发现更多投资机会、赢得更多财富的必要前提。而确定财富的空间配置方向，需要对市场大环境精准把控，对投资市场、消费环境等多个方面有清晰的认知，从而作出符合理性的空间配置选择。

(三)投资价值思维

投资是财富积累和不断增值的重要手段。树立投资价值思维，需要财富持有者拥有对市场未来发展走势作出预判的能力，这种预判建立在对冲动、善变、理性与非理性、学习与实践等多层次思维的基础上。经验是投资必备的要素之一，它能识破市场陷阱，减少错误。唯有明确自己"不知道答案"时的想法和心态，才能战胜"后见之明"，收获宝贵的经验和能力的成长，建立属于自己的"护城河"。巴菲特曾说，"在他人贪婪时恐惧，在他人恐惧时贪婪"。这种打破从众心理，特立独行的品质，是古往今来所有伟大投资者必备的要素。

投资意味着机会和财富，抓住投资机会，等于挖到宝藏，顺势就可获得大量财富。巴菲特对于投资机会，总结出了"20 打孔位"规则：简化，然后全力以赴。一个投资者要有一个规划一生的投资卡片图，上面正好留有 20 个打孔位。每做一次投资，就打一个孔，孔打完了，一生的投资也就完成了。他说，"根据这些规则，你将会真正认真地考虑你的每一次投资，你会被迫三思而后行，所以这样一来你自然会做得好得多"。

(四)效用价值思维

财富的效用影响了财富的"有用性"。财富的本质是能够满足人的需求的一切物质，因此当财富以任何形式所提供的效用价值对人来说是"有用的"且能够满足人的需求时，财富效用就能得到充分发挥。财富效用价值的高低取决于使用财富的人对它的评价，评价越高，满足感越强，财富就越有用，效用价值就越高。

需求是人类社会生产力进步和发展的根本动力，财富满足人需求的效用具有普遍性，保障了人民群众的生活和社会稳定。财富就是为满足人类生存和发展的各项需求，提供自由的物质保障。正如多德森倒"U"形曲线所描述的，适当的需求促使人们去获取财富。

人们在财富有进有出的循环往复中，去获得满足需求的基本资料。

财富在满足人的基本需求、带来好处的同时，也伴随着一些潜在风险和坏处。财富不当使用，不仅会助长人的无理要求，还会降低其效用价值。一些人通过财富获得的满足感会无限制地膨胀，过度追求基本要求之外的安心享乐、延续生命、享受刺激、豪车豪宅、身份地位、控制支配别人等欲望，肆意挥霍享用财富，将"满足感"扭曲为"贪欲"，陷入"货币""资本""信用""目的性"等"财富幻象"，从而会对人造成损害，削弱了财富的效用价值。

总之，理解和平衡财富的效用价值和风险是实现个人幸福和社会稳定发展的关键。适当的财富不仅满足了人们的基本需求，还可以提高生活质量、创造发展机会，以及为社会问题和弱势群体提供支持等效用。而过度追求与不当使用财富，容易导致人们失去更有意义的价值观和目标，忽略更深层次的满足感和幸福感。

(五)质量价值思维

财富的不同质量或形式代表了不同的价值，其获得的满足感也不尽相同。在相同的满足感下，质量也存在差异。例如，在现实生活中，企业股东分红可以以现金、资产等多种形式存在，不同形式的福利都属于财富，但它们带来的满足感是不同的，满足人需求的速度也有所区别。一方面，在市场经济下，现金具有更强的选择性和灵活性，可以非常容易地转换成物质或资产。当遇到市场上财富增值的项目时，可以迅速进行投资，实现财富增值。而资产的选择性则受到限制，例如，金融股票资产在遇到连续跌停等特殊情况时，股票资产可能无法变现。

另一方面，在通胀压力之下，货币可能超发，进而贬值，现金的保值能力可能不如房产。因此，在不同的经济发展形势下，不同类型的财富形式，会根据市场的变动发生变化，所带来的满足感和质量价值也有所不同。

第二节 财 富 素 养

财富素养

情景导入

某地发现了煤炭资源。外地的一个投资者来到这里，开办了一个矿场，并雇用了100人挖煤，每年获利1000万元。

故事一：投资者把获利的10%作为工资，每位工人年收入为1万元，这1万元只能满足工人的基本温饱问题。投资者一年赚900万元，但除了他之外，这个地方的其他人都是穷人。于是投资者将自己的大部分资金转移到国外，并办理了移民，然后建造了一栋豪华别墅，人们也逐渐忘记了他。

故事二：投资者将获利的50%作为工资，每位工人年收入5万元。投资者手中还有500万元。数年后，随着工人收入的增加，他们开始寻求更稳定的生活环境，住房需求因此应运而生。投资者看到这一需求后，用手里的钱建造了房子，又赚起了工人的钱。不仅住房如此，工人的吃喝娱乐也是需求。因此，投资者开设了饭店、KTV等休闲娱乐场所，进一步从工人群体中赚取利润，而这些场所的运营又创造了新的就业机会，使工人的家属也能得以就业。随着时间的推移，几年之后，这100名工人纷纷组建了家庭并有了子女，这进而催生了教育的需求，促使当地学校也应运而生。许多年后，这里已经发展成为一个小型但成熟的城市。而这位投资者不仅成了这里的首富，也成了大家最尊敬的人。

基于生活思想，才能拥抱无限力量。

(资料来源：本书作者整理编写.)

财商是一种理财智慧，包括正确的金钱观、消费观等理财观念，以及正确获取和使用财富的理财能力。财富思维，不仅是与金钱打交道的思维，还是用符合实际的技能和方法，改变对社会和未来发展的思维方式，从而认识自己，融入社会，让自己的人生拥有更多可能的选择权。

财商教育就是帮助每个人在不同阶段建立起对财富递进式的认识，通过方法和思维层面的学习，在财富认知、管理和创造能力上有所提升。

一、财富生成的整体性

财富并非孤立存在，而是始终与时代、社会等因素交织在一起。从静态构成上看，每个人的财富总和构成了整个社会和国家财富的一部分。个人财富通过在社会中不断流动，与整体经济的其他部分相互循环、交织，与社会财富和国家财富紧密相连，共同推动整个社会和个人财富的发展。

古人常说，"钱财乃身外之物"。现代社会，财富为整个国家和社会所有，个人所拥有的钱财等财富仅是短暂停留，不会永久固定于某个个体。当财富在某一刻停留于个体时，才表现为个人财富。所有财富在社会发展的各个环节中不断流通，个人财富虽然具有相对的独立性，但无法脱离社会财富独立存在。

财富的创造是一个社会化过程，其生成与社会和其他个体紧密相关。如果个体离开了整个社会的生产方式和技术条件，就无法创造任何财富。时势造英雄，每个个体的财富创造能力与整个社会当时的财富创造方式密切相关。不同的时代造就了不同时期的杰出的企业家，例如，改革开放40余年、互联网变迁20余年的历程中，中国经济发展的主导力量逐渐从投资转向内需，促进了产业结构的调整和高质量发展，应运而生的产业发展红利和互联网革命造就了许多时代英雄。

案例1-4：借势而为，成就己身

小米公司总裁雷军，是一位才华横溢的人才，读大学时用两年时间就学完了大学本科四年的课程，并在第三年通过创业编写软件赚取了20万元。后来在金山WPS工作时，他依然秉持学霸精神，尽管每天工作14小时，但事业一直没有起色。这是因为竞争对手的Office软件过于强大，而且国内对正版软件的意识非常薄弱，企业发展受限。经过多年思考，雷军终于领悟到，不应让战术上的勤奋掩盖战略上的懒惰。他毅然从耕耘多年的WPS转战手机市场，从研发符合国人使用习惯的MIUI手机系统开始，到推出发烧友喜爱的小米手机，再到发展小米商城，做成了巨大的小米生态市场。原来怎么努力都不见成效，但当雷军看到手机发展的大势，及时把握机会，缔造了如今小米品牌的辉煌。

历史上所有个人或者企业的成功无不是抓住了时代的机遇，呼应了时代的需求，搭上了时代发展的快车，在社会中积累了庞大的财富。亨利·福特(Henry Ford)，在 20 世纪初美国经济走向繁荣、美洲大陆逐渐成为高消费区域的大背景下，应居民渴望改善出行方式的需求，创造了福特汽车，使人们出行的交通方式更加便捷和多样。同样，比尔·盖茨(Bill Gates)在计算机开始在西方普及、计算机革命的浪潮中，紧跟时势，创立了微软，推动了全球信息化的发展，改变了全人类的生活方式，满足人们对新技术探索和掌握的渴望，比尔·盖茨本人也因此收获了巨大财富。

反之，如果脱离时代发展趋势，与社会需求不符，即使个人能力再强、产品创意再好，也难以拥有广阔的发展前景，更难以在社会市场中获取财富。100 年前，保时捷的创始人费迪南德·波尔舍(Ferdinand Porsche)就试图制造出电动汽车，但该想法与当时的社会需求和行业发展背景不符，最终未能成功。直到 21 世纪初，在绿色低碳环保的发展理念下，新能源汽车行业及其众多汽车品牌才得以蓬勃发展。

二、财富支配的专属性

个人财富是社会整体财富的一部分，但当个人合法拥有私人财富时，财富的所有权就属于个人，并且受到国家法律的保护。例如，劳动者通过为企业工作，获得 5 000 元劳动报酬，劳动者就对这笔报酬拥有完全的自主权和支配权，能够自由决定财富是用于消费、储蓄还是投资。当劳动者将这笔财富存入银行或购买金融理财产品时，这笔财富就进入社会整体财富的流通中，其所有权仍归属于劳动者所有。若劳动者在社会经济中将其用于消费，购买其他物品以满足自身需求，这部分财富的专属权就通过交易转移给物品销售方。

在我国，财产权是《宪法》赋予公民的十分重要的经济权利，是公民行使其他权利和自由的物质基础，也是国家发展社会主义市场经济的物质基础。社会主义国家的经济制度以公有制为基础，《宪法》在保护全民所有制和劳动群众集体所有制的公共财产的同时，也十分注重保护公民个人的合法财产权。因此，在法律层面，社会主义国家同样尊重个人财富，承认私权属性，两者具有一致性。

拓展阅读：
《宪法》《民法典》
等对人民财产的
保护条款

劳动者享有财富专有支配权的前提是合法拥有这笔财富，只有合法财富才受到国家法律的保护。反之，若是通过盗窃、贪污等不当的非法途径得到的钱财，不仅不会受到国家法律的保护，而且对其也不享有专属支配权。通过合法途径得到的财富，个人具有完全的控制力，这种专属控制权具有较强的排他性，即不允许其他任何人妨碍自己行使支配收入的权利。

三、财富功能的保障性

财富的功能多种多样，但最基础、最重要的功能便是保障个人需求，为财富所有者提供舒适的生活。美国拳王乔·路易斯(Joe Louis)曾经说过，"我并不喜欢钱，但它能使我的神经得到平静"。财富是生存的基础、成长的支撑和自由的保障。作为满足人需求的一种工具，财富不仅可以满足人最基本的生存需要，为人的生理和安全提供极大的保障；而且当一个人想要尝试新事物、追求自我价值实现时，财富可以为其提供足够的物质基础和保障。例如，一个人想要创业、学习新技能或休闲娱乐时，财富可以保障他享受到这种需求。总之，财富能够给大部分人良好的感觉，增强其对未来生活的信心，保障人充分的自由。

财富保障人的需求，是满足人们对有益于身心健康生活的需要，而不是满足人无止境的贪欲。贪欲是满足正常需求后的额外需求，是对生命的剥夺，并不能为人带来真正的愉悦感。无论结果如何，都会伴随着莫名的空虚与失落或极度的挫折与悲伤等消极情绪。久而久之，会使人陷入扭曲的财富观，虚荣与财富带来的社会地位、荣誉和声望，最终成为他人意见的奴隶，让人失去自由。在祸害社会的同时，也祸害了自己。总而言之，财富的功能是保障，而不是满足贪欲。只有树立正确的财富观，正确看待财富，正确赚取财富，正当使用财富，才能真正成为财富的主人。

四、财富效用的自由性

财富自由性，是指拥有足够多的精神和物质财富，能够满足自身生存和发展的合理需求，通过使用财富达到自由状态，也就是享有不做某些事情的权利，而非想做什么就做什么的权利。在"基本"的生活需求得到"持续"保障的前提下，足够多的财富就可以"自由"投入"该"做的事情中，实现"有钱有闲，财务自由"。

财富效用的自由性，建立在正确认识效用自由规律的基础之上。财富只有在个人按自己的意愿自由使用时才会产生效用。这意味着，在财富使用的过程中，使用者对其有充分的自由选择权，不受制于其他任何人。但是，这种无约束满足需求的财富量并非一个绝对的概念。财富自由因人而异，衡量财富自由没有绝对标准，只是相对于个人需求而言达到满足的状态即可。

第三节　财　道　领　悟

财道领悟

情景导入

一位富豪到华尔街银行借了5 000美元贷款，期限为两周，银行贷款须有抵押，于是他用停在门口的劳斯莱斯作为抵押。银行职员将他的劳斯莱斯停在地下车库里，然后借给富豪5 000美元。两周后富豪来还钱，利息共15美元，银行职员发现他的账上有几千万美元，便问他为什么还要借钱。富豪说，15美元两周的停车场，在华尔街是永远找不到的。

可见，财道无处不在，缺少的是发现财道的思维和眼睛。

(资料来源：本书作者整理编写.)

财商是一个人判断财富的敏锐性，以及对如何形成财富的了解。在现代社会，财商与智商和情商是并列的三大不可或缺的素质。智商反映的是人作为自然生物的生存能力；情商反映的是人作为社会生物的生存能力；而财商反映的是人作为经济人在经济社会中的生存能力。学好财商，能改变思维意识，掌握财商技能，提升驾驭财富的能力，找到快速增加财富的方法。

一、财富逻辑

无，万物之始也；有，万物之母也。财富是一个从无到有的过程，每一个人来到这个世界之初，处于什么都没有的"无"的状态。这种状态就是"有"的开始，到一定阶段，就会去追求内心想拥有的"有"。这一阶段，类似于小孩从出生到成年，上学期间都不需要去创造财富，直到有了劳动能力，就能够自食其力去追求"有"。这是一个漫长的破零过程，也是不断积累的过程。

正如真正属于自己的人生，需要靠自己从无到有去建设，去创造，财富也是如此。财富从无到有，需要通过不断学习，去获得创造财富的知识和经验，并依靠所学经验和技能去获得工作。这些都是破零阶段所积累的资源，是创造财富的能力和本领，最终将积淀成为一个具有坚实基础的创富方舟。财富从无到有的破零阶段，就是由小变大、从少到多的增长与积累过程。这一过程需要时间积累，逐步通过学习、储蓄、投资等手段推动财富实现保值与增值。

财富最终服务于人的需求，满足人正常的生产生活所需。在用财富进行消费满足自身需求时，需进行合理的规划，避免财富瞬间急剧减少。同时，需警惕需求无限扩大转变成不可满足的欲望。定期对人生财富进行预算，给财富安装指南针与"灯塔"，确保不至于迷失在财富海洋中。

二、财富学习

财富是一门学问。学习财富知识，有助于形成正确的财富观，明晰财富通道，积淀深厚的财富素养。人生是不断学习的过程，财富也一样，只有通过不断学习各种财富理论和创造财富的实践案例，才能真正掌握创造财富的正道。

在创造财富的过程中，人永远无法凭空想象自己没见过的东西，也自然难以脱离环境的桎梏创造新的财富。世上任何真知灼见都是在日积月累的学习浸润中，逐渐培养发现财富的眼见和胆识，产生专业性的财富认知和理解。

财富不会听命于配不上它的头脑。一方面，即使有庞大财富，若没有足够能力去运用它，最终也会被自己凭"实力"失去。归根结底，还是在于薄弱的财富认知能力难以与财富相匹配，反而无任何益处。另一方面，只有站在更高的财富维度，才能创造更多的社会财富。正如案例 1-5 中的"管道的故事"一样，金光闪闪的"努力"两个字，在时代大势下，必须加一个前提。假如你只是努力提桶，那是毫无意义的；只有努力地建造管道，才可能修成正果。

案例 1-5：管道的故事

从前，在遥远的地方，有一个小村庄。在这个美丽的村庄里，住着一对好朋友：帕保罗和布鲁诺。他们都很年轻，梦想有一个更美好的未来。他们经常谈论自己的梦想，谈论如何成为村里最成功的人。他们都不怕辛苦工作，一直在寻找机会，去达到他们的目标，实现他们的梦想。有一天，机会终于来了，村委会主任决定，雇用这两个年轻人，要求他们穿过山谷，把山上的泉水运到村里来，报酬按水的桶数计算。帕保罗和布鲁诺非常兴奋，马上投入了工作。每一天，他们从早到晚，提着水桶来往于山泉和村庄之间。他们很努力地工作，把水运到村庄里。每天晚上，他们两个人都拿着当天的报酬，开心地回到家。

布鲁诺很满意这份工作和报酬，他确信通过这份工作，他就可以实现他的梦想。布鲁诺想：如果要增加他的报酬，就必须换更大的水桶，这样每一次他就可以提回更多的水。他相信，有了更多的报酬，他很快就可以买一头奶牛，以及他一直梦寐以求的房子。然而，帕保罗并不满足于他的报酬，每天回到家里，他的背部和手都很疼，而且精疲力竭。他在寻找一个既轻松，又能赚更多钱的方法。有一天，帕保罗终于想到了一个办法：他打算建一条管道，把山上的泉水引到村子里来。有了这条管道之后，他就可以将更多的水引到村子里，而不需要很辛苦地来往于山泉和村庄之间。很快，他就开始实行他的计划了。当然，他也和他的好朋友布鲁诺分享了这个想法，并邀请他一起建造管道。布鲁诺认为这简直是疯了，他想，他今天能赚到多少钱，赚到的钱能买些什么及如何更快地赚钱。他认为：建造管道会拖慢他的脚步，推迟实现他的梦想。

因此，两个好朋友开始了不同的人生轨迹。

布鲁诺换了更大的水桶，而且增加了往返的次数，他确信通过这种方法，可以赚到更多的钱。帕保罗决定一个人建造管道，他知道这条管道有可能需要花费几年的时间才能建造完成，但是，他一心想完成自己的目标。他和往常一样每天用水桶运水，但他会利用周末和业余时间建造管道。第一个月，他的工作并没有太大的进展，布鲁诺和村民开始嘲笑他，称他为："管道人帕保罗。"在这段时间，布鲁诺的报酬增加了一倍，他买了奶牛，建造了更大的房子，他的生活改变了。下班之后，布鲁诺回到酒吧，用他的收入换取快乐和享受。布鲁诺没有意识到，由于每天都要提着沉重的水桶，他开始驼背了！他一脸疲倦，很快，由于身体的疲劳，他能提的水越来越少了。帕保罗还是日复一日地工作，但是，他积攒着自己的收入，有了一定的经济基础，他开始减少提水的时间，增加了建造管道的时间。很快，一年、两年时间过去了。

帕保罗的重大时刻终于到来了，他的管道完工了！这是一个令人兴奋的时刻，帕保罗再也不需要用水桶把水运到村庄里，现在帕保罗比以前赚到了更多的钱，且无论他在睡觉、吃饭还是在度假，管道里的水都在源源不断地流进村庄里。由于他的眼光、毅力和辛勤工作，水源源不断地流进来，只要有水从他的管道流进来，他的收入就随之而来！

小说《教父》里有句话，花半秒钟就看透事物本质的人，和花一辈子都看不清事物本质的人，注定有截然不同的命运。当今社会在快速地迭代发展，财富的创造方式也要与时俱进。

三、财富行动

实践是检验真理的唯一标准，财富行动也是如此。与财富学习一样，财富行动需要从小培养，从身边的小事做起，运用财富知识，付诸行动，成为行动上的巨人。行动越早，时间带来的效益越高。

财富行动包括理财规划、投资管理、税务筹划、风险管理及退休规划等多个方面。只有尽可能掌握更多的财富知识，才能在千变万化、风险四伏的金融市场中选对方向，少走弯路，实现事半功倍，快速积累财富。财富行动体现在生活中的方方面面，它随着市场的变化而变化，日常消费、储蓄投资等都是财富行动。在行动中积累经验，反过来指导正确的财富行动，才能在正确的行动方向上越走越远。

万丈高楼平地起，财富积累意识与财商素养需要从小培养。就像知识的积累一样，需要从小就开始培养正确的财富观念和习惯，奠定健康的财富基础。一分一厘地积攒财富，越早开始财富行动，就能越早地利用财富的实践价值，让钱生钱，利用复利等手段创造更多财富。任何财富行动都存在一定风险，只有通过不断探索和尝试，才能创造更多的财富。

四、通达与兼济

个人通过参与市场经济活动，利用自己的能力和才智，不断创造财富，最终实现家庭、事业和社会的成功。在社会主义财富向善的社会机制下，个人积极参与财富管理的社会功能，帮助社会弱势群体的同时，促进社会发展，也能增加自己的财富。正如亚当·斯密所指出的：人们在追求自己利益的同时，也促进了他人的福利。

"富贵而知好礼，则不骄不淫；贫贱而知好礼，则志不慑。"致富后要让财富回报社会，这是财富创造者的终极价值体现。这种追求卓越、利他主义的财富精神，在为社会创造丰富的产品和服务的同时，也赢得了他人的尊重。

思　考　题

1. 复利人生的解读。(要点提示：财富增长需要时间；"72 法则""115 法则")
2. 观看电影《遗愿清单》，理解"老鼠赛跑"和"人生快车道"。(要点提示：财富通过在社会中流动实现增值)
3. 从现在行动，制订实现财务自由的计划。(要点提示：财富从社会中来，最终回到社会中去)

努力是一种智慧，创造是一种艺术，而财富则是努力与创造的结晶。不同物质的多样功能和环境差异赋予其独特能力，即使用价值。劳动创造出具有使用价值的商品，交换使使用价值转化为价值，从而点燃财富的火花。

第二章　财　富　建　设

学习目标

了解财富来源及形成过程，树立劳动创造财富的信念，理解技术进步、资本有机构成、管理等因素对财富增长的影响。

重点和难点

- 了解使用价值和价值之间的关系，学习财富创造的机理。
- 熟悉劳动创造财富的理论和实践。
- 掌握技术进步、资本有机构成、管理等因素对财富增加的影响机制。

引导案例

赵工程师在偏远的沙漠地区进行矿产勘探时，无意间发现了一种新型矿石。经过详细研究后，他发现这种矿石在高温环境下具有出色的耐火性，可以用于冶金和制陶工业。在电子领域，它也展现出卓越的导电性和半导体特性。如果将这种矿石与特定塑料混合后，将可以制造出强度高且耐腐蚀的复合材料，适用于飞机零部件。这种矿石的开发推动了当地经济的发展，为社会带来了巨大的效益。

(资料来源：本书作者整理编写.)

第一节　自然：财富的源起之地

自然：财富的
源起之地

一、万物生于存在

自然界万物，包括人类，都是存在的产物。存在赋予物质和生命以实体和能量，使它们能够展现多样的形态和功能。存在同时也是一个深远的哲学概念，涉及思考和意识的存在。人类具备理性和自我意识，能够思考、感知和理解世界，这正是存在赋予的特殊能力。通过思考和意识，人类能够认识自己、认识他人，探索和改造自然，推动社会的发展与进步。人类发展的过程，也是不断与自然进行互动和共生的过程。人类从自然中获取资源满足需求、创造财富的同时，也应承担起保护自然环境、维护生态平衡的责任。只有在尊重自然规律、追求可持续发展的前提下，才能实现财富的可持续增长，确保人类和自然的和谐共生。

(一)生命体系的形成及发展

生命体系的形成及发展涉及生命的起源、演化和多样性等众多复杂过程。通过对地球上生命的研究，可以窥探生命如何从简单的单细胞生物逐渐进化为多细胞生物，形成不同的物种和生态系统。

在自然界中，原子和分子发生缩合反应，形成不同的元素和化合物。经过漫长的演化过程，一些基本元素和化合物(氢、氧、氮、碳等)逐渐形成，这些基本元素和化合物是构成生命体系最基础的成分。同时，这些元素和化合物通过各种自然力量的相互作用和调节，形成地球上多样而丰富的自然环境，为生命体系的演化提供必要条件。

随着元素的相互作用及环境的不断变化，单细胞生物逐渐登上历史舞台。此后，由于环境变迁和基因突变等原因，单细胞生物开始出现不同种类和形态，不断进化。这一阶段的主要演化过程包括有机物合成、细胞诞生、原核生物演化和膜壳生物出现等。

随着单细胞生物的进化和多细胞生物的形成，生命体系开始变得复杂和多样化。这些多细胞生物通过细胞的分工协作和组织的协调发展，实现更高级别的生命活动。之后，多细胞生物也经历了长期的演化，形成各种不同的物种和类型，逐步趋于稳定和完善。这一阶段的主要演化过程包括多细胞组织的出现、器官系统的形成、动植物的分化和脊椎动物的出现等。

(二)仿生学的运用

从元素到细胞再到生物的过程。就是万物产生的过程，而万物的产生伴随着多种多样功能的出现。不同的物质具有不同的功能，有其所特有的生存之道。即使是相同的事物，在不同的环境下，也会有不同的功能。不同物质结合，更是可以衍生出各种各样的功能。而对自然中万物多种多样的功能进行模仿，更是促进了技术创新和社会进步，其中仿生学就是一个很好的例子(见图2-1)。

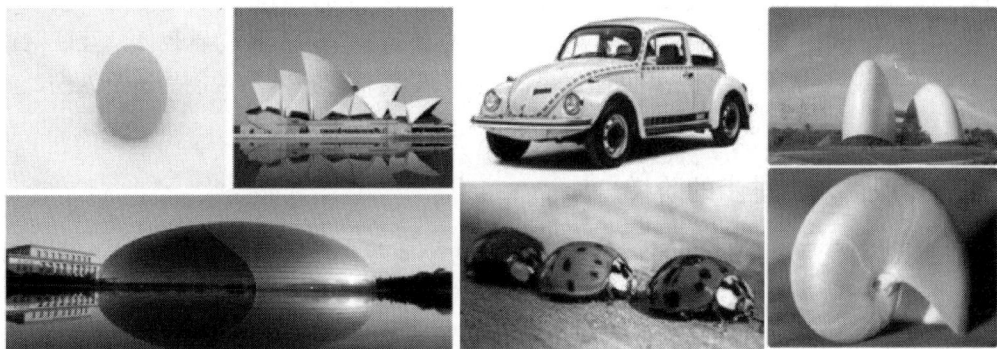

图 2-1　仿生学运用

人们观察到鱼儿可以在水中自由游动，就模仿鱼类形体造船，以木桨仿鳍；鸟儿展翅可以在空中自由飞翔，人们就仿照鸟儿的结构设计和制造了扑翼机；古人模仿蜘蛛织网发明了渔网；飞机的机翼设计是模仿鸟类翅膀的剖面；喷气推进技术是从墨鱼运动学来的；雷达技术源于对蝙蝠超声波定位的模仿；直升机悬停的灵感来自蜻蜓；红外成像的技术是受到响尾蛇红外感知能力的启发；计算机结构实际上是模仿人的计算行为……在力学仿生中，模仿海豚皮肤的沟槽结构，将人工海豚皮包敷在船舰外壳上，可以减少航行中的湍流，提高航速；在信息与控制仿生中，根据象鼻虫的视动反应制成的"自相关测速仪"可以测定飞机的着陆速度。自然万物，是创造物质存在的基础，它们源于万物，发展于万物，基于万物的存在而存在。

二、功用附于物质

物质本身具有一定的属性和特性，通过这些属性和特性能够满足人们的需求和实现特定的功能。换句话说，物质承载了人们为了满足自身需求所需要的功能。在日常生活中，衣食住行是人类最基本的需求，而这些需求都依赖于具有相应功能的物质。比如，食物满足人们的营养需求，衣物起到保暖和装饰作用，床和家具提供休息和舒适的空间。因此，使用价值附着在某种物质载体上，物质承载了使用价值的实现。人们通过利用物质的功用，满足自身需求，追求高品质生活。

(一)石油：传统能源行业

石油是一种自然资源，也是一种重要的能源和化工原料，其在各个领域发挥着重要的作用。石油通过提炼和加工，可以转化为各种燃料，如汽油、柴油和天然气，用于交通运输、工业生产和家庭使用。此外，石油还可以被用作化学工业的原料，从中提取出各种有机化合物，制造塑料、橡胶、合成纤维等产品。石油的使用价值附着在其所含的能源和化学物质上，通过提供能源和原料满足人们的需求。

(二)互联网：新兴行业

互联网是一种现代信息通信技术。通过将信息技术附着在互联网上，人们可以进行高速的数据交流、信息传递和资源共享。互联网使世界各地的人们能够实时沟通，获取丰富的知识和信息，进行在线购物、在线学习和远程办公等。作为一种物质载体，互联网通过提供网络连接设备(电脑、手机)和网络服务(宽带接入)将信息技术的功能传递给人们，满足他们对于通信、娱乐和商务的需求。

(三)知识：人类进步的阶梯

知识是一种无形财富，也是一种不可或缺的物质载体。通过将知识附着在物质载体上，人类可以创造新产品、解决问题和推动社会进步。例如，科学家通过将自己的知识应用于实验设备和实践中，发现新的科学原理和创新技术；工程师通过将自己的知识运用于设计和制造过程中，打造出高效的机器和设备；教育者通过将知识传授给学生，培养出有才能和技能的人才。知识的功用附于物质载体上，通过教育、研究和实践等方式被广泛应用于各个领域，推动着社会的发展和进步。

功用附于物质是经济学中的重要概念，它描述了使用价值与物质之间的关系。各种物质载体都承载着功能和服务，使人们能够从中获益。无论是石油、互联网还是知识，都解释了功用附于物质的概念。这些物质载体通过提供能源、信息和智力，满足人们对于能源、通信和创新的需求，推动经济和社会发展。未来，将涌现更多的物质载体，为人们创造更多的使用价值。

三、财富源于自然

财富源于自然，这是一个深刻且不可忽视的真理。尽管当今世界似乎与自然环境疏远，人们在城市里的高楼大厦中、工厂里的生产线上或办公室里的电脑前追逐着财富，但无论如何，离开自然，所有财富都无法创造。

(一)自然是财富的直接来源

自然是财富的直接来源，它为人类社会提供了丰富的资源和各种可能性。

农业作为人类最早的经济活动之一，直接依赖于自然。自然提供了土地、水源和气候条件，使农业得以开展，为人类提供粮食、纤维和其他农产品。此外，农业也受益于生态系统服务，如蜜蜂为农作物传粉、湿地调节水文循环等，这些都是自然直接提供的财富。

化石能源(石油、天然气和煤炭)也是自然给予的直接财富。这些能源是亿万年前生物遗体和植物在地壳深处经过压力和高温形成的，为人类提供了极为丰富的能源资源。这些化石能源不仅驱动了工业革命，也支撑了现代化社会的快速发展，成为国家经济的重要支柱。在能源领域，新能源也逐渐成为自然的新财富。太阳能、风能、水能等清洁能源被广泛认为是未来能源发展的新方向。这些清洁能源大多来自自然界的能量转换，为人类提供了替代传统化石能源的选择。通过技术创新，人类能够更好地利用新能源资源，推动能源生产方式向更加清洁、可持续的方向发展，从而更加充分利用自然资源。

自然还是旅游业的重要资源和财富。壮丽的自然风景、丰富多样的野生动植物资源吸引着大量游客。森林、湖泊、山脉、海滩等自然景观给人们带来心灵上的愉悦和放松，同时也促进了当地经济的良性发展。因此，旅游业成为许多国家和地区的重要经济支柱，也间接彰显了自然作为财富的价值。

正因为自然是财富的直接来源，所以人类应该珍惜和保护自然资源，合理利用自然资源，同时注重生态环境保护，以实现可持续发展的目标，从而使自然的财富惠及现在和未来的人类社会。

案例 2-1：抗疟疾药物——青蒿素类

19 世纪 60 年代，中国应越南请求，全力研究新型抗疟药物。研究人员对中医药古籍中的数百种中草药单、复方进行大量研究，发现青蒿在抗疟时高频率出现，最终将目光聚焦到青蒿的乙醇提取物上。后来，屠呦呦受东晋名医葛洪《肘后备急方》的启发，改变提取方法，使用乙醚从黄花蒿中分离出青蒿素并确定了它的抗疟活性。其结构经过谱学行为分析、X 射线晶体衍射分析、旋光色散分析、化学反应佐证、全合成等多方面研究最终确定。青蒿素于 1985 年被我国药监部门批准上市，但其生物利用度和生物药剂学性质差，临床应用受到限制。为解决这一问题，研究人员以青蒿素为先导化合物进行结构优化，开发出了青蒿琥酯、二氢青蒿素和蒿甲醚等多个临床新药，并在全球范围内应用，其在抗疟药物中占据了重要地位。

(二)自然助力财富创造

现代社会中，许多看似与自然毫不相干的产业和财富实际上都依赖于自然资源和生态系统服务。

信息技术产业，尽管以高科技和人工智能为代表，但其制造过程和运行仍需要大量的能源和材料，其中包括诸如稀土元素、金属矿产等自然资源。另外，在信息技术产业中，数据中心的大量能耗也离不开能源资源的支持。因此，即使是高度现代化的信息技术产业也与自然资源有着紧密联系。

金融服务业也是如此。金融交易、投资和资金流动虽然看似脱离实体经济和自然资源，但其实金融活动背后依然需要基础设施、能源供应和环境维护等自然资源和生态系统服务的支持。例如，金融机构的办公设施需要用到木材、钢铁、水和电力等资源，而金融投资也会直接或间接影响自然资源的开发和利用。因此，金融服务业虽然看似与自然资源关系不大，但实际上在各个环节都离不开自然的支持。

此外，文化创意产业也不能脱离对自然资源的依赖。无论是建筑设计、影视制作还是艺术创作，都需要用到各种建筑材料、纸张、油漆、化学制品等资源，这些都是直接来自自然界的物质。同时，许多文化创意产品的主题和灵感也源于自然，自然景观、生物多样性和人与自然的关系等都成为文化创意产业的重要素材。因此，文化创意产业虽然表现为与自然资源关系不大，但实际上在资源利用和创作主题上都与自然有着密切联系。

总之，无论是能源和材料的供给，还是生态系统服务的保障，自然都是许多产业和财富得以持续发展的基础。因此，人类需要更加注重资源的可持续利用和生态环境保护，以确保这些产业和财富能够长期稳健地发展下去。

案例2-2：胸怀四季，情系自然——四枚胸针

一直致力于宝石科普与文化传播的湖南省地质博物馆，这一次，将视角聚焦于四季植物，在珙桐、莲花、银杏、蜡梅中提炼四季植物的精神，并以此为设计蓝本，推出"自然四季"系列宝石文创。用浓缩了日月山川亿万年精华的珍贵宝石，演绎如歌四季之浪漫隽永，于方寸间，展现自然资源的珍贵，同时传达自然资源与人的精神力量。四季植物，四板胸针，每一枚胸针围绕一种植物进行设计表达。"四季"系列宝石文创以胸针作为设计形式，胸针就像一枚徽章，既能作为一种身份的象征，也凝练表达着自然资源与人的精神思想。

春有"舞天"，夏有"照水"，秋有"临风"，冬有"傲雪"，"四季"系列宝石文创为每一枚胸针量身定制了独有意味的设计主题和名称，分别对应春风中绽放的珙桐花，夏季里亭亭玉立的莲花，秋风里满树金黄的银杏，以及冬雪中傲然挺立的蜡梅。

第二节　劳动：财富的创作之源

财富是劳动的市场

小张是一位年轻有为的发明家，他计划发明一款新型清洁能源发电机。然而，这需要经过不断的研究与试验才能变为现实。于是，他聘请了一批经验丰富的工程师来进行发电

机的研究和生产。在长期的努力下，他们终于研制出一种节能环保的发电机，并开展大规模生产。这项成果不仅解决了环保问题，也为社会创造了新的财富和就业机会。小张和他的团队坚信，只有通过辛勤的劳动和不断创新，才能让经济持续、健康发展。

(资料来源：本书作者整理编写.)

一、劳动的创造性

中华民族自古就是崇尚劳动的民族。从"晨兴理荒秽，带月荷锄归"的耕作，到"女郎剪下鸳鸯锦，将向中流匹晚霞"的纺织，再到"六月调神曲，正朝汲美泉"的酿造……古往今来，对劳动的赞歌绵延不绝。马克思同样指出："任何一个民族，如果停止劳动，不用说一年，就是几个星期，也要灭亡。"而劳动的创造性又是其最为独特的存在。

(一)体力创造

人们可以通过体力劳动，创造出各种实物产品。在农业领域，人们进行耕种、种植和养殖等劳动活动，生产出大量粮食、蔬菜、肉类等农产品，以满足其食物需求。这些产品从土地和其他农业资源中提取，经过劳动者的辛勤努力和照料而培育成熟。农业劳动者根据季节和作物特性，选择适当的种植技术和农业实践，以确保作物的健康生长和丰收。

在工业领域，人们通过生产线作业、机械操作和加工等劳动，制造出各种机器设备、电子产品、汽车等工业品。工业劳动者运用各种工具、仪器和技术，根据生产要求进行生产和加工操作，将原材料转化为成品。他们参与到生产过程的不同阶段，从原材料的采购到制造和装配，再到最终产品的质量检验和包装，确保产品符合质量标准并能满足消费者的需求。

在建筑领域，人们通过建筑施工和装修等体力劳动，创造出房屋、道路、桥梁和其他基础设施。建筑劳动者根据设计图纸和工程要求，进行测量、挖掘、砌筑、安装等工艺操作，将建筑材料组合成具有功能和美观的建筑物。在这个过程中，劳动者需要具备结构知识、工程技能和安全意识，以确保建筑的稳固性、耐久性和安全性。

(二)模仿创造

人们模仿自然界已有事物，通过脑力劳动不断创造出新事物。自然界是人类的学习源泉和灵感宝库。人们观察大自然中的生物，对其结构及运行机理进行学习，并模仿其创造新事物。

古代人类对鸟类的飞行进行长时间观察和研究。通过模仿鸟类翅膀结构，人们设计了飞行器机翼，使其能够在空中产生升力，实现人类飞行梦想。这一创造在航空领域产生了革命性的影响，使人们能够以前所未有的方式迅速穿越长距离，促进社会交流和经济发展。

人们还通过研究植物的营养过程，模仿其作用机理，发明了肥料和化肥。植物从土壤中吸收养分，通过光合作用进行能量转化，不断生长和发育。人们通过对植物养分需求的研究，发现植物所需的元素和比例，并将其应用于农业生产中。人们制造出肥料和化肥，通过为土壤提供养分，帮助植物获得更好的生长条件，从而提高农作物产量和质量，满足人类对食物的需求。

(三)自主创造

人们在模仿自然界已有事物的基础上，形成了一系列理论知识，并将这些理论应用于新一轮脑力劳动中，自主创造出全新产品。

在信息技术领域，人们对计算机原理和编程技术进行研究，从而创造了互联网技术和各种软件应用。互联网的出现极大地改变了我们的生活方式，推动了社会和经济的数字化转型。通过在线交流、电子商务、大数据分析等技术手段，我们可以更高效地获取信息、开展业务，并且在全球范围内展开合作和交流。

另外，在医学领域，人们通过对人体生理、病理等方面的深入研究，不断创造出新药物和治疗方法，提高人类的健康水平。通过对理论知识的运用，人类可以更好地理解疾病原因和发展过程，有效地预防和治疗各种疾病。例如，基于对免疫系统原理的理解，科学家研发出一系列疫苗，有效预防多种传染病的扩散，保护人类的健康。

除此之外，自主创造还可以在各个领域中发挥重要作用。在工程领域，人们通过对物理原理和材料科学的研究，创造了诸如高铁、太阳能电池等技术，推动交通和能源发展。在环境保护领域，人们通过对自然生态系统的研究，提出了许多环境保护的理论和方法，促进可持续发展。

二、财富的动态性

劳动创造财富的手段和形式不是一成不变的。随着时间的推移，人类劳动不断升级和改进，劳动创造财富过程中的手段、途径及劳动的组织形式发生了变化，从而推进了财富在质和量上的积累，导致财富的数量和价值发生变化。

(一)专业化分工

当劳动发展到一定程度时，人们开始进行专业化分工，每个人根据自己的技能和能力从事特定的工作。这种分工与合作的模式极大地提高了劳动生产率，每个人专注于自己擅长的工作，不再需要花费时间和精力去学习和掌握其他领域的知识和技能。生产效率得到显著提高，大量产品和服务可以迅速生产出来，满足市场需求。经过长期的积累和持续改进，社会的总体财富水平得以提升。

案例 2-3：丰田汽车的精益生产

丰田汽车公司采用的精益生产，通过将生产线上的工人和团队分配到特定的任务，如精细的引擎安装、精确的车身焊接和细致的最终组装，实现了生产流程的高效和产品的高标准质量。这种专业化分工不仅优化了生产效率，减少了浪费，还提升了产品可靠性，增强了客户满意度。由此带来的成本节约和市场竞争力的提升，为丰田在全球汽车市场中创造了显著的经济效益。

(二)机器与劳动结合

随着经济的不断发展，工场手工业的生产已经不能满足市场需求，工业革命由此产生。机器逐渐登上历史舞台，其与劳动结合，共同推动经济持续增长。随着机器的引入和自动化技术的发展，生产过程中的劳动力需求减少，取而代之的是机器和设备的运作，资本的有机构成随之提高。相对于人工而言，机器能够快速、准确地完成重复性任务，大规模生产效率得到进一步提高。机器设备的引入使经济更具活力，不断创造出更多的财富。

(三)人力资本积累

人力资本是指通过教育和培训等方式提高人们的技能和知识水平，这是一种特殊的资本投资。当个人具备更高水平的技能和知识时，他们能够更有效地参与到生产过程中，提高生产效率和质量。人力资本的积累进一步推动经济的持续增长和发展。高素质的劳动力能够更好地适应和应对市场需求，创造出更多的价值和就业机会。此外，人力资本的提升也促进了创新和技术进步，为经济带来更多的机遇和潜力。

要点提醒：
(1) 亚当·斯密(Adam Smith)的分工理论。
(2) 卡尔·马克思(Karl Marx)关于资本有机构成的理论。
(3) 罗伯特·卢卡斯(Robert E. Lucas, Jr.)的内生经济增长模型。
(4) 保罗·罗默(Paul M.Romer)的内生增长模型。

要点提醒：
劳动是价值的唯一源泉。
(1) 商品的新价值是由活劳动创造的。
(2) 创造价值的劳动是多方面的。
(3) 在知识经济时代，脑力劳动变得日益重要。

三、劳动创造财富实例

纵览人类文明史册，几乎所有的经典训诲中，都记载着勤勉致富的忠告，都凝结着奋斗成功的感悟。唯有勤勉踏实地劳动才能托起一个又一个致富的梦想。

案例2-4："老干妈"：从路边小摊到享誉世界的名牌

陶华碧，一位勇敢面对命运挑战的女性企业家，40 多岁时因丈夫去世独自抚养两个孩子。为维持生计，她开始售卖米豆腐，每天背着重重的背篓往返十几里的路程；即便长时间接触石灰导致双手指甲严重钙化并在春天脱皮，她也未曾放弃，而是不懈地寻求机遇。1989 年，在贵阳龙洞堡的路边，她用塑料布和废砖头搭建起一间简易餐棚，其精心制作的凉粉和麻辣酱吸引了众多顾客，逐渐从小摊发展成为繁忙的饭店。到了 1996 年，陶华碧更进一步，招聘了 40 名工人开设食品加工厂，专注于生产麻辣酱。如今，陶华碧的企业已经采用先进的流水线生产，将"老干妈"发展成为世界闻名的品牌。通过不懈的努力和坚韧不拔的精神，她不仅创造了巨大的财富，也帮助他人实现了致富的梦想。

案例2-5：杨善洲：让荒山秃岭变金山银山

杨善洲，原云南省保山地委书记。1988 年他选择离开城市，利用自己的力量去改善遭受严重破坏的凉山地区生态环境。回到凉山后，他带领林场工人植树，简陋的设施、艰苦的环境并没有阻挡杨善洲及工人们改造凉山的决心。经过 20 多年持续不断的努力，凉山林场扩至 7 万多亩，树木超过 1500 万棵，茶园和果园的面积也逐渐扩大。这些树木不仅让荒山变得郁郁葱葱，也为当地居民提供了水源和柴火，并有效治理了水土流失问题。2009 年，杨善洲无偿将林场管理权转交给施甸县林业局，这一举动展现了他对当地居民和环境的深爱及奉献精神。如今，虽然杨善洲已经离世，但他留下的财富却永远存在于大凉山。郁郁葱葱的森林、清澈流淌的河水成为当地百姓的宝贵财富。这不仅是物质财富，更是一种精神财富。他艰苦奋斗和一心为民的精神激励着整个社会，引领着更多人去关注生态保护和社会发展。

案例 2-6："铁人"王进喜：拼命也要拿下大油田

王进喜，甘肃玉门人，是新中国第一批石油钻探工人及全国著名的劳动模范。1959 年，王进喜作为劳动模范参加北京群英会时，发现公共汽车因缺少汽油而使用煤气，这深深触动了他。他感受到国家和民族的压力，认为工业像人体需要血液一样，也需要石油的支撑。因此，他强调石油工人有责任帮助国家克服能源短缺的挑战。1960 年春，我国石油战线传来发现大庆油田的喜讯，王进喜从西北的玉门油田率领 1205 钻井队赶来，在大庆油田艰苦创业，打出大庆第一口油井。在随后的 10 个月里，王进喜率领 1205 钻井队和 1202 钻井队，克服重重困难，双双达到了年进尺 10 万米的奇迹，为我国石油事业做出了巨大贡献。王进喜的"铁人"精神，不仅是对自我挑战的极限突破，更是一种为国家发展贡献自己力量的高尚情怀。他的故事和精神，成为激励一代又一代石油工人的力量源泉，生动展现了劳动不仅能够创造财富，更能够推动社会进步和国家发展。

总之，在现代经济中，劳动是创造商品和价值的唯一源泉，它也是创造财富的基础。同时，不同领域的劳动者通过劳动生产出来的商品和服务也促进了社会发展，为人类创造了更加美好的生活。

第三节　财富倍增路径

财富倍增路径

情景导入

小施创立了一家电商公司。为了提高公司效益，他采取了一系列措施。首先，他积极推广自动化生产线，使生产效率显著提高。其次，持续投资新技术和设备，提高生产效率和产品质量，并积极拓展业务范围和市场份额，吸引更多客户和投资者。同时，注重流程优化和资源管理。最后，通过对消费者数据、市场趋势和竞争对手情况的分析，制定出更加科学的业务战略和营销策略，帮助企业实现利润的稳健增长。

一、技术进步

人类在漫长的生产生活过程中不断积累经验、进行理论创新、改进生产手段，用自己的智慧让生产更有效率，通过技术进步不断地带动财富成倍增长。

(一)电子商务：新型商业运营模式

随着互联网技术的发展，电子商务得到爆炸式增长。越来越多的消费者选择在线购物，而传统零售业则面临着巨大挑战。这种变化产生的原因在于，电子商务提供了更便捷、更快速、更安全的购物体验。通过电子商务平台，消费者可以轻松找到所需商品，并通过手机或电脑完成付款。而商家也可以通过电子商务平台扩大自己的销售渠道，降低成本，提高利润率。因此，电子商务的出现为消费者和商家带来了更多机会，同时也为整个社会创造了更多财富。

(二)共享经济：新型经济模式

共享经济是近年来兴起的一种新型经济模式，以共享资源和服务为核心，通过互联网技术实现协同创新和价值共享。共享经济的代表性企业包括 Airbnb、Uber、滴滴出行等。这些企业通过撮合供需双方关系，实现闲置资源的最大化利用，进而为消费者提供更便宜、更优质的服务。参与共享经济的人群可以通过出租房屋、打车、跑腿等方式赚取收入，同时还能够体验到更加丰富多彩的生活。因此，共享经济不仅增强了个人经济实力，也带动了整个社会的创新和发展。

(三)人工智能：新型技术科学

人工智能被认为是引领新型技术革命和产业变革的战略性技术。人工智能的出现改变了我们的工作方式、生活方式甚至是思考方式。在商业领域中，人工智能已经被广泛应用于客服、营销、风险管理等方面。它可以帮助企业自动化流程，提高效率，降低成本，从而提高企业的竞争力和盈利能力。同时，人工智能也为人们带来更多的就业机会和创业机会。因此，人工智能的发展不仅可以促进企业增长，也可以带动整个社会经济的发展。

技术进步为消费者和商家提供了更多机会，同时也创造了更多的就业岗位和创业机会。然而，在享受技术带来的便利和收益的同时，我们也需要警惕技术可能带来的一些问题，如隐私泄露、虚假广告等。只有在保持警觉的同时，才能更好地利用技术进步促进财富增长。

二、资本有机构成

人类在创造财富的过程中更新设备、机器、工艺，从而使劳动生产率不断提高，导致资本有机构成不断提高，因而促进财富的成倍增长。

(一)农业现代化

在农业领域，设备更新和工艺流程优化对提高农产品产量和质量起到关键作用。例如，引入先进的农机设备，包括大型拖拉机、收割机和种植机械，实现农田机械化作业，提高生产效率。此外，应用现代化种植技术和管理方法，如精准农业、温室种植和无土栽培等，优化农业生产流程，提高产量和质量。通过这些改进，农业生产得到有效提升，为农民创造更多财

拓展阅读：
(1) 资本有机构成。
(2) 资本价值构成。
(3) 资本技术构成。

富，并满足人们不断增长的食品需求。

(二)汽车制造业

随着科技的进步，汽车制造业中的设备和工艺得到极大改善。例如，引入自动化生产线和机器人技术，使汽车生产过程更加高效和精确。此外，使用先进的材料和零部件，如轻量化材料和节能引擎，以及智能驾驶技术的应用，提高汽车性能和安全性。这些创新和改进降低了生产成本，提高了生产效率，同时也满足了消费者对更好、更安全、更环保的汽车的需求，促进了财富增长。

(三)电子科技行业

在电子科技行业，设备更新和工艺流程优化对财富增长起到重要作用。例如，半导体制造业中的设备不断更新，每一代芯片都更小、功耗更低、性能更强大。同时，工艺流程不断优化，提高了制造效率和产能，降低了成本。这种改进推动了电子产品的创新和发展，如智能手机、平板电脑等，为产业带来了巨大的经济效益，推动了财富增长。

资本有机构成是促进财富增长的重要因素之一。资本有机构成的提高不仅使企业自身的盈利能力提高，还会引领新兴产业的兴起，为消费者带来更多选择。但在享受资本有机构成带来的收益的同时，我们也需要注意它可能带来的社会问题，如劳动力失业、财富分配不均等。因此，我们需要在资本有机构成变化的过程中，注重社会责任和可持续发展，确保整个社会都能从中受益。

三、管理

要实现财富的增长，管理是至关重要的因素之一。通过有效的管理，可以激发组织的创造力和生产力，提高效率并推动创新，促进财富的增长。

(一)战略规划与市场开拓

通过制定有效的战略规划来开拓新市场的管理策略，并扩大现有市场份额。这可以通过识别新的发展机会、分析竞争环境和消费者需求，以及制定相应的市场开拓策略来实现。

案例 2-7：华为公司

首先，华为公司积极关注市场趋势和技术创新，并及时调整自己的产品组合和战略定位。华为在 2012—2016 年的品牌期阶段，提出了"云管端"战略，开始向手机端发力，实现业务从 2B 向 2C 的战略拓展。其次，华为公司密切关注竞争对手的动态和市场趋势，以便更好地应对挑战和抓住机遇。同时，他们通过市场研究和用户反馈，了解消费者的需求和偏好，从而针对性地开发和改进产品。例如，华为通过直接与消费者沟通，收集反馈，并结合市场分析，成功地打造了满足特定消费者需求的产品，如 nova 子品牌。最后，华为公司与全球各地的运营商合作，扩大产品销售渠道。此外，华为还积极拓展线下零售店的布局，提供独特的购物体验，增强品牌影响力和用户黏性。同时，他们也注重通过线上渠道进行销售，并提供全面的售后服务和支持。华为公司通过制定有效的战略规划，不断开拓新市场并扩大现有市场份额，取得巨大成功。

(二)运营效率提升

管理通过提高运营效率来降低成本并提高利润。这可以通过优化生产流程、改进供应链管理、采用先进技术和自动化系统等方式实现。

案例2-8：特斯拉公司

首先，特斯拉引入了先进的制造技术和自动化设备，使生产线更加智能化和高效化，优化了生产流程，从而降低了生产成本并提高了产能。其次，特斯拉与供应商建立了紧密的合作关系，实现了供需匹配和成本控制。特斯拉还在全球范围内建立了供应网络，确保原材料和零部件的及时供应，提高其生产灵活性和响应速度。此外，特斯拉在生产中广泛应用了机器人技术，通过自动化生产线和智能化管理系统，提高了生产效率和产品质量，降低了人力成本和资源浪费。

(三)人才培养与激励

管理通过培养和激励员工来提升组织的绩效和创造力，进而推动财富的增长。这可以通过建立良好的人力资源管理系统、提供培训和发展机会、激励绩效优秀的员工等来实现。

案例2-9：宝洁公司

首先，宝洁公司注重建立良好的人力资源管理系统。他们通过招聘和选拔具有潜力和能力的人才，建立了一支高素质的团队。同时，宝洁公司为员工提供持续的培训和发展机会，帮助他们不断提升技能和知识。其次，宝洁公司实行绩效管理制度，并以此激励绩效优秀的员工。他们设定明确的目标和指标，对员工的表现进行评估和反馈。优秀的绩效被认可和奖励，包括晋升、薪资调整和其他激励措施，以激励员工持续提供高水平的工作表现。同时，宝洁公司鼓励员工参与创新和团队合作。他们鼓励员工提出新的想法和解决方案，并提供支持和资源来实施这些创新。最后，宝洁公司还建立了跨部门的合作机制，使员工能够在团队中共同努力，解决问题并实现目标。

思 考 题

1. 试用第一节知识理解"金钱不是万能的，但没有金钱是万万不能的"。(要点提示：价值和使用价值的关系)

2. 观看《劳动铸就中国梦》第二集内容，并结合自己的感悟写一篇观后感。(要点提示：劳动的创造性及劳动创造价值)

3. 从资本有机构成的角度来探索特斯拉上海超级工厂的"超级"性。(要点提示：不变资本投入增加，可变资本投入减少，资本有机构成提高)

聪明的人会管理金钱，智慧的人则掌控金钱。而真正的智慧则在于运用金钱去创造更加美好的未来，去帮助他人，去实现自己的梦想和目标。

——美国政治学家本杰明·富兰克林

第三章　财　富　运　管

学习目标

建立财富运管的整体框架，熟悉财富运动特性、财富运管体系与财富跨界情形，正确看待财富的虚与实，了解金融在财富运管体系中的作用和职能。

重点和难点

1. 理解财富运动属性。
2. 熟悉国家财富运管体系。

引导案例

很久以前，在一个小村庄里住着一位名叫李大富的农民。李大富是村里最勤劳和聪明的人，他每天都辛勤劳作，努力种植庄稼，养殖牲畜，以期能够积累更多的财富。有一天，李大富在田地里发现了一个神秘的盒子，里面竟然有一颗闪闪发光的宝石。李大富心想，这一定是非常贵重的宝物。于是他决定把宝石卖掉，换取一大笔金币。然而，换取金币后，李大富并没有因此就停止努力。他知道金币是有形财富，但它们并不能永远保持其价值。李大富决定将部分金币用于购买土地，并开始种植更多的庄稼。他还投资养殖业，购买了一些牛、羊，以提供更多的食物和产品。因此，李大富的农田变得更加肥沃，他的牲畜数量也逐渐增加。他出售农产品和牲畜获得了更多的金币，财富不断增长。

(资料来源：本书作者整理编写.)

第一节　财　富　运　动

财富运动

一、财富运动的二元性：实体经济与虚拟经济

在财富运动中，其运动形态包括实物形态和虚拟形态，也称为实体经济和虚拟经济。实体经济包括土地、建筑物、设备和基础设施等，提供了生产、居住和发展的基础、必要场所和条件，是财富的重要组成部分，支持着生产和创造价值的过程。虚拟经济主要包括电子货币、股票、知识产权等，在虚拟和数字领域中存在。随着科技进步和互联网的普及，虚拟经济发挥着越来越重要的作用。

(一)实体经济——生存和发展的基础

实体经济是以物质资料的生产经营活动为主，以精神产品与各种服务类产品的生产经营活动为补充的各种经济活动的总称。它包括农业、工业、交通运输业、通信业、商业、建筑业、服务业等，也包括教育文化、医疗、卫生、艺术、体育等精神类产品的生产与经营部门。实体经济具有物质性和有形性的特征，通常被人们直接拥有和使用，可以用于个人消费、投资和保值增值。实体经济在人们的日常生活中扮演着重要角色，是人们生存和发展的基础，还可以作为投资和资产增值的对象，如房地产、黄金等，其价值可以随时间的增长而增长。

实体经济是社会发展的基本条件，只有实体经济的发展才能真正促进人民文化生活水平的总体提升。实体经济的概念决定了其具有三大基本特点：有形性，任何实体经济都以一定的物质条件为依托，能被人们切实地感知和触摸；主导性，实体经济是一国或一个地区经济发展的基础，是人类赖以生存的保证，主导着人类社会发展的基本进程；趋降性，即随着经济的不断发展，实体经济在所有经济总量中所占的比重会趋于下降。目前西方发达国家的实体经济总量部分已经降到 50%以下。

实体经济的发展可以促进国家财富和个人财富的增长。实体经济的产业多样化，可以缓解经济波动，增强经济韧性。实体经济产业链条较长，可以扩大市场规模，促进就业，带动相关产业发展，稳定社会经济秩序。实体经济发展还可以提供更多的就业机会，增加税收收入，推动产业升级和创新发展。因此，实体经济对于促进经济平稳发展具有重要意义。此外，实体经济对于可持续发展的贡献不可忽视。实体经济作为载体可以推动经济的可持续发展。实体经济的发展需要消耗资源，但通过科技创新和技术进步，可以实现资源的高效利用和回收再利用，降低环境污染和碳排放。因此，实体经济的发展对于实现经济可持续增长和改善人民生活具有重要意义。

知识链接——货币形态定义
现金和存款；
投资资产；
不动产；
企业股权；
知识和技能

(二)虚拟经济——数字化时代的宠儿

虚拟经济是相对于实体经济而言的，是经济虚拟化的必然产物。经济的本质是一套价值系统，包括物质价格系统和资产价格系统。与成本和技术支撑定价的物质价格系统不同，资产价格系统是以资本化定价方式为基础的一套特定的价格体系，这就是虚拟经济。

在现代经济运作中，虚拟经济就是以虚拟资本为核心，以各种信贷体系为依托，以各类金融衍生品为补充的一切经济运作形式。其特点表现为以下几个方面。

一是无形性，虚拟经济是一种虚拟的，以钱生钱为主要特征的经济运作方式，会逐渐脱离实物依托，只通过资本的不断流转，而扩大其规模。二是复杂性，虚拟经济的发展及创新，是被大多数人接受的主观性的无实物积淀或假托实物基础的创新。虚拟经济的复杂性表现在以下几方面。

(1) 运作方式复杂化。通过各种创新与衍生，造成运作方式的相对复杂，再加上人为因素导致运作方式的更加复杂与不透明。

(2) 组成多样性。其包括各类有价证券、信用凭证等，而且随着衍生品的出现与增多，还会有更多的新的组成方式。

(3) 内部联系多头性。银行、金融机构、证券市场、实体经济等之间，以及自身内部都有着多方面的联系与影响，并且随着规模的扩大与形式的多样化，各种联系会以乘数效应扩张而更趋复杂。

(4) 不稳定性。在虚拟经济的运作过程中，信用是其发展的基础与保证，各投资者、借贷者等之间及内部的联系与影响都以层层叠叠的各种信用、契约等为纽带，一旦其中一个环节脱节，就会导致整个经济如多米诺骨牌一样整体瘫痪。

三是扩张性。随着社会与经济的发展，虚拟经济在其中所占的比重会越来越多。经济体越发达，虚拟经济所占的比重越大。

由于资本化定价，人们的心理因素会对虚拟经济产生重要影响。也就是说，虚拟经济在运行上具有内在的波动性。广义地讲，虚拟经济除了研究较为集中的金融业、房地产业，还包括体育经济、收藏业等。虚拟经济发展过度将会带来泡沫经济，但是，我们不能因此就忽视虚拟经济的合理性和正面作用，将之视为"洪水猛兽"而拒之门外。实体经济与虚拟经济的关系及特性如图 3-1 所示。

图 3-1　实体经济与虚拟经济的关系及特性

1. 积极影响

首先，虚拟经济允许投资者对特定风险进行有效管理。例如，期货合约可以用于对冲商品价格波动风险，也可以用于对冲股票价格波动风险。它为投资者提供了灵活性和保护机制，帮助他们降低风险和保护资产价值。其次，虚拟经济交易活动在市场上产生了大量买卖交易和信息流动。这些交易和信息通过价格发现机制，帮助市场准确反映资产的价值和预期，有助于提高市场效率和透明度，为投资者提供更准确的市场定价。最后，虚拟经济为投资者提供了丰富的投资和套利机会。通过利用价格差异、市场不对称信息和相关性，投资者可以利用虚拟经济进行投机和套利交易，从中获取利润。这种活动可以提高市场的流动性和深度，促进市场健康发展。

2. 负面影响

虚拟经济的复杂性和高度相互关联性，使一些风险有可能在整个金融系统中迅速传播和扩大。一旦出现市场崩盘或金融危机，虚拟经济可能成为风险传播的渠道，导致系统性风险的出现。虚拟经济的交易和定价往往依赖于各方之间的信息不对称。这可能导致市场操纵、内幕交易和不公平竞争的问题。当少数机构或个人拥有更多信息和资源时，他们可以通过操纵市场行为获得不当利益，损害其他投资者的利益。另外，虚拟经济的大规模交易和套利活动可能导致市场波动和泡沫的出现。当泡沫破裂时，可能引发系统性风险和金融危机。

案例 3-1：比特币的兴起和价格波动

比特币是一种加密货币，它的价格在过去几年内经历了巨大的波动，吸引了全球投资者的关注。2017 年，比特币价格飙升至历史最高点，一度超过两万美元，引发了全球范围内的投资热潮。这一现象被称为"比特币热"，许多人都纷纷购买比特币，希望能够获得高额的投资回报。然而，比特币价格的剧烈波动也导致了投资者的巨大损失。2018 年年初，比特币价格急剧下跌，一度跌至几千美元以下，许多投资者因此蒙受巨额亏损。这一过程展示了财富的流动性和不确定性，投资者的财富可能随着市场波动而迅速增长或减少。此外，比特币的兴起也引发了对加密货币监管的讨论。各国政府和监管机构开始加强对加密货币市场的监管，以确保投资者的权益和金融稳定。这一过程也体现了财富运动背后的政策调整和监管措施。

3. 实体经济与虚拟经济协同发展

实体经济与虚拟经济可以协同发展、互相促进，提高资源配置和利用效率。实体经济通过与虚拟经济的融合，可以实现产业链、供应链和价值链的整合与优化，提高生产效率和降低成本。同时，虚拟经济也能够为实体经济提供新的市场和销售渠道，扩大商业机会和利润空间。实体经济与虚拟经济协同发展能够提供更多的社会服务和便利。例如，电子商务平台的兴起使消费者可以更加方便地购物和享受各种服务；在线教育使学习资源得到更广泛的分发和共享。另外，协同发展还有助于缩小地区和社会群体之间的差距，促进全民共享发展成果。

个人财富的基础在于实体经济的发展和运行。虚拟经济以实体经济为支撑，并为实体经济服务，为个人投资者提供了多样化的投资机会和资金融通渠道。因此，我们应该认识到虚拟经济和实体经济之间的相互关系，维护金融市场的稳定和健康发展，以实现个人财富的持续增长和社会经济的可持续发展。

二、财富运动的二阶性：积累与集聚

财富可以通过不同的形态进行转换，进而对价值产生重要影响。财富的形态转换涉及将财富从一种形式转变为另一种形式(见图 3-2)，财富形态转换具有二阶性，由简单资产的积累到复杂融资、投资的集聚两个过程。转换过程中不仅可以改变财富的性质，还可以增加财富的价值。

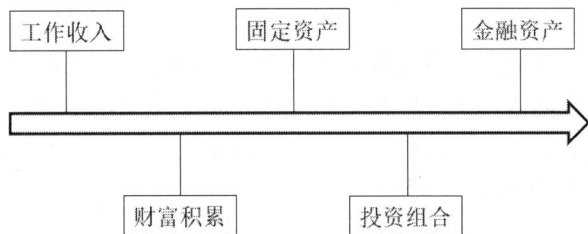

图 3-2　财富增值过程中的形态转换流程

财富形态转换可以提高财富的流动性和灵活性。当财富处于某种形态时，可能受到一些限制，难以实现快速变现。然而，通过转换财富的形态，可以将其转化为更具流动性的形式，使其更容易使用和交易。在财富积累的过程中，将固定资产转换为现金可以提供更大的灵活性，使个人或企业能够更好地应对紧急情况。通过选择适当的转换策略，可以将财富从低收益或低增长的形态转换为高收益或高增长的形态，实现财富的增值。而在财富集聚的过程中，通过将资金投资于具有潜力的股票或投资项目，可以通过资本增值或投资回报获得更高的财富收益。财富形态转换可以实现风险分散和资产配置的优化。在集聚过程中的财富具有不同的风险特征和回报特征。通过将财富分散投资于不同的资产类别和市场，可以降低整体投资组合的风险。同时，根据个人或机构的风险承受能力和投资目标，优化资产配置，可以最大化财富的收益和保值能力。

财富形态转换需要谨慎和审慎，处理好财富积累和集聚的过程。不恰当的转换策略或时机选择可能导致财富的损失或减少。在进行财富形态转换时，个人或机构需要充分了解各种财富形态的特点和风险，并结合自身的情况和目标制定合适的转换策略。

第二节 "1+N+1"财富运管体系

"1+N+1"财富运管体系

情景导入

亚特兰蒂斯是一个繁荣昌盛的国家，拥有丰富的资源和发达的经济体系。亚特兰蒂斯的货币，称为"奥里魔"，一直以来都是稳定和强大的。但突然间，外部经济变化和金融市场的波动冲击了奥里魔的价值，导致货币贬值和通货膨胀。国王召集了一支由最优秀的经济学家、金融专家和政府官员组成的团队，成立了国家货币管理委员会。他们深入研究了亚特兰蒂斯的经济状况和全球金融市场的变化，制定了一系列的货币政策，旨在恢复奥里魔的价值和稳定货币供应。他们采取了一系列紧缩措施，包括提高利率和减少货币供应，以遏制通货膨胀。这些措施对经济产生了一定的影响，但他们相信这是保护奥里魔价值的关键。团队的努力开始见到成效，奥里魔的价值逐渐稳定，并且通货膨胀得到了控制。亚特兰蒂斯的经济逐渐恢复，国家再次回到了稳定和繁荣的轨道上。

国家价值财富管理涉及资产的增值、风险的管理及经济的稳定。中国货币银行体系是一个庞大而复杂的体系，由多个机构组成，包括中央银行、银行业金融机构和国家金融监督管理总局(见图3-3)三个类别。

国家价值财富管理是指国家通过有效的规划和管理手段，增加国家资产的价值，保护国家财富并促进经济的可持续发展。其包含经济稳定与发展，国家通过财富管理手段，实现经济的稳定和可持续发展。有效的财富管理可以推动经济结构的优化升级，促进创新和技术进步，增强国家经济的竞争力和韧性。

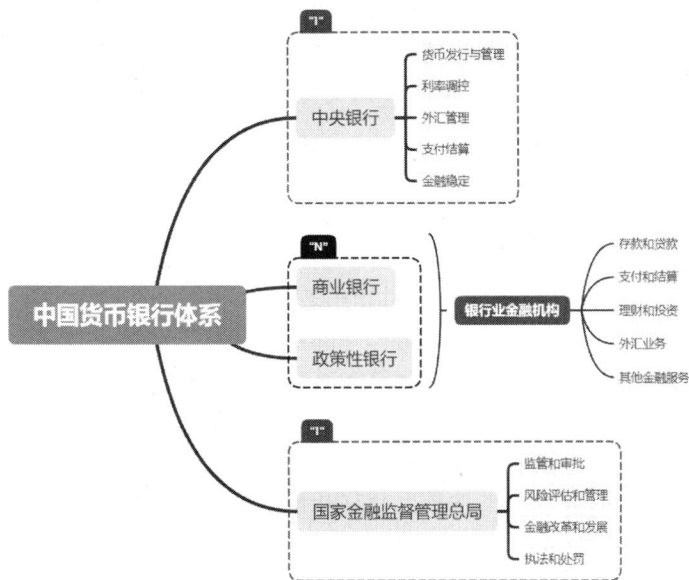

图 3-3　中国货币银行体系

一、"1"：财富运管政策机构

　　财富管理政策机构，即中央银行，是国家经济体系中的重要机构，负责监管和引导货币供应、金融体系稳定及实施货币政策，以维护经济的稳定和促进经济可持续增长。中央银行在财富运行中的作用主要通过货币政策来体现，其核心任务是控制货币总闸门，以维护国家的经济稳定和财富安全。中央银行会通过货币政策的制定和执行来影响货币供应量，通过调整货币供应量来控制通货膨胀，确保物价稳定，从而维护财富的实际价值。中央银行通过货币政策的制定和执行，直接参与国家的财富运管。例如，当中央银行降低基准利率时，商业银行通常也会降低贷款利率，这促使更多人借款购买房屋或投资，推动了房地产市场和股市的升值，从而增加了个人投资组合的价值。同时，中央银行在危急时刻扮演着关键的角色。当金融危机或经济衰退威胁到国家的财富时，中央银行可以采取紧急措施，如提供流动性支持、降低利率，以稳定金融市场和恢复信心，从而保护国家的财富免受严重损害。

二、"N"：财富运管商业机构

　　财富运管商业机构包括商业银行和政策性银行。商业银行是中国货币银行体系中的重要组成部分，承担着保管、增值和流通财富的重要职责。商业银行可分为三类。第一类是国有独资商业银行，即中国工商银行、中国农业银行、中国银行和中国建设银行。第二类是股份制商业银行，即交通银行、深圳发展银行、中信银行、中国光大银行、华夏银行、中国投资银行、招商银行、广东发展银行、福建兴业银行、上海浦东发展银行、海南发展银行、中国民生银行等 12 家。第三类是城市商业银行，它们是在原城市信用合作社清产核资的基础上，吸收地方财政、企业入股组建而成，属于股份制性质。政策性银行承担了支持国家经济发展战略和政策导向的任务，包括国家开发银行、中国进出口银行和中国农业发展银行。它们主要通过提供政策性贷款支持重点行业和地区的发展，如基础设施建设、国际贸易和农村经济。

商业银行在国家和个人财富管理中发挥着重要作用。在国家财富管理方面，商业银行充当了金融中介的角色，接受存款并提供贷款，从而将储蓄转化为投资，促进了经济增长。此外，商业银行通过贷款创建货币，有助于维持通货膨胀和通货紧缩的平衡，同时也支持国家货币政策。商业银行还提供支付和结算服务，使个人和企业能够方便地进行交易，促进了经济活动和贸易，维持了金融体系的正常运行。商业银行还参与国债的销售和交易，帮助政府筹集资金，支持国家的预算和基础设施建设。商业银行的健康状况对国家的金融稳定至关重要，政府和监管机构对其进行监督和规范，以确保其稳健经营。

在个人财富管理方面，商业银行提供各种储蓄账户和存款选项，帮助个人安全地储存和积累财富。此外，它们提供个人贷款，包括住房贷款、教育贷款和个人消费贷款，帮助个人实现购房、教育和其他重要目标。商业银行还提供投资和理财服务，帮助个人管理和增值财富，包括股票、债券、基金和退休计划。此外，商业银行的信用卡和借记卡使个人能够方便地进行支付，并建立信用记录，这对于购买大宗商品和获取贷款非常重要。商业银行通常还提供财务咨询和规划服务，帮助个人制订财务计划和目标。综合而言，商业银行在国家和个人财富管理中扮演了关键角色，有助于推动经济增长，维护金融稳定，为个人提供财务工具和服务，同时也需要政府和监管机构对其进行监管，以确保其健康运营和风险管理。

案例3-2：中国房地产市场的波动

在过去几十年里，中国的房地产市场经历了巨大的变化，成为全球较大的房地产市场之一。21世纪初，中国政府推出了一系列鼓励房地产投资的政策，促使房价快速上涨。房价的快速上涨使许多人的财富迅速增长，同时也刺激了相关行业的发展，对中国经济起到了推动作用。随着房价的持续上涨，许多人开始担心房地产市场泡沫的形成，政府也加强了对房地产市场的监管和调控。2010年，政府出台了一系列限购、限贷等政策，以抑制房价过快上涨，并防止房地产市场泡沫的出现。(政策性银行在财富运管体系中则承担着特殊的政策导向性任务，主要通过提供中长期资金支持和优惠贷款，履行政府的经济战略目标。政策性银行的功能集中体现在支持基础设施建设、促进国际贸易和投资，以及推动农业和农村发展等领域。例如，国家开发银行通过为大型基础设施项目和棚户区改造等提供融资支持，成为国家经济发展规划的重要工具；中国进出口银行专注于出口支持和海外投资，积极配合国家对外经济政策的实施；中国农业发展银行则通过服务"三农"领域，推动农业现代化和乡村振兴。政策性银行的运作弥补了市场机制难以覆盖的领域，是政府实现社会经济长远发展目标的关键手段。

尽管商业银行和政策性银行的功能定位不同，但二者在财富管理与资本配置中表现出明显的互补性。商业银行以市场化运作为主，注重服务效率和经济效益，满足企业与个人多样化的金融需求；政策性银行则以政策目标为导向，专注于市场机制难以解决的公共领域，为特定行业或区域的发展提供长期、稳定的资金支持。多层次的金融机构体系不仅优化了资本的流动性和资源配置效率，也为中国经济的高质量发展提供了全方位的金融保障。)

三、"1"：财富运管监管机构

国家财富运管监管机构，即国家金融监督管理总局。国家金融监督管理总局是中国的主要银行监管机构，负责监督和管理商业银行、保险公司、信托公司和其他金融机构。

国家金融监督管理总局在财富管理中扮演着关键角色，特别是在风险管理方面。其维护银行业和保险业合法、稳健地运行，对全国的银行业和保险业进行统一的监督管理，确保它们遵守法规、规范经营，防范金融风险，对出现违法违规行为的银行依法进行查处。其批准和许可银行和保险公司的设立、业务变更等事项，确保金融机构合法运营，并通过评估和监督金融机构的风险管理措施，预防和化解金融系统潜在风险。此外，它还会通过监督保险公司和银行保护消费者权益，确保金融产品的合法性和透明度。

中国银保监会在财富管理市场中扮演着监管者、风险防控者和市场秩序维护者的核心角色。监管金融机构，保障财富管理合规性；防控金融风险，维护财富安全；推动行业改革，优化财富管理生态。

案例 3-3：中国证监会严惩市场违法行为

2017 年，中国证监会对某集团进行了调查，并发现了该公司的违法违规行为。调查显示，某集团在披露重要信息方面存在违规行为，未按规定及时公布公司内部信息，导致投资者信息不透明。此外，该集团还被指控违规使用资金，包括未经批准就使用银行贷款等。同时，调查还揭示了该集团内部人员存在内幕交易行为，涉及利用内部信息进行股票交易等违法行为。作为处罚，中国证监会对该集团进行了罚款，并要求其整改违规行为。这一案例引起了广泛关注，凸显了中国证监会对于维护资本市场秩序、保护投资者合法权益的决心和严肃态度。同时，这也提醒了企业和投资者要严格遵守法律法规，维护市场公平、公正和透明。

情景导入

2008 年全球金融危机是近代经济史上较严重的金融危机之一，对全球金融体系和经济产生了深远的影响。危机的根源可以追溯到 20 世纪 90 年代末和 21 世纪初，美国房地产市场经历了一段异常繁荣的时期。低利率政策、宽松信贷条件和房价上涨刺激了购房需求和房地产投资。在此期间，银行和金融机构积极向信用不佳的借款人发放次级抵押贷款(以下简称"次贷")，这些借款人通常信用记录较差，还款能力较低。次贷市场的崩溃引发了金融市场的动荡。多家知名金融机构和投资银行因债务违约和重大损失面临破产和危机。金融市场的动荡迅速蔓延到全球范围。许多国家的金融机构也持有大量与次贷相关的债务，从而导致全球金融体系的不稳定。

(资料来源：本书作者整理编写.)

第三节 全球财富网络：跨界运行与管理

一、财富跨界运行

财富跨界运行涵盖了跨国家、跨区域和跨组织等多个层面，涉及不同国家、地区和组织之间的资金流动、投资、合作等活动。

全球财富网络：跨界运行与管理

(一)财富跨国界运行

跨国家财富跨界运行是指财富在不同国家之间流动和分配的现象。这种跨界运行可以包括国际贸易、直接外国投资、跨国公司的运营等。国际贸易和投资促进了全球化，推动了不同国家的经济互相关联，加强了资源配置和产业链的全球合作。但在跨国交易时，汇率风险可能对企业的盈利和投资决策产生影响。同时，不同国家的税收政策、法律法规差异也会影响跨国财富运行的效率和策略。

(二)财富跨区域运行

跨区域财富跨界运行是指财富在特定地理区域内不同部分之间的流动。这可以涉及城市间、地区间的资金流动、产业合作等。首先，跨区域合作可以实现资源的优化配置，推动不同地区协同发展，提高整体经济效益，如京津冀一体化、长三角城市群、珠三角城市群协同发展等。其次，跨区域产业集聚有助于形成产业链和价值链，提高区域内的产业竞争力，如南通市、泰州市、扬州市海工装备和高技术船舶集群等。但跨区域财富跨界运行也可能导致不同区域发展不平衡，有些地区可能更容易受益于资源流动，而另一些地区可能较为边缘化。

(三)财富跨组织运行

跨组织财富跨界运行是指不同组织之间的财富流动和合作，这可以包括企业之间的合作、供应链的整合等。跨组织合作有助于优化供应链的效率，降低成本，提高产业链的整体竞争力。同时，跨组织合作可以促进知识和技术的共享，推动创新的发展。此外，跨组织合作还可以分担风险，提高抗风险能力，尤其在不稳定的市场环境下。

财富跨界运行在跨国家、跨区域和跨组织层面都具有重要意义，可以促进资源优化配置、产业协同发展及创新和风险的共担。同时，需要注意不同层面的财富跨界运行可能带来的挑战和影响。随着全球化的深入发展，财富在国际的流动变得越来越频繁和复杂。

二、财富跨界管理

财富的跨界管理是指在不同国家、区域或组织之间有效地管理和流动财富的活动。这种管理涵盖了跨国公司、跨国银行和跨国组织等多个实体，旨在最大限度地优化资源配置、降低风险并实现可持续发展。

(一)跨国公司

跨国公司是指在多个国家之间进行业务活动的企业。跨国公司在财富跨界管理中需要综合考虑各种因素，包括战略、风险、文化、人才、税务等，以实现全球范围内的业务增长和可持续发展。有效的管理可以帮助跨国公司克服挑战，最大限度地利用不同国家和地区的机遇。

首先，跨国公司的存在和活动推动了国际贸易和投资，对全球经济产生深远影响。跨国公司通过建立全球供应链，促进了国家之间的贸易。跨国公司在不同国家之间生产、销售和分销产品，实现了生产要素的跨国流动，从而提高了效率，降低了生产成本。这有助于满足全球市场的需求，推动国际贸易的增长。其次，跨国公司吸引了外国直接投资(FDI)，为国家创造了就业机会和经济增长。它们在各国设立子公司或分支机构，不仅带来了资本和技术，还培养了本地员工，提升了生产力水平。这对于发展中国家来说尤为重要，因为它们通常会吸引更多的外国投资，促进国家的经济发展。此外，跨国公司通过知识和技术的传播，推动了全球创新和发展。其在不同国家之间分享最佳实践和研发成果，加速了科技进步和产品创新。

跨国公司的活动也引发了一些争议，可能会在某些国家获得税收减免，导致其税收收入下降。有些人担心跨国公司可能滥用市场支配地位，导致不公平竞争。国际社会需要建立有效的监管机制，以确保跨国公司在全球经济中发挥积极作用的同时，也遵守法律和道德规范。

案例3-4：沃尔玛公司的全球运营

沃尔玛总部位于美国，是全球较大的零售商之一，拥有遍布世界各地的门店和分销网络。沃尔玛通过全球供应链网络，从不同国家和地区采购商品，并通过高效的物流和供应链管理系统将商品运送到各个门店，以最小化成本，并提供多样化的产品选择，满足消费者的需求。沃尔玛在各国开设门店，根据当地市场特点和消费者需求进行品牌策划调整和定制，实现本地化运营，提升在全球市场的竞争力。沃尔玛通过并购和合资等方式扩大其国际业务规模。例如，在中国市场，沃尔玛通过收购当地零售企业、建立合资企业等方式加速了业务发展。然而，沃尔玛在国际市场的经营也面临一些挑战，包括法律法规、政治环境、文化差异、竞争态势等因素的影响，以及全球经济形势的变化和贸易摩擦等因素可能带来的影响。

(二)跨国银行

跨国银行是指以国内银行为基础，同时在海外拥有或控制分支机构，并通过这些分支机构从事多种多样的国际业务，实现其全球性经营战略目标的超级银行。

跨国银行在国际金融体系中扮演着重要角色。它们是全球范围内运营的金融机构，通过跨越国界的业务网络，为个人和企业提供广泛的金融服务。跨国银行的存在和发展受益于全球化和市场开放的趋势。其能够利用先进的技术和庞大的资本实力，提供全球范围内的金融产品和服务。跨国银行的业务范围涵盖存款、贷款、国际支付、外汇交易、投资银行业务等多个领域。通过跨国银行，个人和企业可以方便地进行国际贸易、投资和资金流动。跨国银行的发展也带来了一些挑战和争议。一方面，其巨大规模和全球化业务使它们在金融体系中具有重要的影响力，能够对全球经济产生重大影响。另一方面，跨国银行的行为和决策也可能带来金融风险和经济的不稳定，需要监管机构和国际合作来加以应对。

(三)金融联盟

金融联盟包括国际金融机构和国际金融组织。国际金融机构泛指从事国际金融业务，协调国际金融关系，维护国际货币、信用体系正常运作的超国家机构。国际金融机构主要是指通过资本投入和金融服务支持成员国经济发展的国际性机构。典型的国际金融机构包括国际货币基金组织(IMF)和世界银行集团(World Bank Group)。国际货币基金组织的主要业务活动除了对会员国的汇率政策进行监督，与会员国就经济金融形势进行磋商和协商外，其主要业务是向会员国融通资金和提供各种培训咨询服务。融通资金是国际货币基金组织的主要业务活动，其形式多种多样，条件很严格，特点十分明显。

国际金融组织更倾向于在金融规则制定和政策协调方面发挥作用。典型的例子包括二十国集团(G20)和国际清算银行(BIS)。同时，国际金融组织也起到了协调和合作的桥梁作用，促进各国之间的经济合作和交流。通过国际金融组织的合作和努力，全球各国可以共同应对全球金融挑战，推动经济繁荣和社会进步。国际金融组织提供平台和机制，使各国可以就共同的金融问题进行协商、合作和决策。这些国际金融组织的工作范围涵盖了金融监管、发展援助、债务问题、货币政策等多个领域。通过提供金融资源、技术支持和政策建议，帮助各国促进经济增长、减少贫困和实现可持续发展。

国际金融体系是一个复杂而庞大的网络，涵盖了跨国公司、跨国银行和国际金融组织等重要因素。各机构之间相互联系和作用，为全球金融活动提供了平台和机制。在未来发展中，国际金融体系将继续演化和调整，以适应全球经济变化和新兴挑战。

三、财富的国际合作与发展

(一)货币合作与互换

国际货币体系中的合作与互换是指不同国家之间在货币和金融领域开展的相互合作和交流活动，旨在促进国际贸易、维护货币稳定、应对金融危机及促进经济增长。国际货币体系的一个重要方面是支持国际贸易。不同国家之间进行商品和服务的贸易时，通常需要进行货币交换。国际贸易交换涉及货币兑换和外汇市场，以确保各国的贸易伙伴能够进行结算并支付货款。国际货币体系需要合作来维护汇率稳定。汇率波动可能对国际贸易、外国直接投资和资本流动产生重大影响。各国政府和中央银行通常会协商和采取政策来管理汇率，以防止不受控制的波动。国际货币合作也包括金融领域的合作。国际金融机构如国际货币基金组织和世界银行，与各国政府合作，提供贷款、技术援助和经济政策建议，以帮助国家维护金融稳定和推动发展。国际货币合作还涉及金融监管和合规。各国监管机构合作，制定国际金融标准和规则，以确保金融体系的健康和透明度。这对于防止金融危机和全球性金融问题爆发至关重要。在金融危机发生时，国际货币体系需要协调合作来稳定市场和防止危机扩散。中央银行、金融监管机构和国际金融组织通常会采取措施，如提供流动性支持和协调政策，以缓解危机影响。

国际货币体系中的合作与互换是保障全球经济稳定与繁荣的核心要素。各国政府、中央银行及国际机构之间的密切协调，不仅能够促进国际贸易和维护汇率稳定，还在应对金融危机与推动可持续经济增长方面发挥了关键作用。这种协作机制是全球金融体系高效运转与长远发展的重要支柱。

(二)金融战争与美元霸权

在全球化的背景下，财富在国际的流动变得越来越频繁和复杂。首先，美国通过发动金融战争或利用汇率等手段，试图收割世界财富，巩固美元霸权地位。美国通过操纵货币政策和汇率，影响其他国家的财富流动。例如，美国可以通过降低自身货币的汇率来提高出口竞争力，从而促进财富的流入。美国实施贸易保护主义政策，采取关税和贸易限制措施，阻碍其他国家的商品进入美国市场，以保护本国产业。这种做法对其他国家的财富流动带来负面影响。其次，美国经常利用金融制裁手段，限制其他国家的金融活动，冻结其资产，阻碍其财富的流动。这种做法对目标国家的经济和财富流动造成了重大影响。美国作为全球金融霸权的代表，通过掌控全球金融体系的关键要素，如美元作为国际储备货币，在全球金融市场占据主导地位，其牢牢掌握着世界财富流动的主导权。再次，美国在科技和创新领域的优势，使其在全球财富流动中占据重要地位。美国科技巨头和创新企业的崛起，吸引了全球的投资和财富流向，加剧了美国的财富收割效应。最后，美国的跨国公司和金融机构通过直接投资、并购和金融服务等方式，将资本输出到其他国家，实现财富的收割。这种资本输出模式，使美国在全球范围内牢牢掌握着财富的控制权。

案例 3-5：日元贬值

日本在 20 世纪 80 年代末到 90 年代初遭受了日元贬值的情况，而美国在这一过程中采取了一系列措施来获取日本的财富。20 世纪 80 年代，日本经济蓬勃发展，日元汇率升值，导致日本商品在国际市场上变得更加昂贵。然而，美国却陷入贸易赤字和制造业衰退的困境。为了解决这些问题，美国采取了一系列措施。美国政府对日本施加了贸易压力，指责日本实施了不公平的贸易政策，如对外国产品设置高关税、限制市场准入等。并且美国利用其在国际货币市场上的影响力，通过干预汇率市场来推动日元贬值。这种干预导致日元汇率大幅下降，使日本商品在国际市场上变得更具竞争力。美国政府利用其金融市场的优势，通过对日本施加金融市场的压力，例如，增加对日本政府债券的投资，以迫使日本政府放松对日元的支持，进而推动日元贬值。这些措施共同导致了日本经济的衰退和日元的贬值，同时也促使了美国在许多领域获取了日本的财富和技术优势。虽然日本经济后来有所复苏，但这一时期仍然被视为日本经济发展的一个转折点，也凸显了国家之间在经济领域的竞争。

财富流动的不平等加剧了全球财富的分配不均。富裕国家和跨国公司通过财富流动获得更多利益，而发展中国家和弱势群体面临财富流失和剥削的挑战。某些国家过度依赖财富流动，容易陷入对资本和技术的依赖，导致经济的脆弱性增加，一旦财富流动受到干扰，将对其经济产生严重冲击。例如，资本外逃与腐败：财富流动的不规范和滥用，容易导致资本的外逃和腐败问题。一些国家可能通过非法手段将财富转移到海外，加剧国内贫富差距，阻碍国家经济和社会的发展。

财富在国际中的流动是一个复杂而动态的过程。以美国为例，金融战争和汇率操纵等手段使其收割世界财富，塑造了全球财富格局。然而，财富流动的影响是双向的，既有利于推动经济发展和技术进步，也存在不平等和依赖性等挑战。为了实现更加公平和可持续的财富流动，国际社会需要加强合作与监管，推动全球金融体系的改革和完善，促进全球财富的共同繁荣。

思 考 题

1. 随着技术和社会的不断变革，财富的形态和分配方式正经历着深刻的演变。人工智能、自动化和新兴产业的发展正在重塑财富的产生与分配模式，同时传统的实物财富和无形财富之间的关系也在发生变化。传统实物财富和无形财富之间的关系如何演变？个人和机构应如何构建财富组合，以适应不同财富形态和市场条件的变化？(要点提示：财富运动二元性、资产配置优化)

2. 假设有一个虚拟国家"Prosperia"，该国在近年来经历了快速的技术创新和社会变革。技术和社会变革如何影响"Prosperia"的财富形态？在技术变革和新兴产业的影响下，货币政策、金融监管和财政政策需要作出哪些调整？(要点提示：虚拟经济、国家财富运管体系演变、货币政策)

当一个社会的财富分配极不平衡时，那个社会是不稳定的。

——古希腊哲学家亚里士多德

第四章　财 富 分 配

学习目标

了解财富分配的基本格局，掌握财富分配的依据，领悟财富分配中的效率与公平。

重点和难点

1. 理解"331"要素分配。
2. 掌握财富分配的国家调节和社会调节。

引导案例

在一个小镇上，有一位名叫小亨的企业家。小亨的创业征程始于小镇的一块荒地。通过不懈的努力和明智的投资，他将这片土地建造成了一个繁荣的农场。然而，小亨并没有止步于此。他持续不断地学习并采用最新的农业技术，最终创立了自己的品牌——"亨利农场"。随着时间的推移，小亨的企业越发繁荣。

(资料来源：本书作者整理编写.)

第一节　"331"要素分配

"331"要素分配

一、"3"大资源要素分配：劳动、资本、土地

(一)对劳动的分配

劳动作为一项重要的生产要素，在财富分配中扮演着重要的角色。

对于从事简单劳动的工作者来说，工资收入是其主要的收入来源。在财富分配中，简单劳动的工资水平往往受多种因素影响，包括劳动力市场的供求关系、行业需求、劳动者的技能水平和工作经验等。

知识链接：
简单劳动与复杂劳动

通常情况下，简单劳动的工资水平相对较低，与其所需的技能和劳动强度相匹配。然而，简单劳动的工资分配也受到社会公平的关注。在追求公平的目标下，社会和政府普遍关注保障简单劳动者的基本权益，如最低工资标准、工时限制和社会保障制度等。这些措施旨在确保简单劳动者能够获得合理的收入，过上体面的生活。

与简单劳动相比，复杂劳动在财富分配中通常享有更高的工资水平和更广泛的福利待遇。对于从事复杂劳动的人来说，其分配往往以年薪为衡量标准。年薪是根据职位的专业性、工作责任、市场需求及个人资历和表现等因素确定的。复杂劳动者的年薪包括基本工资、奖金、津贴、福利及额外的福利待遇等多个方面。在财富分配中，复杂劳动的年薪往往较高，反映了其所具备的高级技能和专业知识的价值。然而，年薪的确定也受到市场竞争、行业需求和个人能力的影响。不同职业领域之间的年薪差距可能较大，也存在着一些高薪职位和高风险职业的挑战。

劳动报酬的分配是财富分配中至关重要的一环。无论是简单劳动还是复杂劳动，每个人的劳动都应该得到公平的回报。通过确保简单劳动者的基本权益和复杂劳动者的合理薪酬，我们能够促进社会的公平和稳定，实现财富分配的可持续发展。

(二)对资本的分配

资本作为财富分配中不可或缺的要素，对于经济的发展和社会的繁荣起着重要的推动作用。资本获取利润是财富分配中至关重要的一环，在现代化经济体系中，资本扮演着关键角色，通过资本的配置和管理，个人和组织能够获得利润，并在社会中实现财富增长。

产业资本在资本获取利润中扮演着极其重要的角色。产业资本是指用于购买生产资料和雇用劳动力以进行生产的资本。它的主要目标是实现利润，这包括企业的所有者、合伙人或经理。他们从企业的经营活动中获得报酬，通常以薪水、分红或其他形式的报酬来分享企业的利润。产业资本的一部分利润通常会被用于再投资，用于扩大生产规模、购买新设备、研发新产品或拓展市场。这种再投资可以帮助企业实现增长，从而提高未来的利润。政府也参与了资本的利润分配，通过征收企业所得税等税收方式，从企业的利润中获得一部分，用于公共支出和社会项目。产业资本是经济活动的驱动力，通过实体生产和创造附加值，为企业和经济体提供了持续发展的动力。同时，它也推动了技术进步、促进了市场优化，对于整个社会的稳定和繁荣也起到了关键作用。

知识链接：
资本及其分类

资本获取利润还包括其他途径，如投资、创业、资本市场等。在股票市场，投资者购买股票，期望股价上涨，以便在未来将其以更高的价格出售，从中获得资本增值。此外，股票投资也可以产生股息，这是公司按持有股份比例向股东支付的部分利润。在债券市场，债务证券持有者将资本借给发行者，作为回报，债务证券持有者收到债券利息。房地产投资是另一种方式，通过购买和管理房产，资本所有者可以获得租金收入和房产价值的增值。创业是一种将资本用于创造新企业和商业机会的方式。创业是一种冒险，它涉及将资本用于创建新企业或购买现有企业。成功的创业者可以通过他们的企业获得利润，其中包括企业的盈利，并且随着时间的推移，企业的价值可能会增加，从而实现资本增值。此外，创业者还可以通过持有股权获得分红或出售企业以获取更大的回报。其他金融市场如外汇市场和商品市场也为投资者提供了多样化选择，以获取资本利润。

资本获取利润在经济和社会层面具有重要意义。那些能够投入更多资本或获得更高回报的人往往会积累更多财富，这可能导致社会中的贫富差距扩大。财富不平等会对社会稳定性和社会公平性产生负面影响。然而，资本获取利润也可以在某种程度上促进经济增长。通过鼓励投资和资本的有效配置，资本获取利润可以激励企业创造新的产品和服务，增加生产力，创造就业机会并推动国家的整体经济繁荣。同时，资本获取利润对创新和创业也具有重要影响。高回报可以吸引创业者和创新者，鼓励他们投入资本来开发新技术、产品和服务。这不仅有助于提高企业的竞争力，也有助于社会的进步和发展。但是，需要注意的是，资本获取利润与风险紧密相连。高回报通常伴随着更高的风险，投资者需要仔细权衡风险和回报，制定适合自己的投资策略，构建多样化投资组合，以分散风险。

(三)对土地的分配

土地是一种有限且不可再生的资源。地球上的土地总量有限，且地理位置、土地质量各异。这使土地在财富分配中扮演了一个独特的角色，对于农业、工业、城市发展等各个领域具有重要意义。

土地在财富分配中发挥着重要作用，它之所以参与分配，主要有以下几个重要原因。

土地是一种不可再生的稀缺自然资源，其独特的自然属性深刻影响着社会财富的分配格局。地球表面的土地资源总量有限，受地理区位的差异和气候、土壤肥力等影响，土地在财富分配中形成了天然的禀赋梯度。其天然的稀缺本质催生了人类社会的资源博弈，人们需要通过竞争获取土地资源，以满足住房、商业、农业和工业等各种需求。通过市场化交易和开发过程，如土地的租赁、购买和使用等，土地自然而然成为财富分配体系中不可替代的关键。

土地的地理位置对其价值产生巨大影响，核心商圈的临街地块、滨海度假区的景观带或是地铁枢纽旁的开发用地，因其自带的人流聚集效应和商业潜力，往往能吸引大量资本投入。这种区位优势会形成"滚雪球"效应——便捷的交通带来更多人群，密集的人流催生商业需求，繁荣的商业又进一步推高土地价值。因此，土地的地理位置决定了其在市场上的价值，使其成为财富分配的核心对象。

土地在农业和食品生产方面发挥着关键作用。土地是农业的基础，用于种植粮食、蔬菜、水果和养殖畜禽。食品产业对于全球食品供应至关重要，而土地的分配直接影响农业产出和食品价格。因此，土地在食品供应链参与财富分配中具有关键地位。

土地不仅是地表空间载体，更是矿产资源的容器。这些资源的开采和管理涉及土地的使用权和回报分配，地下资源的价值和开采会对财富分配产生深远影响，为土地所有者带来丰厚的收益。

土地的开发与房地产项目本质上是土地参与财富分配的形态升级，开发商购买土地，并在其上建设住宅、商业和工业建筑物。这种"土地—资产—资本"的转化链条使房地产成为现代影响土地的财富分配的重要渠道。

土地参与财富分配的底层逻辑，源于其有限稀缺性与不可替代性。作为不可再生的自然资源，土地的地理位置、资源禀赋与开发潜力对其价值至关重要。理解土地资源的重要性，是实现有效管理、促进可持续发展及保障财富公平分配的关键所在。

地租则是指土地所有者从土地租赁或使用中获得的收益。地租水平主要取决于土地的地理位置与周围环境条件。位于繁华的城市中心或交通便利地区的土地，因具备商业活力与人流集聚优势，通常更有价值。由于土地的独特性和稀缺性，土地所有者可以从出租土地或将其用于各种经济活动中获得地租，其他人则需要使用土地来满足各种需求，包括住房、商业、农业等，因此愿意支付地租以获取土地使用权。

总之，土地的稀缺性和地理位置优势决定了其在市场中的价值，而地租作为土地获取报酬的核心形式，直接体现了土地在财富分配中的关键作用。理解土地价值与地租机制，能够帮助我们科学规划土地利用、协调经济发展与生态保护，同时建立更公平的财富分配体系，推动社会可持续发展。

二、"3"大生产要素分配：技术、数据、组织(管理者)

(一)对技术资源的分配

技术资源在现代社会经济发展中扮演着至关重要的角色，它是支撑经济竞争力和推动产业升级的关键因素之一。因此，合理分配技术资源并积极创新，对于提高生产效率、推动经济增长及促进社会进步具有重要意义。技术资源的获取与分配牵涉到多个层面，包括技术创新、人才培养及合作交流等方面。

知识链接：
技术资源分配
机制

技术资源具有一些特点，使技术资源的分配过程变得复杂且至关重要。它通常需要高度专业化的知识和专业技能来理解和应用，这为其分配设定门槛和专业性要求。技术资源通常以知识、信息或专利等非物质形式存在，技术资源的使用和应用不会完全消耗，平衡资源的共享与保护尤为重要。此外，技术资源具有动态性和快速更新的特点，新技术不断涌现，而旧技术逐渐被淘汰，因此，技术资源的分配需要考虑如何促进技术创新和不断更新。

技术资源的分配受多种因素的影响，其中包括市场需求、产业发展、知识产权保护和科技政策等。市场需求的变化如同指挥棒，直接影响技术要素的流动方向。根据市场需求的不同，技术资源的分配可能需要相应调整以满足市场的需求。产业结构的严谨规律同样深刻影响着技术流向，不同产业的发展阶段和特点也会影响技术资源的需求和分配情况。前沿产业和高附加值产业通常对技术资源的需求更为迫切，而传统产业可能会面临技术资源的转移和替代。同时，知识产权保护是促进技术资源创新和分配的关键环节，激励技术创新和资源的积极分配。科技政策在引导技术资源的分配和创新方面发挥着至关重要的作用，政策导向通过有形之手优化技术生态，政府通过科技政策的制定和实施可以调动技术资源的分配和创新力量。

技术资源的合理分配是实现技术创新和社会经济发展的关键环节。通过建立合理的分配机制和政策支持，可以促进技术资源的共享和创新，提高技术资源的利用效率和社会经济效益。因此，政府、企业和社会各界应加强合作，积极关注和支持技术资源分配，为可持续发展和创新驱动的经济发展做出贡献。

(二)对数据资源的分配

随着数字化经济的高速发展，数据逐渐成为财富分配中不可忽视的一部分。传统的财富分配模式主要集中在物质资源和劳动力等有形资产上，然而，在数字化经济中，数据已经成为一种重要的资源和要素。

数据是记录和反映现实世界的数字化信息，包括用户行为、市场趋势和产品评价等。在数字化经济时代，数据扮演了决策制定、产品改进、市场营销等方面的关键角色。它具有极高的价值，可以为企业提供市场洞察、用户行为分析、产品优化等决策依据，从而提高效率、降低成本、增加收益。与传统资源如原材料、人力等相比，数据的复制成本极低，它在不断复制和传播的过程中，可以实现成倍增值，具有极强的扩张性。

数据如何得到报酬是一个多元化和复杂的过程，取决于数据的价值、交换方式及数据的应用领域。在现代商业环境中，数据具有价值属性。数据已突破传统信息载体的范畴，演化成为记录用户行为轨迹、刻画市场动态、监测产品效能的核心生产要素。这些信息可以用来作出更明智的商业决策，提高效率，降低成本，增加收入。数据交易市场已形成多元化流通范式。既有规范化的数据交易所撮合交易，也包含企业间的定向数据资产转让。部分互联网平台通过开放数据接口(API)实施分级授权使用，既保障数据安全又实现价值转化。许多数字平台和社交媒体通过收集用户数据，为广告主提供有针对性的广告投放服务，从而实现广告收入。用户数据可以用于精准定位广告，提高广告效果，广告主愿意为此付费，而这一部分收入也可以视为数据的一种报酬。此外，数据挖掘与分析服务也是一种获取数据报酬的途径。专业的数据科学家和分析公司可以通过帮助企业解锁数据中的价值，提供数据挖掘和分析服务从而获得收入。在平台经济中，用户行为数据的商业化应用形成完整的价值链。这种基于数据智能的广告分发系统，创造了平台、广告主、内容创作者多方共赢的商业生态。数据共享平台模型在不断发展，产业互联网领域正兴起新型数据协作模式，企业可以通过建立数据共享平台，将自身的数据资源共享给其他组织，获得共享收益或交换其他有价值的数据资源，这种模式强调了数据共享与合作的重要性，同时也为数据提供了一种报酬机制。在数字化时代，科学合理地管理和利用数据资源，将成为企业和组织实现经济回报的重要途径之一。

(三)对组织资源的分配

组织作为一个独特的资源和生产要素，也在财富分配中扮演着重要角色。组织作为财富创造的关键推动力之一，通过协调和管理多种资源，实现价值的创造和提供各种服务。在现代体系中，财富分配不仅涉及如何分配收入和资源，还涉及如何激励和奖励组织内的各个利益相关者，尤其是职业经理人。

知识链接：
职业经理人

为什么组织也需要参与财富分配呢？这是因为组织在财富创造中发挥着整合其他生产要素的关键作用。技术、数据、劳动力等生产要素需要在组织内部协同工作，以创造价值、生产产品或提供服务。因此，组织对于整合和协调这些生产要素至关重要。此外，组织还承担着财务和经济风险，这些风险可能会对财富的分配产生影响。为了确保财富的可持续增长，组织采取了投资、经营和战略规划等措施来有效管理风险，同时适应市场波动和竞争环境。

职业经理人在组织中扮演着关键的角色。他们负责制定战略、管理日常业务、确保组织的长期可持续性，并对组织的成功负有重要责任。因此，吸引和激励高素质的职业经理人对于组织的成功至关重要。职业经理人的薪酬在这一过程中起着至关重要的作用。它不仅是一种奖励机制，还是一种激励手段，确保他们充分发挥潜力，为组织创造价值。

在财富分配中，一个基本原则是将薪酬与个体绩效挂钩。通过建立绩效评估体系，明确各个职业经理人的职责和目标，并根据实际绩效进行相应的奖励和激励。这种方式可以保证薪酬分配的公平性，也能够激发职业经理人的积极性和工作动力。为了吸引和留住优秀的职业经理人，组织需要提供具有市场竞争力的薪酬水平。这需要对行业的薪酬水平进行深入研究和比较，确保所支付的薪酬能够吸引到符合组织需求的高素质经理人才。除了基本薪酬外，长期激励和福利制度也是组织资源分配的重要部分。如股票期权、离职补偿、养老保险等，这些福利制度能够为职业经理人提供更长远的激励，也能保障其在组织中的稳定性和安全感。在资源分配中，透明和公正的决策过程是至关重要的。组织需要建立明确的决策机制和评估标准，确保每位职业经理人都能够理解和接受薪酬分配的依据，避免因不公平引发内部矛盾。

案例4-1：杰出职业经理人——埃隆·里夫·马斯克

埃隆·里夫·马斯克(Elon Reeve Musk)是特斯拉、太空探索技术公司(SpaceX)、太阳城 (SolarCity)等多家知名公司的创始人之一，并且担任这些公司的首席执行官或高级领导职位。他的案例凸显了一个杰出职业经理人如何能够通过绩效导向的薪酬、长期激励和透明的决策过程来实现财富分配的最佳实践，在业界引起了广泛关注。埃隆·里夫·马斯克的薪酬与公司的绩效密切相关。他自愿放弃了特斯拉的基本工资，并选择只接受由公司的市值和绩效决定的薪酬。这意味着他的薪酬完全取决于特斯拉的市值是否达到一定的目标，以及公司是否实现了一系列预定的绩效指标。这种薪酬结构将埃隆·里夫·马斯克的利益与公司的成功直接挂钩，激发了他为公司的长期增长和价值创造而努力工作的积极性。除了绩效薪酬外，埃隆·里夫·马斯克还拥有大量的特斯拉股票期权，这些期权在特定的时间段内解锁，但前提是公司达到了一定的市值和绩效目标。这种长期激励机制鼓励他长期投入到特斯拉的成功发展之中，因为只有在公司的长期增长和市值增加时，这些期权才会有更高的价值。埃隆·里夫·马斯克的薪酬安排相对透明，这一点对于公司的股东和公众来说很重要。他的薪酬结构和奖励方案通常都在特斯拉的年度报告中公开披露，这种透明度有助于确保薪酬分配过程的公平性和公正性。

三、"1"：无形资产的分配

无形资产，如专利和品牌，不仅提供了独特的竞争优势和商业机会，还通过分配财富来奖励创造和管理这些资产的个人或组织。专利保护了创新，鼓励企业投资于研发和创新活动，从而创造了新产品和技术。品牌代表企业的声誉和信任度，使其在市场上更具吸引力。这些竞争优势的创造为企业带来额外的收入和市场份额，参与了财富的分配。

在当代商业环境中，专利作为一种无形资产，对企业来说具有至关重要的价值。专利不仅是一种技术或创新的合法证明，更是企业竞争力的体现。拥有专利，意味着企业在某一技术或产品领域具有排他性权利，可以有效地防止竞争对手仿制或盗窃其创新成果。

专利作为知识产权体系的核心构成，其经济价值通过多维路径渗透至财富分配领域，为企业和创新者提供了多种参与财富分配的机会。技术垄断赋予企业市场定价权，持有核心专利的企业凭借技术独占性形成竞争壁垒。这些企业可以设定更高的产品价格，从而实现更高的销售利润。额外的利润可以用于支持企业内部的研发、生产等支出，也可以分配给股东和员工，促进财富的分配。专利技术的价值转化链条包含多重实现路径。技术授权机制推动创新成果市场化应用，专利持有者可通过专利许可协议收取授权费用实现价值转化，将创新成果扩展到更广泛的市场，创造更多的商业机会，同时也为专利持有者带来额外的收益。专利资产的资本属性为企业开辟新型融资渠道。金融机构可依据专利评估价值，提供质押贷款，为企业提供所需的资金。这一融资模式可有效支持企业研发投入和产能扩张，实现财富的再投资和分配。专利储备规模显著影响资本市场估值。拥有大量有效专利的企业通常更具有吸引力，更容易融资、合并或并购。专利通过创造市场竞争优势、用于技术授权、获得融资支持和提高企业估值等多种方式，直接参与了财富的分配过程，为创新者和企业提供了多样化的机会来分享创新所带来的经济回报。

品牌资产通过价值创造与分配的双重机制深度参与财富分配。品牌不仅为企业带来市场竞争的优势，还直接参与了财富的分配过程。品牌帮助企业建立了消费者的信任和忠诚度，消费者信任累积形成的品牌忠诚度直接推动销售增长。强大的品牌效应可以实现更高的客户保留率和忠诚度，从而稳定和增加其销售收入。资本市场对品牌价值的认可形成独特财富效应。有强大品牌效应的企业通常能够在同一市场中与竞争对手区分开来，吸引更多的消费者。品牌持有者可以实现更高的销售量和市场份额，进而获得更多的收入。品牌还提供了定价权的优势。消费者通常认为品牌产品或服务的质量和价格更高，愿意为信任的品牌支付更高的价格。这使品牌持有者能够实现更高的毛利率和利润，支持企业的发展。品牌作为一项资产，可以用于融资和合并收购交易。强大的品牌可以提高企业的市场价值，使其更具有吸引力，吸引投资者的兴趣，为企业和股东带来财富的增长。

第二节　转 移 分 配

转移分配

情景导入

A 国的偏远山区面临着医疗资源匮乏和复杂地理条件的挑战，这导致当地居民难以获得高质量的医疗服务。为了改善这一状况，A 国采取了医疗转移支付措施，向偏远地区提供额外的财政支持。这些资金将用于多个方面，包括新医疗设施的建设、医疗设备和药品的供应、医疗人员的培训及远程医疗系统的发展。此外，中央政府还将建立监督和评估机制，以确保这些资源的有效利用，提高医疗服务的质量。通过这些支持措施，偏远地区的居民将能够更容易地获得高水平的医疗服务，从而提升生活质量。

(资料来源: 本书作者整理编写.)

一、财政的转移支付

财政的转移支付是一种重要的财政手段。它通过从中央政府向地方政府或特定领域提供资金支持，实现资源的转移和分配，促进区域均衡发展和公共服务的提供。当考虑财富在转移支付中的分配时，我们不仅要追求社会公平，还要应对贫富差距这一社会问题。在大多数社会中，富裕群体通常拥有更广泛的资源和社会

知识链接:
转移支付

权力，这可能导致弱势群体在获取教育、医疗、住房等方面资源时面临不平等的待遇。因此，政府通过转移支付，将一部分财富重新分配给需要支持的个体或社区，有助于弥补这种不平等。这一过程有助于创造一个更为均衡的社会环境，减少社会中的不满情绪，从而提高整体社会的稳定性。

财富在转移支付中的分配是实现社会公平的关键手段之一。在一个公平社会中，每个人都应享有平等的机会和权利，而不受其家庭背景或出生地点的限制。然而，现实中，经济不平等和社会不公平可能限制了许多人实现自己的潜力。政府通过转移支付，确保即使在社会经济条件不平等的情况下，每个人都有机会获得必要的支持，以实现他们的抱负。这有助于提高社会的公平度，并为所有公民创造更多平等的机会。

财富在转移支付中的分配对于经济稳定也具有积极的影响。贫困和不平等可能导致社会不满情绪，甚至引发社会动荡，这将对国家的经济表现产生负面影响。通过帮助那些处于贫困或弱势地位的群体，政府可以提高他们的购买力，促进市场需求，从而刺激整体经济增长。这种经济稳定不仅有益于弱势群体，也有益于整个国家。

财富在转移支付中的分配体现了社会道义和社会责任。政府在这一方面的干预不仅是为了改善弱势群体的生活质量，还反映了社会对于公平和社会福祉的关切。财富在转移支付中的分配是一项重要的政策工具，有助于实现社会公平、减轻不平等、维护社会稳定和提高整体社会福祉。通过这一机制，政府可以在促进社会公正和支持经济发展之间取得平衡，从而建立一个更加繁荣、平等与和谐的社会。

二、援助与救济

资源在援助与救济领域的分配与权衡尤为关键。在应对各种危机和改善最弱势群体的生活质量方面，财富的分配在援助与救济中扮演着至关重要的角色。无论是面对自然灾害的破坏、全球性疫情的暴发，还是经济危机的威胁，政府和慈善机构都必须以高效的方式分配资源，以满足人们的基本需求。这意味着必须在资源之间取得平衡，确保援助与救济能够准确、及时地送达给最需要的人们，帮助他们克服困难，重建生活秩序。

案例 4-2：俯身为路——京东集团践行企业社会责任

京东集团，中国自营式电商企业，在线销售计算机、手机及其他数码产品、家电、汽车配件、服装与鞋类、奢侈品、家具与家庭用品、化妆品与其他个人护理用品、食品与营养品、书籍与其他媒体产品、母婴用品与玩具、体育与健身器材及虚拟商品等 13 类，150 万种优质商品。2013 年，活跃用户数达 4 740 万，完成订单量达 3 233 亿件。

2017 年，京东发起以"物爱相连"为主题的"京东公益物资募捐平台"，通过"一键捐赠，物资直送"的模式，将爱心物资经由京东物流直接配送到公益项目地。截至 2022 年，物爱相连平台共计带动 360 多万人次直接捐赠和 1000 多万人次通过订单公益参与公益项目捐赠。在这一活动的基础上，2018 年，由京东公益与三方公益机构、合作伙伴共同发起"童书乐捐"闲置回收计划。仅在这一年，京东就募集了约 20 万册图书，经过专业分拣、消毒，通过京东近 2.4 万名快递小哥的爱心传递送往 200 多所乡村小学。到 2021 年，这一公益活动的捐赠范围已经覆盖了 28 个省(市)，接受捐赠的学校也增加到了 17 个省(市)。2023 年，京东公益升级发起"星光传递 童心共阅"计划，为乡村儿童募集科学科普、图画绘本、童话寓言、益智读物、儿童文学等种类的图书，重点送往因经费不足、图书更新滞后的百所乡村小学。项目开启一个月的时间，已募集新书和闲置书籍 2 万多册。

　　财富在援助与救济中的公平分配不仅是政策层面的决策，更是社会责任和道义的具体体现。现代社会认为，在面对不幸和困境时，富裕群体有义务共享他们的财富，以支持那些经济不宽裕的群体。这种分配反映了社会的价值观，强调了团结与互助的原则。通过财富的分享，我们彰显了人类命运共同体的关心与关爱，为那些面临挑战的人们提供了希望。

　　财富在援助与救济中的公平分配还有助于减轻社会不平等。社会不平等不仅是道德问题，还可能对社会稳定和谐产生负面影响。不同群体之间的经济差距可能导致一些人面临更大的风险和挑战。而援助与救济的公平分配有助于缓解这种不平等，确保更多人能够分享社会的机会和资源，缓解社会上的不满情绪。

　　为确保财富在援助与救济中得到公平分配，透明度和公正性尤为重要。政府和慈善机构必须确保资源的分配过程公开、公平且透明，以避免腐败、偏袒或不当行为的发生。透明的分配过程有助于建立公众对政府和慈善机构的信任，确保援助资源能够合理地分发到最需要的地方，从而避免浪费和滥用。

　　财富在援助与救济中的分配是一项复杂而至关重要的社会政策，需要在资源分配与权衡之间取得平衡。通过援助与救济，我们可以更好地应对危机，改善社会最弱势群体的生活条件，履行社会责任，减轻不平等，同时确保透明和公正的分配过程，推动社会的进步和共同繁荣。

知识链接：
人力资源调
配、教育支持

三、捐赠与赠与

　　捐赠与赠与作为一种自愿的财富分配方式，在财富转移分配中扮演着积极的角色。这种行为可以通过多种途径实现，包括捐赠金钱、物品、服务、知识、经验等。

　　财富在捐赠与赠与中的分配有助于满足社会的基本需求和解决紧迫问题。通过捐赠财富，个人、组织或企业可以提供资金和资源来支持那些最需要帮助的人。这种分配可以用于提供食品、医疗、教育、住房等基本需求，以及应对紧急情况，如自然灾害或人道危机。财富的有针对性分配能够迅速帮助那些陷入困境的人们，改善他们的生活质量。

　　财富在捐赠与赠与中的分配是社会责任的体现。富有的人和企业通常承担着更多的社会责任，因为他们拥有更多的资源和机会。通过慈善捐赠，他们可以回馈社会，支持各种慈善事业，如教育、医疗保健、文化和环境保护等。这种分配不仅有助于满足社会的需求，还体现了个人和组织对社会福祉的关心。

　　财富在捐赠与赠与中的分配还可以促进社会创新和变革。慈善机构和捐赠者通常支持创新性的项目和研究，这些项目有助于解决社会问题、推动科学进步，并在长期内改善社会状况。这种投资型的捐赠与赠与可以在一定程度上改善社会现状和社区的现有条件，创造更具活力和可持续的未来。

　　财富在捐赠与赠与中的分配也有助于弥补政府和社会组织的资源缺口。尽管政府和社会机构在提供公共服务和支持社会福祉方面发挥着关键作用，但它们的资源有时受到限制。慈善捐赠和个人赠与可以填补这些资源空缺，提供额外的支持和资金，以满足社会需求。

财富在捐赠与赠与中的分配是一项至关重要的社会活动，对解决紧急需求、履行社会责任、推动社会创新和弥补资源缺口都具有深远的影响。通过捐赠与赠与，个人和慈善机构可以在塑造更美好社会的道路上发挥积极作用，为改善人们的生活条件和促进社会进步做出贡献。这种分配不仅是一种慈善行为，还是对社会共同体的奉献和关怀的具体体现。

第三节　分配调节

分配调节

一、直接调节：税收

在国家层面，财政调节是一种重要的手段，用于实现资源的合理分配和促进经济的平衡发展。其中，通过直接调节——税收是财政政策的关键工具之一。

知识链接：
税负

税收作为国家财政的重要来源，为政府提供了资金来执行其职责，包括提供基本公共服务、维护社会秩序和支持经济发展。富裕群体拥有更多的财富和收入，因此他们有更大的能力为社会做出贡献。通过采用逐渐增加的累进税率，政府可以确保那些财富更丰富的人群承担更多的税负，从而实现财富的更均衡分配。这种税收政策有助于缩小贫富差距，减轻社会不平等现象，提高社会的公平性。

税收还可以通过税收减免和津贴来实现财富的有针对性调节。政府可以设立税收减免，鼓励投资于特定领域，如绿色技术、创新研究和社会福利项目。这种做法既有助于激发经济增长，又有利于社会的可持续发展。此外，政府还可以为低收入家庭提供税收津贴，帮助他们克服贫困，改善生活条件。这种有针对性的财富分配政策有助于照顾社会中的弱势群体，确保他们获得必要的支持。

税收的直接调节也可以为政府提供必要的资金来应对各种紧急情况和挑战，如自然灾害、公共卫生危机和经济不稳定。这种资源的灵活调动能力有助于国家维护社会稳定和可持续发展，确保国家在困难时刻能够为其公民提供支持。

在国家层面通过税收来直接调节财富分配，是一种有效的做法。通过税收，政府可以确保资源的合理分配，促进经济和社会公平，减小贫富差距，支持社会的需求，维护社会的稳定和可持续发展。这种分配机制不仅有助于实现公平，还体现了社会对公共利益和社会福祉的共同关注。

案例4-3："房住不炒"——房地产税试点改革

为积极稳妥推进房地产税立法与改革，引导住房合理消费和土地资源节约集约利用，促进房地产市场平稳健康发展，第十三届全国人民代表大会常务委员会第三十一次会议决定：授权国务院在部分地区开展房地产税改革试点工作。本次改革将深刻影响我国未来的房地产市场、财税体制、政府公共服务等，能有效推动我国财税体制的完善和发展，为建立现代财政制度做出贡献。

二、间接调节：利率

在国家层面，财政调节是促进经济稳定和可持续发展的重要手段。其中，通过利率的间接调节是财政政策的关键工具之一。

国家可以通过调整利率来影响货币供应和信贷市场。通过降低或提高利率，政府可以刺激或抑制经济增长。当政府认为社会需要刺激经济时，可以降低利率，鼓励借贷和投资，促进就业和企业发展，从而有助于提高收入和财富。反之，政府也可以通过提高利率来遏制通货膨胀或避免资产泡沫，以维护经济稳定。

调整利率能够影响储蓄和投资的决策。较低的利率可能会鼓励个人和企业增加借贷和投资，从而推动经济增长和创造就业机会。这有助于提高人们的收入水平和财富。相反，较高的利率可能会鼓励储蓄和减少投资，同时也可能导致借款成本上升，对那些需要贷款的人群造成一定压力。

通过利率政策，政府还可以实施社会援助。例如，政府可以通过提供低息贷款或利率补贴来鼓励特定群体，如低收入家庭或小企业，获得更容易的融资条件，帮助他们改善生活状况或创业发展。这种有针对性的利率政策可以影响财富的分配，确保弱势群体能够分享社会经济增长的机会。

国家层面的利率政策还可以用于应对经济不平等。政府可以通过设定利率政策，确保富裕群体不会过分从金融市场中获益，同时鼓励金融包容性，使更多人能够获得融资机会，从而减轻贫富差距。

财富分配在国家层面利用利率间接调节是一种有效的政策工具，可以影响经济增长、储蓄和投资决策，有助于实现社会经济的公平和平衡。这种分配机制体现了政府的经济和社会责任，有助于实现更加公平和可持续的社会发展。

三、三次分配调节：补偿和公益基金

在财产和资源的分配过程中，三次分配调节是一种重要的策略，旨在确保分配的公平性、可持续性和社会和谐。

在国家层面，补偿分配是为了弥补不平等所做的努力。在社会中，不同人群之间存在着各种不同的经济和社会差距，如收入、教育、机会等。政府通过税收政策和福利计划，来补偿处于劣势地位的人群，以确保每个人都能

知识链接：
补偿与公益
基金

享有基本的生活需求和机会，减小社会贫富差距，提高公平性。而公益分配，则是为了支持社会福祉和公共服务的提供。政府通过征收税款，然后将这些资金用于资助医疗保健、教育、基础设施建设和其他公共项目。这种资源的再分配有助于提供广泛的社会福祉，确保每个人都能享受高质量的服务和设施。公益分配不仅有助于提高人们的生活质量，还有助于增强社会凝聚力和稳定性。

补偿和公益基金作为三次分配调节的策略，需要在政策、法律和实施层面得到进一步深化。制定明确的政策框架，强化监管机制，以及鼓励更多企业和社会群体参与，将有助于提升其效果。在推动补偿和公益基金的发展过程中，需要平衡不同利益相关者之间的关系，避免引发不满与冲突。同时，也要重视社会和谐的维护，以保障整个社会的稳定与可持续性发展。

思 考 题

1. "331" 要素分配对社会公平和经济稳定有何影响？哪些因素可能导致分配不均衡，应对措施是什么？(要点提示：考虑经济结构、政策调整)

2. 在全球化时代，税收和利率政策如何协调国际经济和财富分配？(要点提示：考虑国际税收竞争、资本流动)

3. 税收作为财富的直接调节方式，在社会中的作用是什么？它是如何影响个人、家庭和企业的财富分配的？(要点提示：考虑税收类型)

4. 利率是财富的间接调节方式，影响着货币市场和金融体系。探讨利率对财富分配的影响，以及其对投资、消费和储蓄等方面的潜在影响。(要点提示：关注利率变化)

财不患其不得，患财得，而不能善用其财；禄不患其不来，患禄来，而不能无愧其禄。

——《围炉夜话·第四四则》

第五章　财富保障

学习目标

掌握个人和家庭财富风险识别的基本逻辑和实用方法，学会财富配置和资产理财的基础核算知识及重点与难点。掌握"开源节流"技巧，保障财富的稳定性和持续性。

重点和难点

- 准确识别和管理家庭财富风险。
- 统筹家庭保险。
- 防范诈骗，理性消费。

引导案例

人到中年的刘先生是一家知名 IT 公司产品部门的经理，也是家中的"顶梁柱"。一日午休时，他突然出现心悸出汗、双下肢乏力等症状，因心律失常、持续性心房颤动于 2023 年 1 月中旬在省心血管病医院住院治疗，并在治疗后出院。2 月中旬，他再次住院，接受了心内电生理检查及射频消融术、左心耳封堵术，并于 2 月下旬出院。两次住院治疗共计花费 436 319.07 元。对于上有老、下有小，同时背负着房贷和车贷的刘先生来说，这无疑是一份沉重的负担。然而，出院后，他的妻子告诉他："别担心，我为我们全家都配置了商业大病保险，我们自付的 80% 都可以报销。"刘先生不禁对这位贤惠持家的妻子竖起了赞叹的大拇指。

(资料来源：本书作者整理编写.)

第一节　人生关键节点上的财富保障

人生关键节点上的财富保障

一、生存保障：医疗与意外防范

人生充满了不确定性，通过对大多数人的生活进行科学总结，我们可以将人的一生想象成一张"草帽图"。横轴代表生命线，曲线代表支出线和收入线。赚取财富的时间是有限的，因此收入曲线主要集中在 25～60 岁的区间内。扣除购房、买车、成家、养育子女、赡养父母、深造学习等人生关键节点的各项开支后，剩余的部分就是财富盈余，如图

5-1 所示。可以看出，支出和收入曲线并不匹配，短期内的盈余很难实现财富保障。因此，需要提前规划各项支出，确保盈余部分不为零。在上述人生历程中，还可能存在因大病和意外两种情况出现的不确定性支出。突发疾病和意外并不遥远，它们对人生的打击是突然且致命的，一旦突发疾病，不仅个人收入会中断，家庭积蓄也可能面临巨大的支出压力。

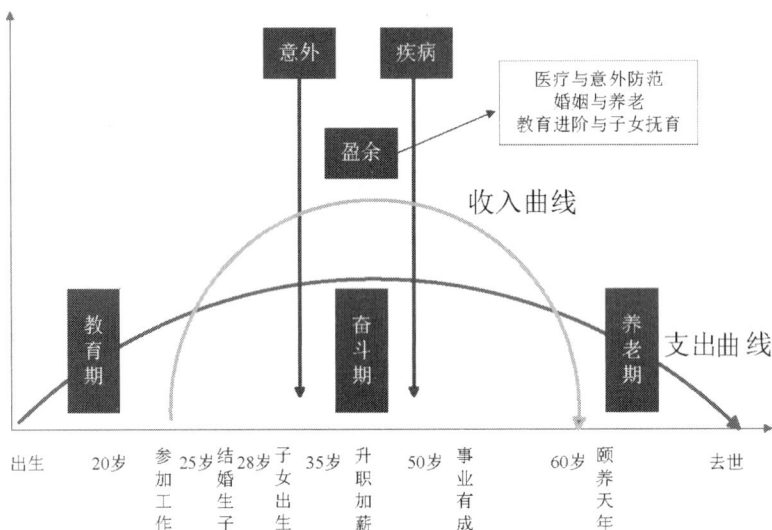

图 5-1　人生路线

如果把盈余部分看作一个财富蓄水池，那么收入是进水口，支出是出水口，而突发疾病和意外是出水口最为重要的两大部分，极有可能导致蓄水池干涸。要想保证盈余蓄水池状态良好，一方面，要保障进水的速度快于出水的速度，即通过存款、股票、基金、房产、黄金等投资、储蓄手段，盘活手中资产，将被动收入变为主动收入，即"开源"。另一方面，也要保障出水的速度不至于过快、出水量不至于过多，即为"节流"。

"节流"的方式分两种，一种是减少不必要的开支，理性消费，让财富细水长流；另一种是为出水口加装安全阀，防范灾难，让财富绵延不绝。从经济学角度来看，保险是在投资时间维度上的平衡消费，换言之，是在保障支出和收入的平衡。它是一种能有效减少财富落差的工具，即使不幸遭遇风险，也不会让财富回到原点。面对漫长的人生，风险的防范即为节流的重要安全阀，需要合理配置保险，才能守住盈余并将其更加均匀地消费到一生。

知识链接：
收支平衡
分析

(一)基本保障的医疗保险

医疗保险从本质上看是当生病时国家或社会给予的一种物质帮助，即提供医疗或经济补偿的一种社会保障制度。医疗保险具有社会保险的强制性、互济性、社会性等基本特征。医疗保险是社会进步、生产发展的必然结果。反过来，该制度的建立和完善又会进一步促进社会的进步和生产的发展。一方面，医疗保险解除了劳动者的后顾之忧，使其安心工作，从而可以提高劳动生产率，促进生产的发展；另一方面，医疗保险也保证了劳动者的身心健康，保证劳动力正常再生产。因此，医疗保险是国家强制缴纳的一种保险，也是社会福利的一种体现。

除此之外，商业医疗保险是医疗保险的有力补充。其重要作用表现如下：一是可以报销医疗保险不予报销的医疗费用，极大减轻自付比例，为家庭盈余多一重保障；二是可以通过商业医疗保险的配置，获得更好的专家资源、特需服务和更便捷的药品采买等。

(二)防止家庭"经济危机"的重大疾病保险

重大疾病保险是医疗保险的特定险种，主要内容是为参保人提供如恶性肿瘤、突发身体残疾等重大疾病的保障。重疾险的起源，要从一位南非心脏外科医生马里尤斯·巴纳德说起。1983 年，他为一名患肺癌早期的女士做了癌细胞肿块切除术，手术很成功，这位女士只要按时检查和充分休息就会一直健康地活下去。然而两年后，这位女士癌症复发找到巴纳德医生，经检查她还有三个月的寿命。巴纳德医生询问后得知，这位女士并没有按照医生的叮嘱按时检查和休息，因为家里给她治病花了很多钱，她要赚钱养家，还要抚养两个孩子，她无法保证充分的休息。通过这件事巴纳德医生认识到，医生可以治病救人，可以挽救病人肉体的生命，但无法挽救一个人的经济生命，许多人在术后甚至失去了自己的房子、工作及尊严。因此，在巴纳德医生的倡导下，1983 年，与南非 Crusade 人寿保险公司合作，发明了全世界第一份重大疾病保险，那时只有 4 种重大疾病的保障：心肌梗死、脑中风、癌症、冠状动脉搭桥术。

从重大疾病保险的起源可以看出，重大疾病保险发明的初衷并不是疾病治疗，而是挽救一个家庭的经济生命。在医学专业领域，癌症通常存在"5 年生存率"，即 80%以上的癌症会在术后 3 年内复发，只有不到 10%的癌症会在手术 5 年后复发。加之重大疾病的康复期普遍在一年以上，因此一旦得了大病，对于普通人和普通家庭来是沉重的打击。在此期间，长期的休养会让生病者失去经济来源，家庭生活质量断崖式下降。而重大疾病保险的给付金正好弥补了这方面损失，避免陷入"债务危机"，保障"经济生命"。

案例 5-1：重大疾病保险的"兜底保障"时刻

山西市民武先生，因四肢麻木无力伴行走不稳 1 年，3 个月前加重，于 2023 年 1 月末入院，诊断为脊髓型颈椎病。2 月初接受了手术治疗，2 月中旬出院。3 月初在全麻下进行了"颈椎后路清创、探查、置管引流术"手术治疗，于 3 月下旬出院。两次住院治疗共计花费 157 131.19 元。

武先生此前除了按时缴纳公司社保外，还额外购买了大病商业保险，起赔条件为住院花费自付金额达 18 000 元以上，报销 70%的费用。

下面计算武先生的理赔金额。住院花费医疗费用总计 157 131.19 元，统筹支付 74 187.54 元，大病报销 14 487 元。经审核，医保政策目录外个人自费金额为 9 042.32 元，医保政策目录内费用金额为 59 414.33 元。武先生这次属于首次理赔，医保政策内扣除 18 000 元免赔额，目录内赔付比例为 70%。因此，武先生的理赔费用计算公式为如下。医疗基本医保目录内费用：(59 414.33-18 000)×70%=28 990.03 元。

(三)有备无患的意外保险

意外保险又称为意外伤害保险，是指被保险人在保险期限内遭受意外伤害，并以此为直接原因造成死亡或残疾时，保险公司按照保险合同的约定向被保险人或受益人支付一定数量的保险金的保险。这里所说的意外主要是指外来的、非本意的、突发的、非疾病所导致的意外。

"厄运在同一条路上漫游，时而降临于这个人，时而降临于另一个人"，埃斯库罗斯的这句话让我们意识到风险无处不在。世界卫生组织的官方数据显示，世界上每天大约有3 500人因道路交通事故而死亡。每年有数千万人遭受意外人身伤害或发生意外残疾，而有统计数据的意外仅仅是实际发生的冰山一角。根据合众人寿2020年的理赔数据，意外身故案件中，因交通事故导致的身故占比接近50%；30岁以下的意外身故出险比例是非意外身故出险比例的3倍。从这些数据中不难看出，意外事故，尤其是交通意外，对我们的生命健康造成的威胁不容忽视，意外保险这一风险保障工具的意义正在于此。

根据意外保险的保障范围，意外保险主要的作用有三个：一是报销治疗费用；二是补偿残疾金，叠加获得保险金；三是保障意外身故，为家庭提供保障。意外保险具有发生率低、保费低、保障杠杆高的特点，用较低的保费为个人和家庭的未来增加一层基础保障。

二、生活保障：婚姻与养老

(一)婚姻保障：夫妻理财法则

情景导入

小军和明丽是郑州市的一对普通小夫妻，小军是一名厨师，每个月收入为6 500元左右。明丽是一名私人机构的培训老师，每个月工资为5 000元左右。打拼多年后，两人用积蓄和借款在郑州购买了一套总价为110万元的89平方米的小三居，每月需支付4 800元的房贷。2020年后，受新冠疫情和"双减"政策的影响，加之明丽怀孕，两人均失业，失去了经济来源。夫妻俩只能断供，三个月后银行告知如果再不还款，房子将被强制拍卖。

小军和明丽想不明白，为什么他们勤勤恳恳地工作，生活却变得如此艰难……

财务问题成为许多人婚后生活中纠缠的一个重大问题。夫妻双方都有保证对方财务状况的义务。科学分配自己的财富，让婚后的生活更惬意，对财务的合理规划是婚姻走向成熟的第一步。通常来讲，由于价值观和消费习惯上存在差异，在生活中，夫妻难免在"家庭共同财产"和保持个人空间之间存在矛盾和摩擦。要想婚姻保障成为家庭财富保障的一部分，有以下法则可供借鉴和参考。

第一，建立一个家庭基金。家庭的建立会新增日常支出，如每月的房租、水电费、煤气费、保险费、食品杂货账单和任何与孩子或宠物有关的开销等，应该由公共存款账户支付。根据夫妻俩的收入，每人拿出一定的份额存入该公共账户。

知识链接：
夫妻财务上
的分担类型

第二，协调夫妻双方薪水的使用。对于双收入家庭而言，理财的关键在于如何融合协调两份薪水的使用。在对家庭财务情况进行认真分析的基础上根据具体情况科学选择。

第三，监控家庭财政支出。当夫妻双方有一方主要负责家中的开销支出时，另一方应承担起核对家庭账目的工作，平衡家庭收支的同时，进行家庭支出的小结，共同商量消费的调整情况及未来大件支出、理财的规划和管理。

(二)养老保障：幸福生活兜底

我国目前处于发展中国家行列，为使养老保险既能发挥保障生活和安定社会的作用，又能适应不同经济条件的需求，我国的养老保险由三个部分组成：基本养老保险、企业年金和个人储蓄性养老保险。

养老保险应是长期规划，为养老做好准备，应在有工作能力时就开始建立养老计划。制订养老计划应该遵循两个原则：一是长期稳健投资，二是合理分配组合。适合用于养老计划的理财工具包括银行储蓄、国债、信誉等级高的企业债券、分红型养老保险、收益型股票、开放式基金、价位适中的商品房和低风险的信托产品等。

三、发展保障：教育进阶与子女抚育

(一)个人的教育进阶

个人教育主要分为职业技能教育和生活品质提升教育。职业技能教育面向工作中因职业发展而需要参加的培训或考试，如注册理财师、注册会计师、执业律师、注册特许分析师、执业医师等。生活品质提升教育面向日常生活中的各项技能，如厨艺、柔道、茶艺等。对于个人发展来说，终身教育可以促进人的全面发展，提高人的全面素质。终身教育的基本任务是：学会认知，学会做事，学会共同生活，学会生存。在受教育的过程中，不断再次感知自我，发现自己的可能，在知识获取及输出中，感受自我价值，实现自身的认知突破。因此，不管是为了生存，还是对抗成长过程中产生的焦虑，终身教育在个人发展的道路上都发挥着不可磨灭的作用。

要想实现个人财富的增值，首先要守好自己的"钱袋子"，这需要终身学习，不断提高财商素养，在不断的教育进阶过程中培养个体应对经济生活所必备的财经知识、理财技能、财富观念与人生信念等基础修养。在个人成长道路上，不仅关注会计知识的学习、经济现象的解读、理财技能的培训等实操性技能，还应该结合个人不同成长阶段的认知能力和未来发展目标，培养自身理解和参与宏观经济政策、国民经济运行、社会财富积累和价值创造的能力。

坚持终身学习，需要预留一定比例的教育基金，作为终身支出来看待。根据自身职业规划和生活规划，定期储蓄、定时支出，以小目标的制定完成每一个人生阶段的规划。其中，需要考量具体费用，如学历进修的支出、课程辅导的支出、学习工具的支出、书籍材料的支出等，将终身学习的支出作为日常支出的一部分，从而实现教育进阶与个人成长。

(二)子女的教育保障

养育和教育一个孩子到底需要花费多少？如何才能为子女做好教育保障？是当今社会的热门话题。从孩子本身的教育到孩子的教育资金，每一个细节都需要家长的规划。如同任何投资计划一样，"设定投资目标、规划投资组合、执行与定期检查"是规划子女教育基金的三部曲。

知识链接：
规划教育基金
的具体内容

子女教育在家庭花费中占有较大比重，需及时提前准备。其筹措大致可以通过以下方法。

一是教育保险。教育保险由保险公司针对教育金需求而设计，根据需要和家庭经济水平缴付教育保险费，孩子每到一个成长阶段便可获得与保额相应比例的教育金给付。教育保险涵盖保障功能，保险公司承担孩子成长过程中的各种事故、意外和健康风险。教育保险有传统型和分红型产品，教育保险因为同时拥有保障、储蓄和投资收益等功能，所以需要一定的费用支出。

二是教育储蓄。教育储蓄是国家特设的储蓄项目，免征利息税，并以整存整取的方式计息，但其存款条件较烦琐和复杂，只有小学四年级(含四年级)以上的学生可参加。等到高中后，家长凭存折和学校提供的身份证明支取存款。

三是教育贷款。教育贷款是国家为了缓解教育的压力出台的一系列扶助政策，为迈向大学提供"绿色通道"。与一般商业市场贷款相比，教育贷款利率低、期限长、流程方便有保障，大多是低息甚至是无息。教育贷款的获得是基于政府担保，符合特定条件并随着教育阶段的不同有一定限额，通常由政府所属金融机构或专门政府部门负责实施，因而有很强的公信力保证，是教育"兜底"保障的首选。但是因其政府属性因素，贷款额度通常不会很高，只能够覆盖学费、住宿费，而其余生活费用则无法从此项保障中获得。

案例 5-2：从美国学校制度体系看中美教育的区别

美国主要有公立学校和私立学校两类。其中，公立学校由三级政府：联邦政府、州政府、地方政府(学区)提供资助并进行管理，因此公立学校系统规模庞大，几乎 90%的美国学生在公立学校的教育系统中就读。联邦政府设立教育部，参与国家教育政策的研究与咨询及负责制定教育政策。与此不同的是，中国教育部不仅参与政策的制定，还负责具体的执行工作和监督地方学校，显得更加全面。地方政府(学区)则选举出当地的学区委员会，负责处理当地的小学和中学的课程、资金、教学方式和其他政策等具体学校事宜。

美国的私立学校包括宗教团体的教区学校、非营利性的独立学校及营利性的私立学校。在监管上，私立学校基本上不受任何政府的监管，而家长和教师联合会(Parent-Teacher Association，PTA)及具有专业性的私营教育机构对学校的政策制定与执行具有一定的影响力。每家私立学校的收费标准会根据所在地区、学校开支情况及学费以外的其他资金来源产生巨大的差异。例如，一些教堂会为其成员向教区学校提供补贴。在教育的层级分级设置上，美国同样可分为学前教育、初等教育、中等教育、高等教育。其中，学前教育、初等教育到中等教育，被称为 K-12 教育系统，属于大学前教育。

中国教育和美国教育差异的根本原因在于两国的文化背景、历史起源和社会价值观的差异，导致两国教育理念的不同。当然，两国教育各有所长，中国教育严谨扎实，在资助来源、考试选拔制度、课堂教学方式等方面有更符合中国国情的方式。

第二节 家庭保障

一、家庭财富的质量评估

家庭财富包括家庭拥有的各种形式存在的资产，包括有形资产如房产、金条，以及无形资产如存款、股票等，并不局限于金钱这一种形式。

与个人财务清算不同，家庭财富评估需要综合考虑家庭内所有成员的收入和支出，统一后再根据家庭发展目标进行科学合理的规划、安排和使用。合理的财务规划，可以让家庭有限的财富获得最大限度的合理消费和保值增值，不断提高生活品质和规避风险，以保障个人和家庭经济生活的安全和稳定。因此，如何科学合理地"摸清家底"，清楚家庭财富的多少和分布，是获得财富保障的基础，也是一项需要科学思维的好习惯。

标准普尔家庭资产象限图(见图5-2)是美国标准普尔公司(Standard & Poor's)通过调研全球十万个资产长期稳健增长的家庭，分析总结不同类型的家庭理财方式，提出的一个资产配置方式的建议图。标准普尔家庭资产必须拥有全部四个账户，才可能在各种情况保障家庭资产的长期、持续和稳健增长。

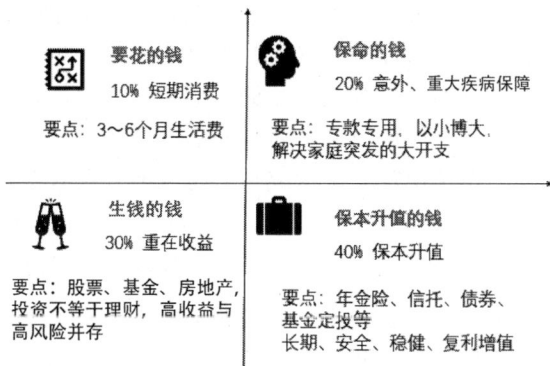

图 5-2　标准普尔家庭资产象限图

(一)现金账户：要花的钱

第一个账户为现金账户，位于第二象限，用于存放日常开销所需的资金。这些资金通常存放在现金账户或金融工具中，表现为银行存款、微信等金融工具的余额，以及货币市场基金。该账户主要针对家庭短期内的日常开销，包括衣食住行、美容、旅游、子女教育等支出，确保日常生活所需的现金流。而现金账户里的金额一般存放多少为合适？根据标普调研数据分析，该比例一般为家庭收入的 10%左右，需要满足整个家庭 3～6 个月的生活费用。如果金额过多，则可能导致资金利用效率不高；如果过少，则可能无法保障家庭的基本生活质量。

(二)保障账户：保命的钱

第二个账户为保障账户，本质上是风险管理账户，位于第一象限。它通常涉及家庭的四种保障性保险，包括意外保险、重大疾病保险、医疗保险和人寿保险。保障账户的目的是确保家庭成员出现意外事故或重大疾病时，有足够的资金来避免家庭一夜返贫。因此，该账户的功能特点是"专款专用、以小博大"，又称为杠杆账户。保障账户平时几乎看不到任何作用，但到关键时刻能够避免家庭出现资产变卖、资金链断裂或需要众筹借钱等情况，因此它属于风险管理的账户，一般占家庭可投资资产的20%。

(三)投资账户：生钱的钱

第三个账户为投资账户，位于第三象限，旨在为家庭创造更多财富。投资账户的特点是高风险与高收益并存，实际生活中，一般是用股票、基金、投资性房地产、外汇和期货等高风险金融工具通过合理合法的方式进行理财投资。投资账户的关键在于理财的智慧与能力，因此，该类账户的设置需要注意合理的资金占比。一般来说，投资收益账户内的资金应占家庭可投资资产的30%左右最为合适。

(四)长期收益账户：保本升值的钱

第四个账户为长期收益账户，位于第四象限。该账户的目标是保本升值，其中保本是首要目标，升值是次要目标，以保证能够抵御通货膨胀的侵蚀。虽然收益不一定高，但需要长期稳定。其用途包括家庭成员的养老金、子女教育金等未来的长期储备金。通常使用的金融工具包括债券、信托基金、理财型保险和基金定投等，也称为理财账户。长期收益账户具有三个专属特性：一是不能随意支取，如不能将养老金用作购车花费；二是需要定期将固定资金存入该账户；三是该账户资金需与固定资产隔离，不得用于抵债。因此，具有"保本升值，本金安全，收益稳定，持续成长"特性的长期收益账户资金一般要占到家庭可投资资产的40%。

重点关注

当然，并不是所有家庭都可以直接应用标准普及家庭资产象限图去评估、配置自己的家庭财富，根据家庭发展目标和所处发展阶段的不同，甚至家庭成员的差异化，评估方法应当进行合理的调整。

总之，标准普尔家庭资产象限图将家庭财富按照不同用途和功能分为四类账户，它们就像桌子的四条支撑一样，缺一不可。该象限图也被公认为最合理的适合多数家庭的资产分配方式，通过这样的资产投资配置，我们能实现家庭财富的长期稳健增值。

(五)三张表，厘清家庭财务状况

在企业管理领域，有三张重要的表格：现金流量表、资产负债表和利润表。在家庭财富管理方面，可以借鉴企业财务管理，定制出属于家庭财富的家庭资产负债表、家庭收入支出表和家庭投资收益表。定期进行数据更新，以便清楚梳理家庭财务状况，合理评估家庭财富数量和分布。

1. 家庭资产负债表

通过家庭资产负债表(见表5-1)，可以清楚地了解家庭资产的分布和净值、负债情况。

其中，资产部分分为流动性资产、投资性资产、借出资产和自用性资产四部分。流动性资产指现金、活期存款、货币基金等随时可用的流动资金，对应标准普尔家庭资产象限图的现金账户；投资性资产包括中长期的稳健型投资、房产投资等，对应标准普尔家庭资产象限图的长期收益账户；借出资产的登记方便及时跟进收回，避免家庭财富的流失；自用性资产指家庭的房产等固定资产，虽然属于消费但除非有特殊情况不会轻易售出。负债部分分为消费性负债、投资性负债、借入资产和自用性负债四部分。消费性负债一般为信用卡欠款、消费贷款等；投资性负债为自我提升或者投资实业等家庭理财行为产生的负债；借款为家庭借入的临时应急资金；自用性负债一般涉及房贷、车贷等大额消费品花费。

表 5-1 家庭资产负债表(202×年×月)

资 产	金额(元)	负 债	金额(元)
现金		信用卡欠款	
货币基金		小额消费信贷	
活期存款		其他消费性负债	
流动性资产合计		消费性负债合计	
稳健型投资		投资房产贷款	
长期投资 1		实业投资贷款	
长期投资 2		投资性房产按揭贷款	
其他投资		其他投资性负债	
投资性资产合计		投资性负债合计	
借出 A		借入 A	
借出 B		借入 B	
借出资产合计		借入资产总计	
自用房产		自住房按揭贷款	
自用汽车		自用汽车按揭贷款	
其他自用性资产		自用车位按揭贷款	
自用性资产合计		自用性负债合计	
资产总计		负债总计	
		净值	

2. 家庭收入支出表

家庭收入支出表(见表 5-2)列出了家庭每月的收入、支出数据，能够清楚地了解家庭财富的流入、流出情况，并且计算出家庭每月的"利润"，确保盈余蓄水池的"水位情况"，保障家庭财富的底线。

3. 家庭投资收益表

家庭投资收益表(见表 5-3)通过总结数据，对家庭目前的投资分布更加清晰，对后续的投资起指导作用。

表5-2　家庭收入支出表(202×年×月)

家庭收入	金额(元)	家庭支出	金额(元)
成员A的工资收入		食品餐费	
成员B的工资收入		居家生活	
奖金		购物消费	
工作收入小计		门票旅游	
成员A的副业收入		出行	
成员B的副业收入		……	
副业收入小计			
存款利息			
股票分红			
房租			
其他			
被动收入小计		其他支出	
家庭收入合计		家庭支出合计	
家庭月利润		家庭月存款	

表5-3　家庭投资收益表(202×年×月)

投资项目	金额(元)	开始投资时间	市值 (统计日期)	账面浮动盈亏(元)	收益率

　　结合标准普尔家庭资产象限图，通过家庭资产负债表、家庭收入支出表、家庭投资收益表可以总结出以下家庭财富评估指标。

　　(1) 储蓄比率=年结余÷年税后收入。这个指标可以反映一个家庭增加净资产的能力：通常40%比较适宜。如果低于此值，说明日常开销过大，建议适度调整，并结合未来几年的家庭规划，提高投资比率。

　　(2) 投资比率=投资资产÷净资产。这个指标可以显示资金的投入程度。低于50%表明家庭资金闲置较多。

　　(3) 偿债比率=净资产÷总资产。这个指标用来衡量家庭资产负债是否安全，以及偿还能力。通常来说，50%较正常。若低于此值，则需要注意未来的偿还能力，适度降低债务。

(4) 负债比率=负债总额÷总资产。这个指标与偿债比率相辅相成，通常控制在50%以下比较适宜。若比率过高，则有可能超出家庭的可以反映承受范围，给家庭资产带来较大风险。

(5) 负债收入比率=负债额÷年税后收入。这个指标可以反映短期偿还债务的能力，维持在4左右比较适宜。若太低，虽然表明偿还债务能力没有问题，但是也表明没有充分利用债务工具。如住房按揭，如果享受较低的贷款利率，而将现金投入一些理财产品，可能获得的回报会超过贷款利息。

(6) 即付比率=流动资产÷负债额。流动资产包括现金、存款和短期投资，为以备不时之需，家庭需要具备立即支付的能力，该值保持在70%左右比较科学，如果太低，应对突发性风险的应变能力将会显著降低。

(7) 流动比率=流动资产÷每月支出。这个指标衡量流动资产对日常生活支出的满足能力，维持家庭收入和支出的相对稳定。

二、家庭财富风险规避

家庭财富的流动遵循着获取、使用、传承的基本逻辑，是一个从有钱到花钱再到赚钱的过程。因而，家庭在不同的阶段(见表5-4)面对的财富风险(见表5-3)是不同的。在财富积累阶段，家庭主要面对的风险是损失性风险，这时需要解决没钱的问题；在使用财富的时候，家庭主要面对的是支出性风险，即现金流风险，需要解决家庭在不同阶段都有源源不断的现金流支出和花钱的问题；而在财富传承的阶段，家庭面对的风险是所有性风险，需要解决管钱的问题。

表5-4　不同阶段的家庭特征表现

	家庭形成期(筑巢期)	家庭成长期(满巢期)	家庭成熟期(离巢期)	家庭衰老期(空巢期)
起点	结婚	子女出生	子女独立	夫妻退休
终点	子女出生	子女独立	夫妻退休	一方身故
经济表现	收入少且不稳定	收入增加稳定	收入达到高峰	理财收入为主
	家庭支出增加	家庭支出增加	支出逐渐降低	医疗、休闲支出增加

与马斯洛需求层次理论类似，家庭财富风险也存在自下而上的层次分级，大致可分为三个层次。如图5-3所示，第一层为基础风险，位于最底层，是指突发性风险。第二层为中端风险，是指按现金流分析，基本保障是家庭成员在有支出需求时有足够的现金支持。例如，家庭中应有充足的教育基金来支持子女教育、老人应有合适的医疗服务可供选择。第三层为高端风险，指财富所有权风险，包括因为法律、税务、债务、婚姻、遗产继承等问题带来的大额财富分配和流失，解决的是财富如何在家庭内外留存的问题。

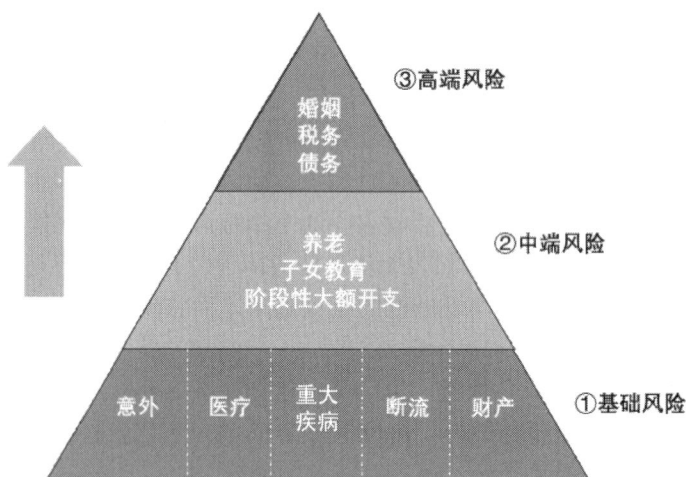

图 5-3　家庭财富风险管理金字塔

具体来看，家庭财富风险的类别包括以下几种。

(一)基础风险：损失性风险

处于财富创造期的家庭大多会遇到基础风险，表现为家庭成员在稳定的生活中突然遭遇意外伤残、重大疾病等，给家庭财富带来巨大的冲击。此类损失会影响到一个普通家庭的财务稳定性，家庭应对损失性风险的能力亟须加强。

(二)中端风险：支出性风险

面临中端风险的家庭已经完成一定的原始资本积累，进入财富使用期。家庭内有计划性的刚性支出，如子女教育支出、自我提升支出、旅游支出等。随着人口老龄化，养老金替代率逐渐降低，养老规划支出也开始逐渐占据重要部分。支出类别的增加、支出内容的扩大，为家庭财富带来长期风险。

(三)高端风险：所有性风险

面临所有性风险的家庭一般已经跃升为高净值家庭，处于财富传承期。这个阶段既需要考虑如何守住财富，又需要考虑如何将家庭财富更好地传承下去。

重点关注：
家庭财富风险规划的注意事项

三、家庭财富安全保障配置

(一)配置家庭保险，保障家庭安全

保险是一种抵御风险的手段，也是人身风险、预防财产贬值受损的手段之一。保险行业是一个非常古老的行业，全球的第一张保险单从诞生到现在已经有 600 多年的历史。要转移家庭风险，需要进行合理的保险配置，针对不同的风险配置不同的保险。

对于家庭而言，可以采用"1+4+X"组合配置家庭保险，按照家庭结构、财务状况、年龄、健康状况等综合评估和挑选。"1"为社会保险，包括家庭成员的成人医疗保险、少儿医疗保险；"4"为四大人身保险，即健康保险，包括重大疾病保险、医疗保险、意外保险、定期人寿保险；"X"为各项生活保险和理财保险，如财产保险、年金保险、增额终身人寿保险、汽车保险等。

如图 5-4 所示，前五个阶梯为基础风险，属于低保费、高保障的高杠杆保障，能为家庭起到风险转移的作用。其一为医疗保险，是指以合同约定的医疗行为发生为给付保险金条件，为被保险人接受诊疗期间的医疗费用支出提供保障的保险。简单来说，就是报销疾病的治疗费用。医疗费用一般包括门诊费、药费、住院费、护理费、医院杂费、手术费用及各种检查费用等。其二为重大疾病保险，是以特定重大疾病为给付保险金条件的疾病保险。其根据保费是否返还来划分，可分为消费型重大疾病保险和返还型重大疾病保险。其三为意外保险，是以意外伤害导致身故或残疾为给付保险金条件的人身保险，可报销意外导致的医疗费用、残疾或死亡的一次性赔偿费用。其四为定期人寿保险，是以被保险人的寿命为保险标的，且以被保险人的死亡为给付条件的人身保险。这四种产品，分别应对的风险是生病治疗、罹患重大疾病、意外事故、死亡或者全残导致家庭丧失经济来源。其五，主要是家庭财产保险，包括保障子妇教育的教育金，为养老创造稳定现金流、保障老年生活品质的养老金，保障家庭财富升值并且不外流的财富保全与传承，都是在基础风险得到保障后进阶考虑的财产保障。

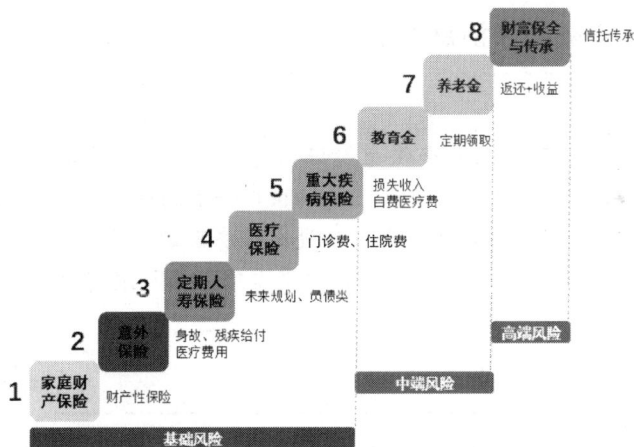

图 5-4　家庭保险配置阶梯

案例 5-3：四口之家的保险配置

小 C 是生活在一线城市的全职妈妈，今年 30 岁，她的先生今年 34 岁，税后年收入大约 50 万元。夫妻两人刚刚贷款买了学区房，育有一儿一女，儿子 3 岁，女儿 1 岁。为了更好地照顾和教育子女，小 C 做了全职妈妈。

在家庭财富管理上，小 C 有以下两方面焦虑。

焦虑 1：先生工作高压，健康透支。先生是家里的经济支柱，虽然每月拿着几万元的月薪，可也承受着巨大的工作压力。长期高强度的工作，万一罹患大病，治疗费用是否高不可攀？如何能获得更好的治疗？

焦虑 2：上有老，下有小，中间有房贷。虽然年收入较多，但每月还完房贷后，剩下可用的流动资金并不多。家里老人、孩子都需要照料，原来过着衣食无忧的生活，能否承受突如其来的变故？

作为接受过高等教育的全职妈妈，小 C 深知家庭风险管理的重要性。在深入分析家庭收支的基础上，制定了一份科学合理的家庭保险配置方案。首先是为一家四口配置"中端医疗保障计划"，对接公立医院的国际部和特需部，可以提供直接的结算服务。同时，重大疾病可提前指定三甲医院，每人年度有 150 万元的医疗额度，使全家都能享受更优质的医疗资源。这样，无论是哪位家庭成员遭遇不测，由于其有保险公司支付功能，家庭的资产不会遭受巨大损失。其次，虽然目前家庭收入稳定，但是万一夫妻双方有人不幸早逝，赡养老人、养育孩子、偿还房贷的压力都会压在一方的身上。因此为两人分别配置了定期人寿保险，先生为 300 万元保额，小 C 自己是 100 万元保额。此外，还配置了意外保险，如果一方不幸遭遇意外，理赔金可以用来偿还房贷及维持家庭运转，以减轻另一方的负担。最后，在重大疾病保险方面，小 C 将先生的定期重大疾病和终身重大疾病组合，在 60 岁之前可以有额外 80% 的重大疾病赔付，确保在家庭责任最重的前 30 年不会因为疾病使家庭返贫。自己和孩子们的重大疾病保险，考虑到家庭资金的有限，以"先有再补充"为原则，先拥有一份重大疾病保险，等以后再慢慢补充。同时，针对少儿高发的白血病，小 C 为两个孩子单独配置了白血病专属保险，每人花费 1000 元获得 50 万元的保额。如此，小 C 完成了家庭财富的基本保障。

(二)防范财产被盗，守护财富安全

情景导入

"专业办理大学生贷款，只需提供身份证信息，无利息、零担保……"这则广告信息吸引了对一款游戏机心动的大学生小王。他按照广告上的联系方式添加了对方的微信，并在其指导下在某贷款平台贷了 4 000 元。但没有经济来源的小王，无法按期还款，只能通过多家平台"借新还旧"。如此一来，欠款像滚雪球一样越滚越大，短短 6 个月，小王的债务已增长到 10 余万元。

(资料来源：本书作者整理编写.)

随着全球信息技术和信息化的不断发展和普及，全球移动互联网普及率呈现显著提升态势。eMarketer 统计数据显示，智能手机用户数将从 2017 年的 24.5 亿增长到 2022 年的 33.2 亿，复合增长率达 6.27%，手机已经与我们的生活密不可分，尤其是现代电商的兴起，手机订餐、购物、理财等业务不断发展，因此而产生的财务安全问题也日益严峻。

个人手机信息安全问题主要表现在网络账号被盗、密码被破解、金钱被盗用等方面，而产生这些问题的主要原因是不法分子通过手机病毒木马或手机系统漏洞进行攻击。因此，提高手机财务安全保护意识、配备移动终端网络安全信息核查系统等防泄密工具、及时修复手机漏洞是防止个人手机资金被盗取的重要手段。值得一提的是，移动终端网络信息安全核查系统类工具主要通过彻底清除手机中残留的隐患数据来保障手机财务安全，该类工具在数据清除上具有彻底性与安全性的特点，让手机数据无懈可击，从根本上解决了手机数据泄露问题。

案例5-4：手机失窃遭"盗刷"，安全漏洞早预防

据网民"信息安全老骆驼"称，其家人手机失窃后，不法分子利用电信、金融、支付等机构及互联网金融平台的安全漏洞，新建账户绑定银行卡，几小时内，便在线办理了贷款，并进行了多笔消费。复盘遭遇"盗刷"的全过程，梳理如下：不法分子取出机主手机卡，将其安装在自己的手机上，通过短信验证的方式，登录了某政务平台 App，由此获取了机主的姓名、身份证号码、银行卡号等关键个人信息。通过这些关键信息及验证短信，进行服务密码重置，掌握了对手机卡的主动控制权。此后，在支付宝、财付通、苏宁易付宝、京东支付等平台开立了新账户，绑定机主的银行卡进行消费，并在美团平台申请贷款，造成了机主的经济损失。在整个过程中，登录政务平台 App 获取关键信息、绑定银行卡、贷款消费等操作，都是凭借手机短信验证码顺利完成的。

此案产生如此后果的一个重要原因，在于手机失窃后机主没有第一时间挂失电话卡，给不法分子可乘之机。为避免此类事件的再次发生，在手机丢失的第一时间，需要做到以下几点。

① 致电手机运营商挂失 SIM 卡，以免不法分子利用"时间差"窃取个人信息。

② 尽快致电银行冻结手机网银，只要办过银行卡的银行都要覆盖到，不要给不法分子留下可乘之机。

③ 对支付宝、微信等具有金融功能的应用及时进行冻结，且密切关注账户服务和资金变动。

④ 通知亲朋好友手机遗失，让他们不要轻易相信陌生人打来的电话或发来的信息。

⑤ 如果发现异常的资金使用情况，及时拨打 110 报警电话报案。

第三节　理财艺术

一、购物中的省钱之道

理财艺术

(一)避免冲动性购买

冲动性消费是指那些没有经过充分了解、比较，也没有经过慎重考虑，看到别人买自己也去购买，或被一些夸大的宣传误导，一时感情冲动而去购买商品的行为。避免冲动性购买需要先了解我国市场的现状。目前，一些不具备生产条件的企业为了赚钱，生产假冒伪劣商品，欺骗消费者。对这些市场乱象，我们应该提高警惕，注意鉴别，不被夸大其词的广告宣传迷惑。否则，凭一时的冲动，购买了质量差的商品，过后维修又不保证，那将会带来许多烦恼。避免冲动性购买的另一个办法，就是要学些商品知识。因此，如碰到类似"优惠""降价"等宣传广告，需要注意鉴别，不为贪图小便宜而匆忙购买。通过储备一定的商品知识，鉴别商品的质量和真正价格。

(二)谨慎购买打折商品

在选购商品时，不应单凭价格决定消费，更应注重商品的内在品质，精挑细选后再决定购买。同时，更应注意商家出具的打折商品发票的内容，若商家在发票上标明"处理品"字样，按照我国的法律规定，该类处理商品不享受"三包"售后服务。

(三)提防商家消费陷阱

为获得自身利益最大化，许多商家会推出"买一送一"等很多带有格式条款性质的虚假宣传，真正给予消费者实惠的并不多，有的只是为了诱导消费者购买其所销售的物品。在现实中，具体表现为有的"买一送一"要求消费者购买的物品是大件商品，但是赠送的只是不值钱的小商品，更有甚者赠送的只是塑料袋，称这是他们为方便消费者提运商品的"赠一"，令消费者啼笑皆非。还有的"买 100 送 30"等，送的是购物券，目的是让消费者循环购物，最终受益的还是商家。

实用技巧：
网购省钱秘籍
大搜罗

二、 旅游中的消费优化

在旅游中，只要精心规划，完全可以做到既节约而又不影响旅游质量。

首先，利用时间差节约旅游花费。一是不同旅游地区有淡季、旺季之分。淡季旅游时，不仅车票好买，而且游人少，一些宾馆在住宿上有优惠，都可以打折，折扣可达 50%以上。在吃的问题上，饭店也有不同的优惠。仅此一项，淡季旅游比旺季在费用上起码要少支出 30%以上。二是计划好出游和返回的时间，采取提前购票，或同时购买返程票的方法。如今一些航空公司为了揽客已作出提前预订机票可享受优惠的规定，且预订期越长，优惠越大。与此同时，也有购买往返票的特殊优惠政策。三是在旅游时，要精心计划好玩的地方和所需时间，尽量把每一天的路线和旅游攻略做好。

其次，巧选空间省费用。出外旅行，住宿时的花销占较大比重，如何在空间上进行选择，以保证住得又好又便宜？一是考虑住宿位置，首先要保证出行的便利。二是在选择住宿类型时，尽可能避免入住在汽车站、火车站旁边的性价比不高的地段。可以选择交通方便，处于不太繁华地区的住宿地段，方便游玩的同时也减少支出。

三、 生活中的诈骗防范

近年来，随着科技的发展和网络的普及，诈骗事件越来越多。许多人成为各种花式诈骗的受害者，财产和精神都遭受了极大的损失。诈骗犯罪分子利用受害人的趋利避害和轻信麻痹的心理，诱使受害人上当而实施诈骗犯罪活动。因此，广大人民群众在日常生活和工作中，应从以下几方面提高警惕，加强防范意识，以免上当受骗。

实用技巧：
高质量的错峰
旅游

首先，要克服"贪利"思想，不要轻信麻痹，谨防上当。世上没有免费的午餐，天上不会掉馅饼。对于犯罪分子实施的中奖诈骗、虚假办理高息贷款或信用卡套现诈骗及虚假致富信息转让诈骗，不要轻信中奖和他人能办理高息贷款或信用卡套现，以免上当受骗。

其次，不要轻易将自己或家人的身份、通信信息等个人资料泄露给他人。对于家人意外受伤需抢救治疗费用、朋友急事求助等短信、电话，应仔细核对，不要着急恐慌，不要轻信上当。

最后，多作调查和核实，对于接到的培训通知，以及冒充银行、公检法机构等声称银行卡升级和虚假招工、婚介类的诈骗，应及时向本地的相关单位和行业或亲临其办公地点进行咨询、核实，不要轻易相信陌生电话和信息。对于来电声称是公安、检察院、法院、银行等的电话号码，务必多方核实，尝试回拨电话进行确认，防止犯罪分子利用改号软件等手段冒充电话号码。

实用技巧：
常见的诈骗形式

案例 5-5：刷单小利全是假　提高警惕勿上当

2022 年 12 月 29 日，徐女士通过微信群认识了一个刷单介绍人。想到在家里点点手机就能赚钱的徐女士根据对方介绍，下载了一个名为"微 star"的 App，对方称接单交易成功后会返还佣金。了解规则后，徐女士开始刷单，前 5 笔共收到返佣金 82.35 元。这让徐女士放松了警惕，又分别往对方账户支付了 1 399 元和 3 380 元，但之后这两笔都没有返还本金和佣金，最终徐女士共计损失了 4 696.65 元。

温馨提醒：刷单本身就是违法行为，天上不会掉馅饼，不要被蝇头小利迷惑双眼，时刻谨记网络刷单都是诈骗。

思　考　题

1. 探讨夫妻财务分担类型的风险与应对，并结合身边案例举例说明。(要点提示：不同人生阶段的财务规划)

2. 编制本月自己家庭的家庭资产负债表、收入支出表和投资收益表，并进行潜在风险分析和盈余总结。(要点提示：家庭财富的质量评估)

3. 结合 2023 年淄博烧烤爆火的现象，探讨当前年轻人购物、旅行的消费心理。(要点提示：理性消费)

对我们来说，风险意味着两件事：第一是永久失去资本的风险；第二是回报不足的风险。

——美国投资家查理·芒格

第六章　稳健型财富增长

学习目标

了解三种稳健型投资(基金投资、房地产投资、可转换债券投资)的财富增长逻辑和特征，体悟财富增长的逻辑和实操，在实践中培养正确的投资理念。

重点和难点

1. 掌握基金投资"三部曲"的具体操作。
2. 理解房地产投资逻辑。
3. 熟悉可转换债券投资的实操。

引导案例

2005 年，巴菲特在致股东的信中提出：由于高额的管理费用，主动管理基金的长期总体表现不如低成本的被动型指数基金。这一观点马上遭到了华尔街精英基金经理的质疑。2008 年年初，巴菲特在 Long Bets 网站上公开发布了一条"十年赌约"，以 100 万美元作为赌注，赌约内容是：在 2008 年 1 月 1 日至 2017 年 12 月 31 日，如果对业绩的衡量不包含手续费、成本和费用，则被动管理、赚取市场平均收益的标准普尔 500 指数的表现，将超过主动管理、获取超额收益的对冲基金的基金组合表现。如果巴菲特赌赢，他将获得其赢得的全部赌金。巴菲特提出赌约之后，只有泰德·西德斯(Ted Seides)站出来接受挑战。众所周知，巴菲特最终赢得了这场赌局。那么"十年赌局"可以给我们带来什么启示呢？接下来，让我们走进基金的世界。

(资料来源：《指数基金投资指南》.)

第一节　基金理论与实务

基金理论与实务

一、基金财富增长的逻辑与特征

个人投资者通常会选择黄金和金融产品进行投资，但两者在实现财富增长方面均存在一定的局限性。黄金只能实现保值，并不能实现财富增长。个人投资者最常接触到的金融投资产品是股票和债券，但由于债券总体容量极其有限，绝大部分债券仅在金融机构间进行交易，这限制了个人投资者的投资活动。大部分投资者进行投资的目的是实现财富增长。但是，个人的时间、信息和精力等方面得不到保障，因此绝大部分散户在股市中面临较大的风险。鉴于此，基金是个人投资者较为稳妥的一种投资方式。

(一)基金财富增长逻辑

基金投资是一种实现财富增长的方式。个人投资者以投资基金的方式进行理财时，只需要筛选基金，然后将具体的投资工作交给基金经理即可。专业的基金公司打理钱财，避免了个人投资者的不足之处，可以让专业的人帮助个人投资者实现财富增长。

专业的人做专业的事。首先，基金机构和基金经理比个人投资者拥有更多的专业知识、时间和经验等专业优势，因此基金投资效果更好，风险更低，收益更高。

其次，分散投资的好处。个人投资者在进行投资时，由于资金有限，能够覆盖的金融产品相对较少，容易出现"把所有鸡蛋放在同一个篮子里"的情况，这会增加投资风险。然而，基金经理管理着众多投资者的资金，因此投资选择更广泛。同时，基金有所谓的"双十限制"：对某家公司的持仓不能超过这只基金的 10%，即同一基金管理人管理的全部基金持有一家公司发行的证券不得超过该证券的 10%，这会使基金管理人的投资足够分散，避免了因踩雷个股所产生的风险，实现了"把鸡蛋放在多个篮子里"的分散投资。

再次，投资渠道和类别更丰富。个人投资者进行投资时，投资渠道存在一定的限制，而基金经理可以选择更丰富的投资类别和投资渠道，如债券、原油、海外市场股票等。

最后，投资者更加理性和耐心。投资过程中不可避免地会出现市场的波动和变化，进而导致收益和亏损交替出现，甚至长时间亏损，这对投资者的心态要求非常高。在不利情况下，个人投资者容易出现追涨杀跌的心态，无形中对投资者产生不良的负面影响，严重时甚至会影响投资者正常的生活工作状态。将资金交给基金经理进行投资，可以有效地避免心态对投资结果的影响。

(二)基金财富增长的四大特征

基金投资是一种收益稳健、风险较低、获益水平与基金团队的水平密切相关、灵活度高的财富增值模式(见图 6-1)，具体特征如下。

图 6-1　基金财富增长的特征

首先，基金投资的收益较为稳健。基金投资按照投资范围可以分为股票型投资、债券型投资、混合型投资和货币型投资，这些投资方式的收益都在一定的区间波动。与其他投资方式相比，基金投资产生大量亏损的可能性和收获较多收益的可能性均较小，一般会稳定在一定的收益范围内，其收益较为稳健。

其次，基金投资的风险较低。基金投资通常由专业的基金团队将资金组合在一起，采取组合投资的方式获取收益。基金由专业的人操作且享受分散投资的增长逻辑使之相对于其他的投资方式而言风险较低。

再次，基金投资的获益水平与基金团队的水平密切相关。投资者要选择基金经理或基金团队管理其资金，选择的基金团队越优质，获得收益的可能性也越大，基金投资的获益水平与基金团队的水平息息相关。

最后，基金投资的灵活度高。一方面，基金包含的种类较多，在选择时较为灵活，可以根据自身的风险承受能力和获益水平选择适合自己的基金种类。另一方面，开放型基金可以满足投资者自由选择投资和撤资的要求，投资者进入和退出的自由度较高。

二、基金投资"三部曲"

(一)"三部曲"之一：选择基金品种

基金投资没有通用的标准模式，需要根据实际情况进行投资的选择。

首先，根据对投资风险和投资收益的偏好，选择适合的基金品种。股票基金、债券基金、货币基金和混合基金的收益状况和风险状况并不相同。一般来说，其风险水平如下，股票基金最大，混合基金次之，货币基金最低。收益水平与风险水平成正比，股票基金最大，货币基金最低。风险承受能力越强，收益预期越高，越适合选择股票基金。

重点关注

激进型基金涨势迅猛，但跌势同样迅速，这是投资者必须明确的事情。激进型基金并不意味着短期收益大，而是意味着波动大、风险大。除非你恰好赶上一个处于上涨波段的基金，否则激进型基金在较长时间内才会表现出优势。

其次，根据预期的投资时间选择基金品种。当投资期较短，为 5～10 年时，选择稳健的投资方式，选择货币基金或者股票基金和债券基金结合的投资组合。当投资期较长，可以充分利用长期投资的优势，寻求最大的利益，做好承受短期波动对心理带来的冲击，选择投资大型公司的股票基金，一方面可以获得的收益较多；另一方面风险水平较低。

(二)"三部曲"之二：基金团队的选择

基金团队的选择与投资效果密切相关，选择基金团队应主要考虑以下几方面的内容。

1. 基金公司的经营状况和资源配置

所选择的基金团队将利用投资者的资金进行投资，因此需要确保基金公司研究团队的数据分析、选择基金和基金组合等能力比较出众，可以在未来的投资活动中获得较好的收益。基金公司的经营状况和资源配置的情况反映了该公司投资的能力。基金行业的竞争比较激烈，选择在基金竞争中脱颖而出的公司为基金投资提供保障。

2. 基金经理的真实业绩水平

选择一位优秀的基金经理是基金投资的关键。在现实生活中，特别是在中国的基金市场中，业绩卓越且从业超过五年的基金经理并不多见。基金会经过筛选的，业绩不好的基金，基金公司会将其关闭，这可能导致看到的基金存在"幸存者偏差"，即基金经理经营的都是收益水平较高的基金，曾经营过的亏损基金被基金公司关闭，这需要投资者在剩余的基金中鉴别出确实有能力的基金经理。简而言之，投资的基金需要通过长期且可靠的历史业绩进行分析，以判断该基金经理的真实水平。

3. 基金经理的收费标准

挑选出有能力的基金经理并不意味着投资一定会获得收益。其中还有一个重要的因素就是基金经理的收费。投资者在购买基金时需要支付交易费用和运作费用，其中，交易费用包括申购费用、赎回费用等一次性费用，而运作费用则包括托管费用、管理费用和销售费用等，这些费用会从基金资产中扣除。即使基金经理能力出众，可以取得非常高的回报率，但是如果收费过高，投资者在扣除费用后的净收益可能很少，甚至为负。不同基金经理的收费水平不同，一个基金经理的不同基金收费水平也不同，通常新基金的收费要高于旧基金。因此，投资者应考虑选择旧基金而非新基金。

4. 基金经理的投资金额

个人投资者将自有资金委托给基金经理进行投资，投资收益完全取决于基金经理的能力、尽职程度等各方面。其中，一个重要问题是代理人的问题。个人投资者会不可避免地担心基金经理对待投资者资金的尽职程度。例如，基金经理在投资时是否会亏损，决策是否会一贯正确，是否会投入足够的精力。若基金经理的大部分资金也投资于该基金，那么个人投资者的担忧将会减少。

(三) "三部曲"之三：基金投资方式的选择

定投适合波动性较大的基金，一次性购买适合直线式上涨的基金。基金的变化会遵循微笑曲线，呈现先下跌，再上涨，然后再次下跌，再上涨。定投比较适合波动的基金，当基金处于下跌趋势时，投资者在高位一次性买入很多，就会亏损较多。但是如果采用定投的方法，随着价格下跌逐步增加购买量，虽然仍然可能亏损，但是与一次性买入相比，会亏损较少。因此，在基金出现波动时，采取定投的方法，可以在一定程度上减少亏损，实现收益，进而降低风险，提高收益。

知识链接：
定投的方法

三、基金投资指南

(一)基金种类清单

截至 2023 年 8 月，中国现有基金约有 98 万只。巨潮资讯网、天天基金网、晨星网、英为财情网、中国债券网等网站提供投资者筛选基金的基础信息，包括基金的基本数据和招募说明书等内容。基金产品拥有唯一的 6 位数代码，投资者可以通过直接输入代码快速搜索到该基金。投资者还可以根据基金的名称判断基金的投资范围、风格、运作方式等信息，进而判断是否符合自己的投资理念。

基金可以按照投资范围、投资风格、交易方式和运作方式等维度进行如下分类(见图 6-2)。

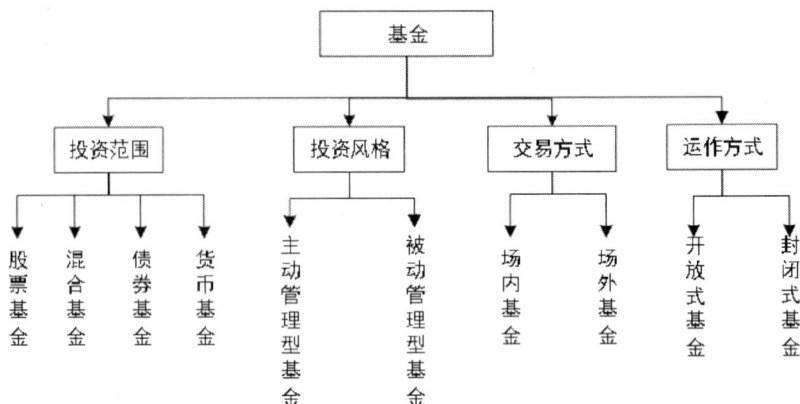

图 6-2 基金的种类

按照投资范围划分，基金可以分为股票基金、混合基金、债券基金和货币基金。混合基金，顾名思义，是既投资股票又投资债券的基金。基金的名称就可以体现其属性，不同基金对应的风险和收益存在差异。

按照投资风格划分，基金可以分为主动管理型基金和被动管理型基金(又称为指数基金)。指数基金的名字会带有"跟踪指数"。

按照交易方式划分，基金可以分为场内基金和场外基金。场内基金是通过上海证券交易所和深圳证券交易所进行交易的基金，而场外基金则是在交易所之外申购和赎回的基金，如天天基金、支付宝等平台。

按照运作方式划分，基金可以分为开放式基金和封闭式基金。开放式基金可以随时根据市场和投资者的需求进行申购和赎回，而封闭式基金则不允许在运作期间申购和赎回。

(二)基金投资实操

基金投资的具体步骤如下。

首先，自身定位。自身定位清晰的投资者可根据自身的情况进行选择，个人定位不清晰的投资者可通过投资平台进行风险偏好测试，以对自身的风险偏好有一定的了解。根据个人投资者的风险偏好、预期收益和投资时长选择适合的基金种类，在确定好基金的范围后，对比具体基金的优劣情况。常用的基金评价指标为五星级评级、波动率、最大回撤率和夏普比率。波动率是关于资产未来价格不确定性的度量；夏普比率是反映风险调整后的基金收益率的一个指标，描述该基金的性价比。五星级评级和夏普比率越高越好，波动率和最大回撤率越小越好。

其次，挑选基金经理，这是基金投资中最核心的一步。将自己的钱委托给基金经理进行投资，基金经理的能力决定了本次投资活动的收益情况。将自身定位与基金经理的风格、基金风险等级及自身偏好等相匹配。从较大的基金机构中选择基金经理，基金经理大多数在某一基金机构任职，基金机构越大、越规范，相应的基金经理的投资水平和规范性也越高。重点参考往期基金经理的投资情况，从购买基金的平台上查询该基金经理的历史数据，历史数据越好，则该基金经理的能力越高，资金的安全度也越高。除了该基金经理的历史业绩水平，也可以了解其投资的基金，重点关注该基金的规模、指标、特色数据三个方面，从这三个方面可以看出该项基金的以往盈利水平和风险状况。在上述基础上，挑选收费水平最低的基金经理，投资者最终获得的收益取决于基金经理的投资收益和基金经理的收费水平，将挑选出的基金经理按照收费水平排列，选取收费水平最低的基金经理进行投资。

最后，做时间的朋友。投资过程中总会发生很多事情，只要投资者是在基金价值较低时购买且基金是"好"基金，即使市场出现了下跌的情况，也不要因为市场的短暂波动而恐慌、茫然和手足无措，频繁地买卖基金容易错失机会，还会增加交易成本。遇到上述情况时，投资者应该考虑以下几方面。

(1) 回撤、震荡的行情是因为短期刺激还是长期趋势。

(2) 回想当时为什么看好这只基金。

(3) 现在的宏观、微观环境是否不利于基金运行的改变。在考虑完上述的问题之后再思考是否回撤。

第二节　房地产投资

房地产投资

一、房地产投资的逻辑与特征

房地产投资属于消费型投资，而不是投机型投资，房地产投资的暴利不符合正常的市场规律。在房地产的繁荣时期，很多人参与到炒房的活动中，希望通过低买高卖实现收益，结果许多投机者输得一无所有，这说明了炒房的房地产投资方式不可行。从市场的角度出发，参与炒房的人以自己的利益为导向，实施了一系列买卖房地产的行为，这种投机行为不符合市场发展的普遍规律，会不断推动房价的持续上涨，导致房地产市场的泡沫甚至破裂。

知识链接：
房地产投资

房地产投资永远存在。一方面，使用房子的需求与人类对食物、衣服、空气和水的需求一样，与人们的生活密切相关，只要人们需要使用房子，房地产投资就会一直存在。另一方面，房地产投资本身具有实体资产的性质，投资房地产就是投资实体经济，即使市场不景气，房地产作为不动产，仍然是社会的财富，也会较为稳定。

(一)房地产投资的逻辑

房地产投资有三个投资逻辑，分别为价值投资逻辑、留出价值安全边际逻辑及资金运转和资源整合的逻辑。

第一个投资逻辑是价值投资，房子的价值在于房子本身的价值和所处的地理位置。房子本身的价值包括户型、房屋质量、物业管理等内容，这些因素会直接影响房子的价值。但人们在购买房子时还会关注一些核心外部因素，包括交通、商业配套、绿化公园、学位、周边小区和城市环境五个主要因素，以及房子所在的城市和区划两个相关因素。不同的投资者对上述七个因素的偏好不同，排序不同，取舍也不同。

第二个投资逻辑是留出价值安全边际，即要投资价格低于内在价值的房子。市场只是房地产交易的场所，背后的价值才是关注的重点，只有房子的价值增加才可能实现价值增值，投资的本质是对未来的预测，预测本身存在一定的风险，不一定会 100%正确，选择价格低于内在价值的房子，即使预测失误，投资者也不会亏损很多，如果预测正确，将会获得很多的收益。

第三个投资逻辑是资金运转和资源整合的逻辑。在房地产投资的过程中，投资者需要根据市场中关于房地产的相关信息判断其价值的变化情况，进而作出增加投资或者减少投资的决策。投资者是否可以整合所有资源，并得出正确的结论，将影响到投资者的投资效果。从资金运转角度来看，房地产投资者的资金也并非全部来源于自有资金，大部分来源于金融机构贷款或其他途径。在房地产投资的过程中，只要流动资金保持充足，这项投资活动就可以顺利进行。因此，房地产投资者实现资金周转并将资源整合得当，就可以实现房地产投资的成功。

(二)房地产投资的特征

房地产投资是一种收益稳健、变现周期长、变现难度大和规模大的投资方式。它具有以下几个特征(见图 6-3)。

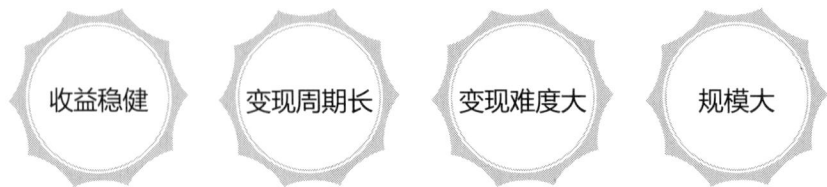

图 6-3　房地产投资的特征

第一，房地产投资的收益稳健。房地产投资作为一种消费型投资，而不是投机型投资，不会出现暴利的情况，收益会稳定在一定的比例范围内。

第二，房地产投资的变现周期长。房地产投资要经历裂变环节，这一环节需要较长的时间，因此，房地产投资的变现周期长。

第三，房地产投资的变现难度大。一方面，投资者购买房地产时，通常会选择增值潜力较大的房产，但这只是投资者对未来的预测，其准确性会受到未来经济等各方面因素的影响。另一方面，实现房地产资金回笼的方法是销售现有房地产，但是该销售环节的实现存在一定难度，因此，房地产的变现难度较大。

第四，房地产投资的规模大。房地产投资的对象是价值和规模都较大的房地产，所需要的资金数额也较大。

二、房地产投资"三部曲"

房地产投资的步骤分为上车、裂变和逢一退三(见图6-4)。

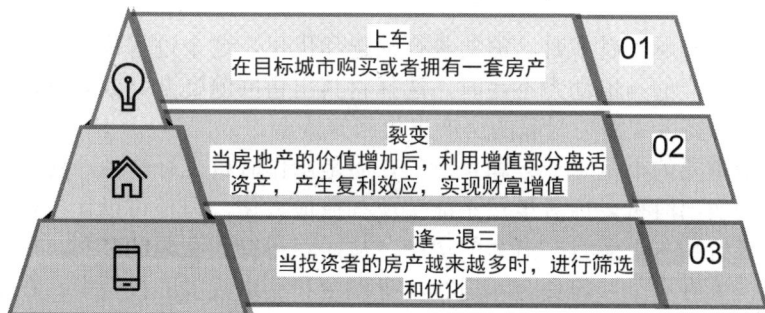

上车		
在目标城市购买或者拥有一套房产		01
裂变		
当房地产的价值增加后，利用增值部分盘活资产，产生复利效应，实现财富增值		02
逢一退三		
当投资者的房产越来越多时，进行筛选和优化		03

图 6-4　房地产投资增值的逻辑

(一)"三部曲"之一：上车

进行房地产投资时，第一步是"上车"。在目标城市买下或者拥有一套房，将这一行为称为"上车"。"上车"是实现房地产投资的基本条件。

知识链接：
房产等级

为实现房地产投资的第一个环节，需要完成以下两个方面的思考和行动。一方面，根据已有资金选择适合的资产。在选择时，不必过分高估购房的难度，更无须低估自身的购买力，选择在合理承受范围内的房产。摒弃对银行贷款敬而远之的错误观念，购买房产除了已有的存款以外，可以选择银行贷款以增加原始资本。银行贷款可以用于解决少部分资金的不足。另外，现在正处于通货膨胀的时代，债务是固定的，房地产会随着通货膨胀的增加而增值，两者形成的"利润剪刀差"就是房地产的投资收益。另一方面，选择未来增值潜力大的房产。不论房产最终用于居住或者商铺销售，最重要的因素就是地段。不一定要选取地段最好的房产，可以退而求其次选择未来有升值空间但可承受的房产。坚持投资与自住分离和置换升级的原则。生活配套虽然重要，但是更应该考虑该房产在一定时间内能带来的收益，为下一步的置换做准备。

(二)"三部曲"之二：裂变

对于房地产投资者来说，随着时间的推移，房地产的价值增加时，就需要考虑下一步的操作——裂变。裂变是房地产投资的核心内容，当房地产的价值增加后，把增值的部分利用起来，就相当于把资产盘活了，进而产生复利效应，实现财富增值。

裂变的具体增值方法是不断叠加贷款，建立更大面积的资产，使投资者的房地产投资组合更加优质和庞大。举例来说，今年购买一套 200 万元的房子，首付 3 成，贷款为 140 万元，月供为 7400 元。3 年后，房子价值上涨 50%，市值 300 万元，贷款还剩 100 万元，通常在贷款余额小于房产市值 40% 的时候进行裂变。找金融机构或者其他公司借 100 万元，把剩余贷款还清，将房产证按市值 300 万元做 7 成抵押贷款，即 210 万元，用以归还金融机构的借款，手头剩余的实际资金是 110 万元，保留其中 30 万元做应急资金，剩余 80 万元再购买一套 270 万元左右的房子。总体计算，假设最初只拥有一套房产，前 3 年涨 50%，后 3 年涨 40%，6 年市值为 380 万元，贷款为 60 万元，净资产为 320 万元，中途进行一次裂变，6 年后除去原本 380 万元的房子，第二套房产的市值也增加到 378 万元，总资产达到 758 万元。

(三)"三部曲"之三：逢一退三

当投资者的房产越来越多时，需要进行筛选和优化，这个过程称为逢一退三。例如，当投资者认为某房产的升值潜力不足时，选择将其出售回笼资金，或者发现一个具有巨大升值潜力的房产，将手中潜力最差的房产出售回笼资金。

逢一退三最重要的不是"一"和"三"，而是操作时机。行情由冷转热时和行情火爆时，都是很好的卖出时机。前者虽然不能实现利益最大化，但是可以让投资者尽早获得裂变启动资金，低价购入更多具有潜力的房产，从而获得行业涨幅的红利。后者可以实现卖出收益最大化，更有利于回笼资金，适合本身现金和流水较多的投资者。在筛选优化的环节中，独立思考的能力非常重要，不要因为中介或者其他投资者的小道消息就盲目抛售或者买入。

三、房地产投资指南

像投资其他产品一样，投资房地产也可能亏损，尽管如此，投资房地产仍是赚取巨额资金的最具前瞻性手段之一。加州房地产投资人贾斯汀·科尔比(Justin Colby)，通过房地产投资获得超过 1 亿美元。以下是造就真正冠军的 10 条黄金守则。

坚定信念，才能实现梦想。对于科尔比来说，即使面对严峻的现实，也阻挡不了他实现梦想的决心，他能大胆想象一个与他现实完全不同的未来，他的思想力量推动他朝着梦想前进。没有坚定信念的企业家不会成功。

先有理由，目标才得以实现。想要达到目标，必须找出一个强而有力的理由。理由永远摆在第一位。如果理由够充足，不管是什么目标，都能督促你实现。

突破恐惧就能向前走。人生有时难免会因有限的信念和恐惧而裹足不前，阻止向梦想迈进。然而，最大的进步往往在突破恐惧之后才会发生。美国作家玛丽莲·弗格森(Marilyn Ferguson)说过，"我们终究能深深理解，恐惧的另一面是自由"。科尔比了解到，当他脑海中出现恐惧时，要立即面对并突破它。

不因过度分析而瘫痪行动。经常过度思考或过度分析生活中的利弊得失，总是期待能拿到一手好牌或等到一切就绪才行动。但是，那永远不会发生。因为事情不总是完美，除非把握机会。你必须走出去，采取行动，而不是等待好运上门。除非主动出击积极争取，否则成功永远不会来找你。

想要成功，请制订长期一致的行动计划。科尔比发现，想获得成功，他需要一个长期且一致的行动计划。他也从未改变自己的目标。如果计划行不通，他会调整计划，但要一直按计划进行。如果你不断调整和执行计划，终有一天会成功。尽管时间可能比预期的长，但你会达到目标。

投资成功时获利，失败时当作学习。想要达成宏大的目标，失败在所难免，但不要因此而退却。投资有时成功，有时失败。有时按计划进行，很顺利就能获利；有时失败，却必须从失败中吸取教训。请记住，事情偶有进展不如意时，不要灰心。往好处想，尽全力克服困难，继续努力向前走。

向领导者、导师或专业教练请教。一定要找到可以指导你的人，如领导者或专业人士。即便需要花钱，也应该把专业摆在首位。专业能引导你朝正确的方向前进。

运用身边资源实现目标。例如，使用社交媒体向各行业有影响力的人士发送信息，也可以发送电子邮件给产业领导人或商业巨头。在努力实现目标时，不要害怕寻求帮助，或利用网络工具来找到其他志同道合的企业家伙伴。苹果创始人史蒂夫·乔布斯(Steve Jobs)说过，"当我向他人寻求帮助时，未曾遇过不愿帮忙的人"。

管理好时间，不进则退。如果真心想实现目标，就必须管理好时间，让它发挥效益。找到一个好用可行的时间管理系统。专注在长期目标上，排除干扰。

坚持到底，永不放弃。要达成宏大的目标需要时间，因此必须坚持到底。如果事情没有按照想要的方式进行，请不要气馁，再试一次。打起精神，继续前进。

第三节　可转换债券投资

可转换债券
投资

情景导入

W 上市公司发行了可转债，并在条款中约定，投资者持有一段时间后可以按一定的价格将债款转换为公司的股票。小 A 是 W 上市公司可转债的持有者，他在继续持有可转债还是转换为股票的两个选择中感到困惑，不知道应该如何决定。接下来将揭示低风险与可转债投资的底层逻辑。

(资料来源：本书作者整理编写.)

一、可转换债券投资的逻辑与特征

(一)可转换债券投资的逻辑

低风险与可转换债券投资是一种可以转换为股票的债券。可转换债券的利率相对较低，低于普通债券，但是到了转股期，投资者可以选择将债券转换为股票，从而持有该企业的股票。

可转换债券的最终归属有四种情况，分别是持有者转股、上市公司提前赎回、回售和到期赎回。在持有者转股的情况下，可转换债券发行上市之后，如果投资者在存续期结束之后仍未成功转股，上市公司必须到期还本付息。因此，上市公司一般不愿意将这部分资金归还。在可转换债券发行历史上，95%以上的投资者都选择提前转股，使上市公司的这部分资金从负债转变为资产。

1. 债券逻辑

(1) 价格。可转换债券的价格会随着股价的涨跌而出现波动，甚至有时会跌破面值。

如果将其视为纯粹的债券，当可转换债券到期时，公司仍然能够还本付息。当可转换债券的价格低于面值时，投资者就可以考虑买入该可转债。

(2) 债券风险。债券本身属于投资，具有一定的风险，如果借款期限到期，公司又无法偿还债务，债券可能会出现违约风险。

(3) 利率风险。可转换债券的亮点在于其期权，但同时它有个非常大的缺点，即利率非常低，可转换债券的利率甚至不如银行一年定期存款多，如果没有出现良好的转股或者卖出时机，那么可转换债券到期后只能取得微薄的利息。

2. 转股逻辑

对于投资者，可以选择持有股票或者持有债券。当股票价格大于债券价格时，可转换债券的价值主要由债券价值加上期权价值组成。由于公司经营情况的不同，最终可转换债券的结果也会不同。可转换债券的直接投资标的就是转股价和股价，股价背后反映的就是公司的发展前景。如果一个公司发展很好，未来前景广阔，那么相应给出的估值就会提高，在这种情况下，投资者可以通过将债券转为股票，由债权人变为股东，获得更多的投资收益；当股票价格小于债券价格时，投资者通常会选择继续持有债券，这种转换的机制可以保障投资者最低的投资收益。对于上市公司，投资者将债券转换为股票，可以减轻上市公司的压力。

(二)可转换债券投资的特征

可转换债券是一种低风险、稳健性收益和看涨期权的投资方式，其投资收益下有保底（"债性"），上不封顶（"股性"），同时还具有看涨期权的特点(见图 6-5)。

图 6-5　低风险与可转换债券投资的特征

可转换债券具有低风险属性，这一属性正是源于其本身是一种债券。在通常情况下，可转换债券违约风险低，其发行人通过向下修正转股价格来促使可转债持有人具有较强的转股意愿。可转换债券成功转股无论对发行上市公司还是对其投资者来说都是一个双赢的结果。投资者可以将持有的可转换债券转换为股票，且由债权人变成公司股东，同时发行公司也不必偿还借债。

可转换债券具有稳健性收益的特性，其"债性"锁定了可转债的下方风险，可转换债券的价格通常不会跌破其纯债价值，而其"股性"可让其在基础股票的价格上升时同步上涨，获取较高的转股收益。

可转换债券具有看涨期权的特点，由于低风险与可转债具有"股性"和"债性"双重性，在可以转换时，投资者可以根据两者的相对大小判断是否行使权力。这使投资者投资时不仅能拥有保底收益，还能获得更多的收益。

二、可转换债券投资的"三部曲"

(一)"三部曲"之一：筛选优质可转换债券

虽然可转换债券是一种上有保底、下不封底的投资，但是任何一种投资都存在一定的风险，即使是风险较低的可转换债券也是如此，因此，筛选优质可转换债券至关重要，可以通过以下四个关键指标来分析。

(1) 转股溢价率。该指标用于描述投资在今后的发展状况。转股溢价率越高，上涨空间就越小；反之，上涨空间就越大。因此，投资者应选择转股溢价率较低的可转换债券。

(2) 信用评级。可转换债券的信用等级用于评价其安全程度。投资者通常选择 AAA、AA+、AA 等级的可转换债券，对于评级太低的应该慎重申购。

(3) 发行规模。发行规模为 5 亿～10 亿元的可转债较为理想。

(4) 转股价值。该指标用于评价该债券转为股票是升值还是贬值的情况。转股价值越高，可转换债券首日破发的可能性就越小。

(二)"三部曲"之二：查询可转换债券中签结果

(1) 查询起始配号并计算配号范围。记录申购可转换债券后所分到的配号。一般而言，申购的第二日就会公布中签率，第三个工作日会公布中签结果并提醒缴款。

(2) 计算可转债中签率。查询可转换债券的中签率，以便预估新的可转换债券中签的概率。

(3) 查询摇号中签结果。查询可转换债券的中签结果。

(三)"三部曲"之三：预估开盘价及博弈首日最高价

可转换债券在上市的首日可能出现较大涨幅，甚至个别可转换债券会在上市首日出现暴涨、暴跌的现象。因此，我们要预估开盘价及首日最高价，以尽可能高的价格卖出可转换债券。

(1) 预估开盘价。根据转股溢价率、对应正股等指标预测开盘价，但是该预测一般难度较大，因此，如果准备卖出该可转换债券时，可以比预测价稍低一些。

(2) 博弈首日最高价。风险偏好不同，选择自然也会不同。担心持有的可转换债券上市首日即下跌的投资者，可以在集合竞价时卖出，无须博弈首日最高价；而追求更高收益、不怕承担上市首日下跌风险的投资者，可以博弈更高价格卖出。

三、可转换债券的投资指南

(一)投资选择

影响可转换债券投资价值的因素较多，应该根据市场具体情况的变化制定相应的投资策略。

(1) 不同市场情况下的投资选择。如果市场处于熊市时，投资可转换债券是一个较好的时机，此时的转股价格较低，随着股市回暖，可转换债券的交易价格可能会随之上升，从而获得较好的盈利机会；另一方面，在二级市场可以选择到期收益率较高的可转换债券进行投资。

(2) 可转换债券所属行业的投资选择。在股市动荡的时期内，国家重点扶持的行业，或者是市场中长期向好的行业，其风险水平较低，是大部分投资者的优先选择。

(3) 不同公司业绩的可转换债券投资选择。可转换债券的投资价值与公司业绩的预测增幅呈正相关关系，即预期业绩增加幅度大，可转换债券的投资价值也会大幅上涨。因此，在选择投资标的时，选择那些基本面得到明显改善、业绩预增的公司，会有更大的胜算。

(4) 不同正股股价的投资选择。当被投资企业的股价远远高于转股价格时，可转换债券的"股性"大于"债性"，其涨跌与正股涨跌具有同步性。在这种情况下，可以选择投资企业的"股性"较活跃的可转换债券进行短线交易，以获取较大的短线利润。当被投资企业的股价远远低于转股价格时，可转换债券的涨跌与正股涨跌的同步性较弱，这个时候就不能盲目地根据正股的波动情况选择可转换债券进行短线交易。

(二)投资策略

适合投资可转换债券的策略包括以下几种。

(1) 套利策略。可转换债券市场和股票市场是两个相对独立的市场。当可转换债券对应的正股受消息影响，股价出现大幅波动，而可转换债券价格却波动比较滞后，导致可转换债券的理论价格高于其市场价格时，投资者可以选择现价买入可转换债券，然后当日就将债券转换为股票，第二天将股票在市场上出售，以获取股票低买高卖的差价收益。

(2) 申购策略。第一步，在可转换债券发行当日申购，申购方式和买入股票方式一样。第二步，可转换债券中签后通过银证转账方式向证券账户充值，证券公司会自动扣款。第三步，可转换债券上市后卖出，以获取投资收益。

可转换债券是一种带有认购期权的债券，其上市时一般存在一定溢价，有时溢价甚至高达 30%以上。当然个别可转换债券在上市首日可能会跌破面值，但跌幅较小，亏损金额和亏损幅度都在可承受范围之内。

(3) 长期投资策略。投资者可在低位买入业绩增长公司的可转换债券，然后持有到正股价格得到充分挖掘、可转换债券价格大幅上涨时卖出，以获取较高的投资收益。

思　考　题

1. 研讨"十年赌约"的故事，分析其中的原因和风险。(要点提示：基金的种类、基金经理的管理费)

2. 分析恒大集团出现"财务爆雷"的原因。(要点提示：房地产投资的特征和财富增长逻辑)

3. 以獐子岛"扇贝逃跑"为例，分析投资可转换债券时应注意的事项。(要点提示：可转换债券的特征)

投资对于我来说，既是一种运动，也是一种娱乐。我喜欢通过寻找好的猎物来捕获"稀有的快速移动的大象"。

——美国投资家巴菲特

第七章　积极型财富增长

学习目标

明确股、股息内涵及具备寻找高股息投资项目的思维，具有认识、创造、管理积极型财富的能力，能够利用好拥有的资产做好资源配置，完成财富积累。

重点和难点

1. 辨析高股息、REITs 项目、股票投资的内涵差异。
2. 了解高股息投资的项目筛选与风险防范。
3. 熟悉 REITs 项目的形态和运行机制。
4. 掌握股票投资交易时机、风险防范与应对。

引导案例

地主马太外出远游，将 5000 金币、2000 金币和 1000 金币分别托付给三位仆人保管，并告诉他们要珍惜并妥善管理自己的财富。马太离开后，第一位仆人将收到的金币做了各种投资；第二位仆人则购买原料，制造商品并出售；第三位仆人为了安全起见，将金币埋在了树下。一年后，第一位仆人拥有的金币增加了三倍，第二位仆人的金币增加了一倍，马太对此感到非常欣慰。唯有第三位仆人的金币丝毫未增加，他向马太解释说："我担心运用失当而遭到损失，因此将金币存在安全的地方。今天将它原封不动奉还。"

这个故事告诉我们，财富可以再创造财富，财富要想实现增值需要进行投资。正如古语所说，"有钱不置半年闲"，只有进行合理的理财，再少的钱都可以获得一份收益；反之，如果不理财。则再多的钱也有花光的一天。

(资料来源：本书作者整理编写.)

第一节　高股息投资

一、股、股息的内涵

高股息投资

(一)股：风险与利润的中间产物

世界上第一只股票由荷兰东印度公司(Dutch East India Company)印发，该公司成立于

17 世纪欧洲的大航海时代。当时，欧洲各国为更好发展外海的潜在商机，兴起海上冒险，探寻世界地理。虽然开拓海上贸易回报极其丰厚，一次航海能够带来投资额数倍的利润，但当时航海技术并不发达，出海风险极高，很多船只有去无回，一些小公司如果接连经历两次航海失败便会破产。另外，航线未知、周期漫长(一般情况一年以上)、投资大(至少配备相应船只、船员、医生及用于贸易的白银)、海上风暴、船员生病、海盗、海洋季风等因素也加大了投资风险性，仅靠几个人出资，很有可能因一次大的风险发生而破产。因此，分散投资风险成为海上贸易的迫切需求。为了保障该事业的稳定发展，专事荷兰与亚洲贸易的东印度公司通过发行小面值"股"的手段和方法，汇聚无数商人、水手、技工，甚至女仆等社会各阶层的资金。1606 年 9 月 9 日，荷兰东印度公司发行了世界上第一只股票，面值为 150 荷兰盾。荷兰东印度公司的特许章程规定分红规则，资金投入须有 10 年的期限，收回的现款一旦达到了原始资本的 5%，就要向投资者分配红利。通过将资金投入公司，将其以股票的形式持有，在获得股利的同时，一定程度上承担公司航海贸易的潜在风险。因此，股是对应风险与利润的中间产物。

案例 7-1：荷兰东印度公司

荷兰东印度公司建立于 17 世纪欧洲的大航海时代。当时的欧洲各国兴起海上冒险，探寻世界地理，发展外海的商机。16 世纪的葡萄牙在东南亚地区已有殖民地与商业发展，一群荷兰商人派浩特曼(Cornelis de Houtman)到葡萄牙刺探商情，浩特曼回国后这群商人便成立一家公司，利用这个资讯往东印度地区发展。在葡属印度的扬·哈伊根·范·林斯霍滕在 1595 年归来，更是带回了大量从欧洲出发到东方的好望角航线的详细资料。1595 年 4 月至 1602 年，荷兰陆续成立了 14 家以东印度贸易为重点的公司，为了避免过度的商业竞争，于是这 14 家公司合并成为一家联合公司，也就是荷兰东印度公司。

荷兰东印度公司由位于阿姆斯特丹、泽兰省的密德堡市、恩克华生市(Enkhuizen)、德夫特市(Delft)、霍恩市(Hoorn)、鹿特丹市(Rotterdam) 6 处的办公室组成，其董事会由 70 多人组成，但真正握有实权的只有 17 人，被称为"十七人董事会"(Heren XVII)，分别是阿姆斯特丹 8 人、泽兰省 4 人，其他地区各 1 人。

荷兰东印度公司是第一个可以自组佣兵、发行货币，也是第一个股份有限公司，并被获准与其他国家订立正式条约，并对该地实行殖民与统治的权力。

荷兰东印度公司在爪哇的巴达维亚(今印尼的雅加达)建立了总部，其他据点设立在东印度群岛、香料群岛上。

1669 年，荷兰东印度公司已是世界上最富有的私人公司，拥有超过 150 艘商船、40 艘战舰、5 万名员工，以及 1 万名佣兵的军队，股息高达 40%。认购股份的热潮时，荷兰东印度公司共释出 650 万荷兰盾供人认购，当时的 10 盾约等于 1 英镑，而 17 世纪 60 年代，荷兰一位教师的年薪约为 280 荷兰盾，光阿姆斯特丹一地就认购了一半的股份。

(二)股息：获利的凭证

股息是股份公司从提取了公积金、公益金的税后利润中按照股息率派发给股东的收益，是购买股票后获得企业部分资产和未来盈利后利润的分配权。股息是持有股票能够获得"息"的一种能力，高股息指能够获得高额"息"的股票，如风投、天使投资等。股票是交易的凭证，是价值形态。而股息是获利的凭证，是实物形态。股票带有投机性，以价格波动为主，是上市公司一种市场化的行为。高股息不一定完全市场化，也可能是公司内部的一种经济行为，如上市公司派发股息给员工，典型代表有华为员工持股获得股息。

案例 7-2：华为员工持股

华为在员工持股方面一直秉持"股权共同发展、利益共同受益"的理念，始终致力于激发员工的投资热情，帮助员工分享公司的成长和利益。为此，华为制定了一系列相应的员工持股管理办法，旨在为员工提供更为丰富的投资机会，通过股息的持有方案设计参与华为的发展，并同时享受相应高股利回报。

1990 年，华为第一次提出内部融资、员工持股的概念，表现为两个特征：首先，内部持股员工仅有分红权，没有《公司法》上股东所享有的其他权利；其次，员工所持股份在退出公司时，按照购股之初的原始价格回购，员工也不享有股东对股票的溢价权。

2001 年年底，华为公司实行员工持股改革：新员工不再派发长期不变的一元一股股票，而老员工的股票也逐渐转化为期股，即所谓的"虚拟受限股"。虚拟受限股(以下简称"虚拟股")，是华为投资控股有限公司工会授予员工的一种特殊股票。每年，华为根据员工的工作表现和对公司的贡献，决定其获得的股份数。员工按照公司当年净资产价格购买虚拟股。拥有虚拟股的员工，可以获得一定比例的分红，以及虚拟股对应的公司净资产增值部分，但没有所有权、表决权，也不能转让和出售。在员工离开企业时，股票只能由华为控股工会回购。

从法律上说，华为公司的股东有两个：一个是华为公司工会，代表 65 596 名员工(截至 2011 年 12 月 31 日)持股 98.93%；另一个是任正非，持股 1.07%。这些持有股份的员工不同于《公司法》上的股东，因为从 2001 年员工持股新方案发布以来，华为员工的持股是一种虚拟股，更多体现为股息，员工并非真实意义上的股东。

(三)高股息投资的优势

(1) 稳定的现金流入。高股息意味着公司向股东支付较高的现金分红，可以为投资者带来稳定的现金流入。这使投资者在股市波动时能够保持冷静，更好地应对投资风险。

(2) 投资风险相对较低。通常来看，能够提供高股息的公司往往比较成熟、盈利稳定，这些公司一般有良好的管理团队，出现重大财务问题和经营风险的概率相对较小。

(3) 长期收益可观。虽然高股息投资的短期收益可能不如其他投资方式，但从长期来看，其收益是非常可观的。随着目标公司的发展和成长，其支付的股息也会逐年增加。对于有长期投资计划的投资者来说，高股息投资无疑是一个理想的选择。

二、寻找高股息投资项目

(一)紧盯国家大政方针，锁定热点板块

为了促进经济向更高质量发展，国家或地区往往会通过顶层设计加以引导。政策扶持的建设项目，主力资金参与的积极性比较活跃，板块热度往往较高，利好信息不断，投资风险相对较低。因此，在寻找高股息项目时，需要更多从宏观政策层面给予关注。政策扶植的行业往往股市红利较好，可大胆跟进；政策打压的行业则是需要着重规避的板块。例如，国家"十四五"规划中明确指出，2021—2025 年，现代能源体系、现代化综合交通运

输体系、新型基础设施、水利基础设施等方面是我国未来着重发展的领域。在"3060""双碳"目标下，节能降耗、碳汇、碳交易等均属于政策扶植的行业板块。这些领域赛道性强、未来发展空间大，行业利润易出现大幅上涨。尤其是受政策影响比较明显的板块一旦进入估值低位(从表面上看，股息呈现整体走势的低迷)，此时资金实力较大的主力往往会持续增仓。

案例 7-3：推动新一轮大规模设备更新和消费品以旧换新，有效降低全社会物流成本

2024 年 2 月 23 日，中央财经委员会第四次会议召开，会议强调物流是实体经济的"筋络"，联接生产和消费、内贸和外贸，必须有效降低全社会物流成本，增强产业核心竞争力，提高经济运行效率。实行大规模设备更新和消费品以旧换新，将有力促进投资和消费，既利于当前，也利于长远。要打好政策组合拳，推动先进产能比重持续提升，高质量耐用消费品更多地进入居民生活，废旧资源得到循环利用，国民经济循环质量和水平大幅提高。要坚持以市场为主、政府引导，坚持鼓励先进、淘汰落后，坚持标准引领、有序提升。

要推动各类生产设备、服务设备更新和技术改造，鼓励汽车、家电等传统消费品以旧换新，推动耐用消费品以旧换新。推动大规模回收循环利用，加强"换新+回收"物流体系和新模式发展。对消费品以旧换新，要坚持中央财政和地方政府联动，统筹支持全链条各环节，更多地惠及消费者。

降低全社会物流成本是提高经济运行效率的重要举措。降低物流成本的出发点和落脚点是服务实体经济和人民群众，基本前提是保持制造业比重基本稳定，主要途径是调结构、促改革，有效降低运输成本、仓储成本、管理成本。优化运输结构，强化"公路转铁路""公路转水路"的运输模式转变，深化综合交通运输体系改革，形成统一高效、竞争有序的物流市场。优化主干线大通道，打通堵点卡点，完善现代商贸流通体系，鼓励发展与平台经济、低空经济、无人驾驶等相融合的物流新模式。统筹规划物流枢纽，优化交通基础设施建设和重大生产力布局，大力发展临空经济、临港经济。

(二)划分周期型行业，研判阶段利润

周期型行业是指与国际或国内的经济波动相关性较强的一些行业，其特征是产品价格往往呈现周期性的波动。产品市场价格是一个企业盈利最重要的基础，通过产品价格变化往往能分析出股息整体的未来趋势。周期型行业一般分为：不可再生资源类、交通运输类和其他周期类，典型的周期型行业包括煤炭、石油、电力、钢铁、汽车、机械、房地产、有色金属、化工等。周期型行业背后是周期性股息，意味着经济从衰退开始复苏时，周期股的股息上涨幅度较一般成长股快；反之，当经济走向衰退时，周期股的股息下降幅度也表现出较大变化。周期型的板块往往呈现阶段性的走强或走弱，只需根据板块的走势特点规律进行顺周期操作，即可规避逆周期风险。例如，2021 年，随着新冠疫苗的大量推广应用，世界经济开始出现复苏的迹象，需求量提升的同时供给未及时跟进，钢铁、石油、有色金属、橡胶等大宗商品价格开始大幅上涨，对应股价也开始大幅提升[①]。上述情况即为顺周期，即整体板块处于股息上涨的阶段，或者处于整体的旺季阶段；逆周期则反之(股息

---

① 陈政立. 投资[M]. 北京：中国商业出版社，2021：125.

处于下跌阶段或者淡季阶段)。

(三)透视"三表"，精准识别企业运营状态

高股息投资的核心是基于所选公司的经营质量与核心竞争力，而此类信息的考察只能通过解读其财务报表来分析判断。在高股息投资分析中，可以借助利润表、现金流量表、资产负债表这三大财务报表。中国证监会规定，凡是 A 股上市的公司，每年必须按季度公布财务信息。财务报表分别为一季报、半年报、三季报和对应的年报。虽然股息高低随时间变化而变化，但为了整体把握公司的运营状态，在确定投资项目时应更多关注企业的年报。

利润表是资本市场中最为重要的报表，能够直观反映报告期内公司盈利状态，并直接影响公司的每股收益。作为三大财务报表之一，利润表所表达的是公司的经营成果。在分析利润表时，通常要考察营业收入、毛利率、费用率、主营利润、归母净利润等指标特征，以研判公司的盈利能力(见图 7-1)。

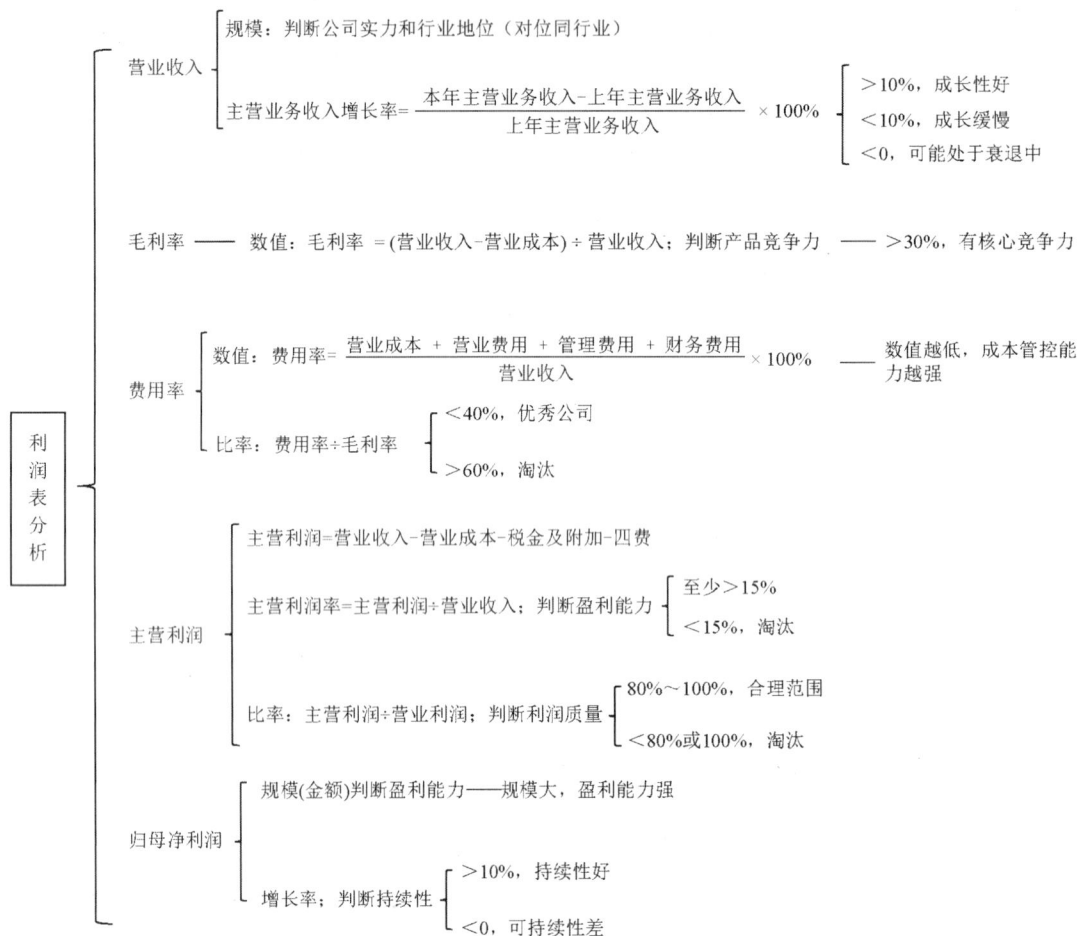

图 7-1 利润表分析

现金流量表描述的是一家上市公司在经营投资和筹资活动中所产生的现金流，便于了解企业的筹资能力、现金生成和现金存储能力。对于一家上市公司利润解读的偏差大小，

需要结合现金流量表进行判断。企业的经营活动是其发展和创造利润的主要来源。如果企业在经营活动中提供的现金流量比较多，说明企业在发展和稳定性方面表现较强。因此，在关注现金流量表所含科目时，要将注意力集中在经营活动产生的现金流量净额上，因为经营活动产生的现金流量净额科目可以检验利润的真实性(见图 7-2)。

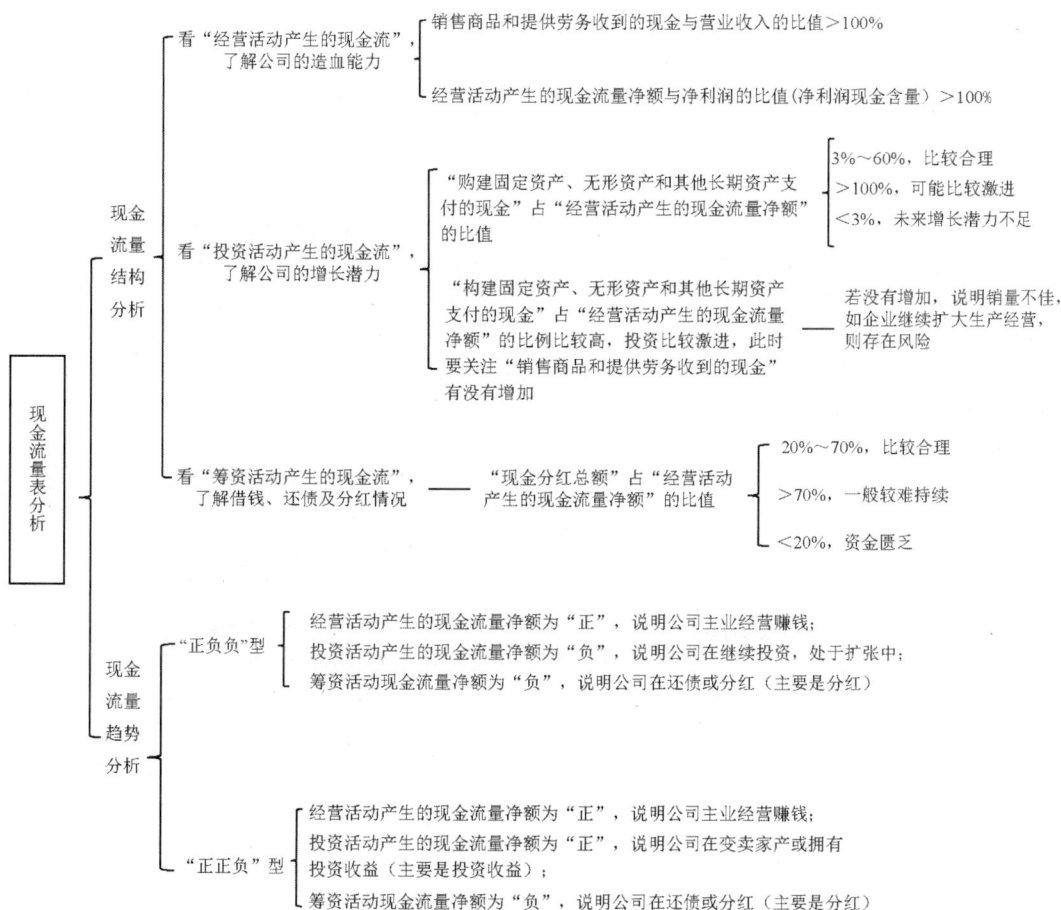

图 7-2　现金流量表分析

　　资产负债表反映的是企业在某一特定时期的全部资产负债和所有者权益情况的会计报表，是企业经营活动的静态表现。在资产负债表中，对总资产、资产负债率、应收账款、预付账款、货币资金、固定资产/在建工程、存货、商誉等指标进行重点解读(见图 7-3)，可较全面地了解公司负债前行的能力。

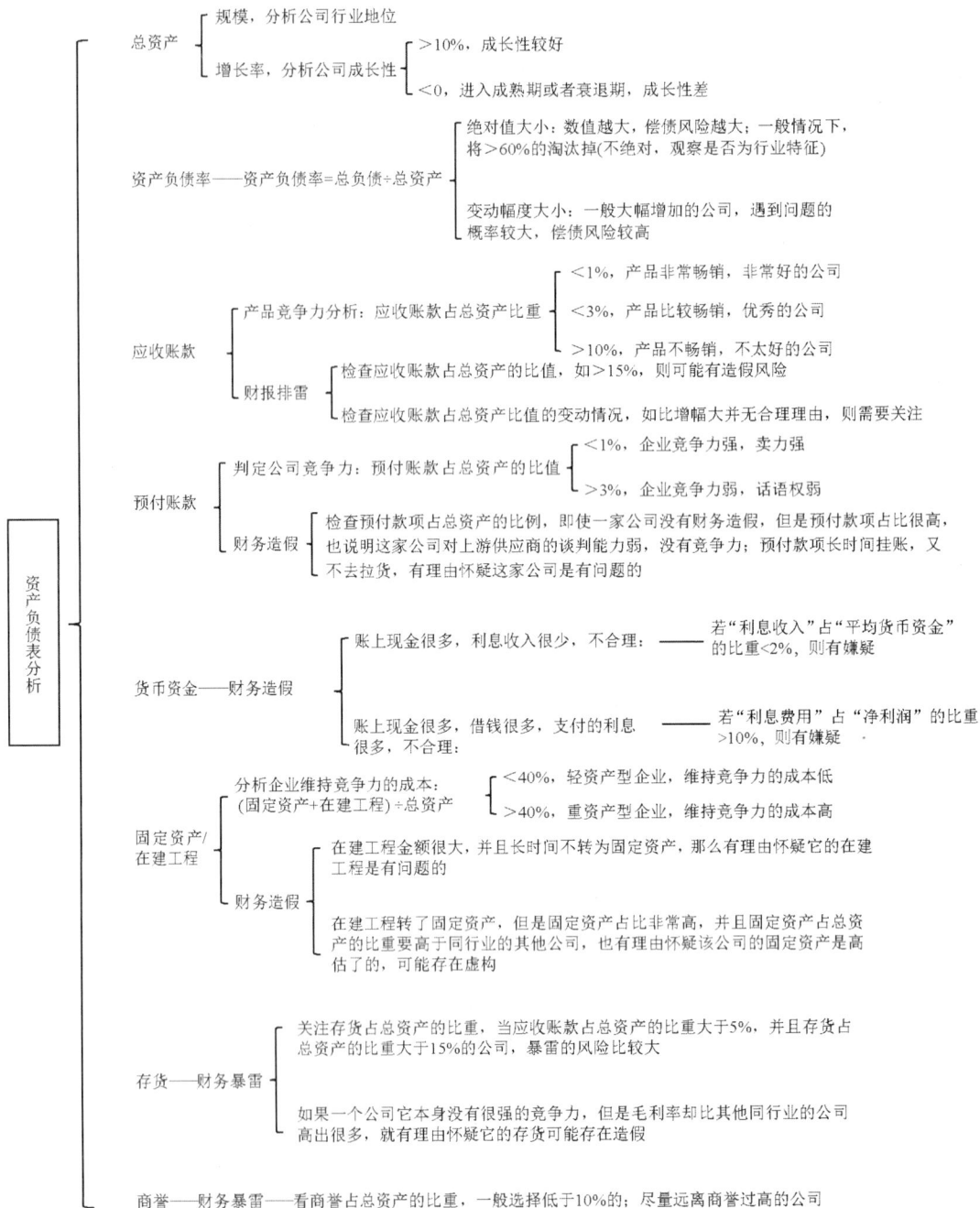

图 7-3　资产负债表分析

案例 7-4：巴菲特的喜诗糖果投资

喜诗糖果成立于 1921 年，公司的产品始终坚持采用上等原料，经过精细加工而成。即使在原料短缺的第二次世界大战时期也未偷工减料，因此在加州享有无与伦比的声誉，具有很高的品牌知名度。

1971 年，当蓝筹印花公司的投资顾问与高管得知喜诗糖果有意向出售的消息，并打电话给巴菲特表达了强烈的收购意愿后，巴菲特的第一反应是，他无意收购一家糖果公司，并认为对方出价 3 000 万美元的价格过高，然后就挂了电话。

芒格作为加州的老居民，对喜诗糖果相当熟悉。他非常了解喜诗糖果在加州的品质声誉。喜诗糖果的品牌效应如此之强，以至于如果它的竞争对手打算夺取市场份额，需要付出巨大的代价。喜诗糖果的粉丝具有极强的品牌忠诚度，近乎疯狂。

在深入分析了喜诗糖果的财务报表和市场定位后，巴菲特略微放松了自己的底线，表示愿意以合理的价格收购这家公司。

(资料来源：本书作者整理编写.)

三、高股息风险与防范

高股息意味着投资者可以获得更高的现金回报，在积极型财富增长的投资领域，高股息往往受到投资者的青睐。然而，过高的股息率并不是一件好事，其背后可能伴随着一系列潜在风险。首先，过高的股息支付可能意味着公司没有足够的资金进行再投资或应对突发情况。其次，如果一个公司持续支付高股息，但其主营业务并没有相应的盈利支撑，这可能是盈利质量不高的信号。最后，高股息率可能是股价下跌造成的(股息率=每股分红÷股价)，而股价下跌可能反映市场对该公司前景持有悲观预期。投资者在追求高股息收益的同时，必须充分认识到其中潜在的风险，并通过深入的分析与合理的资产配置来平衡收益与风险，具体可从以下方面做好科学应对。一是深入分析公司财务状况。在投资高股息项目前，除关注股息率外，投资者还需深入研究目标公司的财务报表，深入了解其盈利质量、现金流状况及负债水平。二是关注股息率的可持续性。一些公司可能会因短期盈利能力的提高而提高股息率，但这种高股息率可能不具备长期可持续性。此时，需要深入了解同行业其他公司的股息支付情况及目标公司的成长潜力，进一步研判目标公司的股息是否过高及其持久性能否保障。三是考察总回报。除了股息收益，还需考虑资本增值的可能性。一个稳健增长的公司，即使股息率不高，长期来看可能仍然是一个更好的投资。四是做好分散投资。股息率虽然是投资决策的重要指标之一，但投资者还需要结合其他指标进行综合分析。例如，投资者需要关注公司的基本情况、行业前景、市场竞争等因素，不要过度集中在高股息的股票上，合理分配资产，以便作出更全面的投资决策。

第二节　REITs 项目

REITs 项目

一、REITs：不动产上的财富增长

与企业经营状态紧密关联的股票相比，REITs 主要通过依附于不动产实现收益。REIT 是 "Real Estate Investment Trust" 的英文简称，一般译为 "房地产投资信托" 或 "房地产信托投资基金"，其复数形式为 REITs，主要指从事房地产权益投资(包括绝对物业所有权和租赁收益权)、房地产抵押贷款投资和混合型房地产投资——两者兼营的公司、信托、协会或者其他法人，通过发行股票或受益凭证的方式汇集众多投资者的资金[①]，由专门投资机构进行投资经营管理，通过将投资不动产所产生的收入按派息的形式分配给投资者的一种信托制度。美国设立 REITs 的基本条件如表 7-1 所示。

表 7-1　美国设立 REITs 的基本条件

结构	(1)REITs 是一个由董事会或由受托人管理的公司、信托基金或者协会； (2)其所有权益是由可以转让的股票、产权证书或受益凭证来体现的； (3)是美国国内注册的独立核算法人实体； (4)不能是任何形式的金融机构(银行、互助储蓄银行、合作银行、国内建筑与信托协会，以及其他储蓄机构)或保险公司； (5)必须由 100 名以上股东(包括个人股东和法人股东)组成
资产	总资产的 75%以上是由房地产资产(包括房地产权益、房地产抵押权益、在其他 REITs 中的股份、土地及附着物的权益等)、现金(包括应收现金账目)或政府债券组成
利润来源	在每一缴税年度 REITs 的利润所得，其总利润的 75%以上是来自被动性的且与房地产有密切关系的租金、房地产抵押投资的利息或投资其他 REITs 所得的分配收益
利润分配	95%以上的可税利润(扣除资本所得后)应分配给股东。合格的 REITs 享受免税待遇，且 95%的利润都要分配

(资料来源：美国《国内税收法》第 856~860 章.)

REITs 最早产生于 20 世纪 60 年代初的美国，由美国国会创立，旨在使中小投资者能以较低门槛参与不动产市场，获得不动产市场交易、租金与增值所带来的收益。20 世纪 90 年代后，REITs 逐步扩展到加拿大、澳大利亚、法国、英国、日本、韩国、新加坡等地(见图 7-4)。在几十年的发展中，REITs 的投资范围从商业物业逐步拓展到商业写字楼、零售物业、酒店、公寓、机场、港口、收费公路、桥梁、高速公路、铁路、5G 基站、工业园区、物流园区等不同类型的不动产。

---

① 按照募集方式，REITs 分为公募型和私募型，目前要求 REITs 以公开募集、上市交易为主。

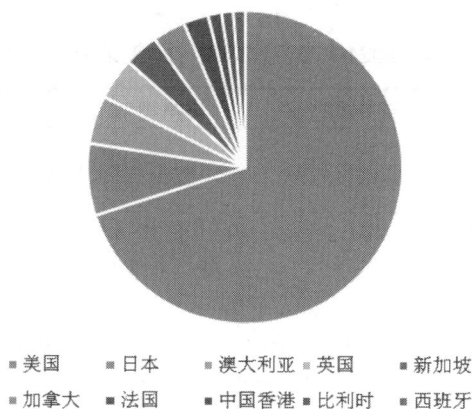

■ 美国　■ 日本　■ 澳大利亚　■ 英国　■ 新加坡
■ 加拿大　■ 法国　■ 中国香港　■ 比利时　■ 西班牙

图 7-4　全球 REITs 市场分布

(资料来源：EPRA 与泽平宏观，数据截至 2021 年 6 月 30 日。)

我国的 REITs 则刚起步，在经历了前期私募 REITs 的探索尝试后，在国内既有法律框架下发行了具有相似功能的"类 REITs"产品，截至 2020 年年末，上海证券交易所共有 39 单"类 REITs 产品"发行，规模达 631 亿元，涵盖了仓储物流、产业园区、租赁住房、商业物业、高速公路等多种不动产。在进行了一系列创新尝试后，首批 9 只公募基础设施 REITs 产品于 2021 年 6 月成功发行。这 9 只公募基础设施 REITs 产品涵盖了产业园区(3 只)、仓储物流(2 只)、生态环保设施(2 只)和高速公路(2 只)等四大类基础设施，覆盖了京津冀、长江经济带、粤港澳大湾区、长三角等国家重大战略区域，为试点公募 REITs 积累了丰富的实践经验。随着我国"双循环"新发展格局的逐步构建，现代化经济体系的全面建设，以技术创新为驱动，以信息网络为基础，面向高质量发展需求，提供数字化转型、智能化升级、融合创新等服务的基础设施体系正成为经济高质量发展的主要支撑力量。在新的赛道上，以 5G 基站建设、特高压、城际高速铁路和城市轨道交通、新能源汽车充电桩、大数据中心、人工智能、工业互联网等七大领域为代表的新型基础设施建设正在加速布局。为进一步深化投融资体制改革，发挥政府投资的撬动作用，激发民间投资活力，形成市场主导的基础设施建设投资内生增长机制，2020 年 4 月，中国证监会和国家发展改革委联合发布了《关于推进基础设施领域不动产投资信托基金(REITs)试点相关工作的通知》。2020 年 8 月 6 日，中国证监会正式发布《公开募集基础设施证券投资基金指引(试行)》，并在"十四五"规划中首次提出，"规范有序推进政府和社会资本合作(PPP)，推动基础设施领域不动产投资信托基金(REITs)健康发展，有效盘活存量资产，形成存量资产和新增投资的良性循环"。2021 年 6 月，首批九只公募 REITs 正式登录上海证券交易所和深圳证券交易所，开启了中国权益类资产证券化市场的新篇章(见表 7-2)。2022 年 5 月，国务院发布的《关于进一步盘活存量资产扩大有效投资的意见》提出，优化完善存量资产盘活方式，推动基础设施领域不动产投资信托基金加快发展。这些相关政策文件的陆续出台标志着国内基础设施领域公募 REITs 试点正式启动。

表 7-2　2021 年 6 月国内发行的 9 支 REITs 信息

名　　称	资产类型	资产类别	上市时间	管理公司
博时招商蛇口产业园 (180101.SZ)	园区基础设施	产权类	2021 年 6 月 7 日	博时基金管理有限公司
平安广州交投广河高速公路 (180201.SZ)	交通基础设施	特许经营类	2021 年 6 月 7 日	平安基金管理有限公司
红土创新盐田港仓储物流 (180301.SZ)	仓储物流基础设施	产权类	2021 年 6 月 7 日	红土创新基金管理有限公司
中航首钢生物质 (180801.SZ)	生态环保	特许经营类	2021 年 6 月 7 日	中航基金管理有限公司
华安张江光大园 (508000.SH)	园区基础设施建设	产权类	2021 年 6 月 7 日	华安基金管理有限公司
浙商证券沪杭甬高速 (508001.SH)	交通基础设施	特许经营类	2021 年 6 月 7 日	浙江浙商证券资产管理有限公司
富国首创水务 (5080006.SH)	生态环保	特许经营类	2021 年 6 月 7 日	富国基金管理有限公司
东吴苏州工业园区产业园 (508027.SH)	园区基础设施	产权类	2021 年 6 月 7 日	东吴基金管理有限公司
中金普洛斯仓储物流 (508056.SH)	仓储物流	产权类	2021 年 6 月 7 日	中金基金管理有限公司

(资料来源：长城证券研究所有限公司.)

二、REITs：形态与运行机制

(一)REITs 形态

1. REITs 资产类别

目前，中国的 REITs 主要分为特许经营类和产权类两种。特许经营类是指基金公司通过投资底层资产来获取收益，但是底层资产的所有权并不属于基金公司，即特许经营权到期后，基金公司将不再经营该项目。例如，某段高速公路的所有权归当地政府所有，基金公司在特许经营期内可以通过收取高速公路通行费实现盈利。产权类是指基金公司拥有项目底层资产的所有权，并且可以经营底层项目，产权和经营权都掌握在基金公司手中，例如产业园。

2. REITs 资金募集状态

按照募集方式，REITs 分为公募型和私募型。公募型是向投资者公开募集资金，并且可以上市交易。私募型是面向机构投资者，如养老基金、保险公司等向满足条件的个人投资者募集资金，但不可上市交易。目前，REITs 以公开募集、上市交易为主。

3. REITs 管理组织形态

按照管理组织形态，REITs 可分为公司型和契约型。公司型是指依据《公司法》设立的独立法人实体，直接持有资产或项目公司股权，并承担资产管理和运营责任，投资者通过购买公司股份参与 REITs 投资。契约型是根据《信托法》由基金管理公司发起设立，持有项目公司的资产或股权，并聘请外部专业管理机构进行资产运营管理，投资者通过购买收益凭证参与 REITs 投资。

(二)REITs 运行机制

与普通基金投资于股票、债券领域不同，REITs 基金是将资金投资到不动产领域，两类基金的主要差异在于投资标的的不同。发起人的主要职责是选定证券化资产并转移给特殊目的载体(SPV)，同时拥有向 SPV 请求拟定发售资产以取得对价的权利。投资者将资金注入 REITs 中，REITs 利用这些资金进行具体的不动产投资。在投资标的产生收益后，投资者通过持有的收益凭证从 REITs 项目中获取一定的派发收益。REITs 中的资金由托管人保管，托管人一般是商业银行或其附属的信托公司等专业机构或组织。基金管理人负责 REITs 资产的管理和运营，托管人会监管基金管理人的资金使用，但不提供投资意见(见图 7-5)。

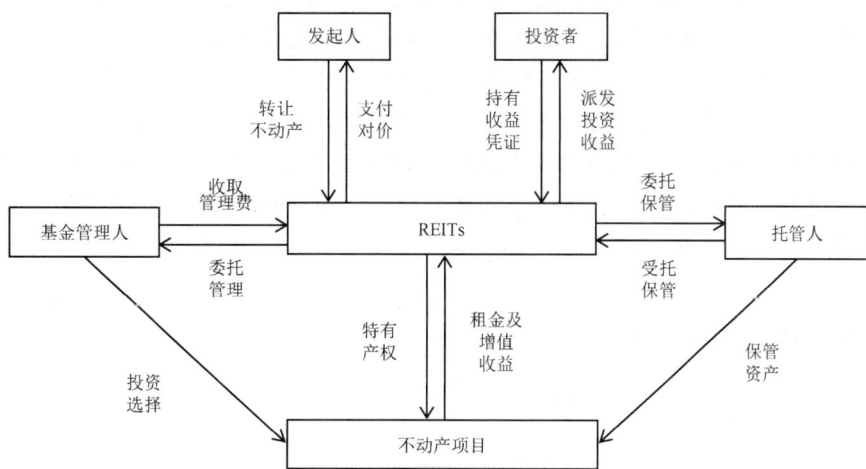

图 7-5 REITs 运行结构

案例 7-5：中信启航专项资产管理计划

2014 年 1 月，中信启航计划获得中国证监会批复同意实施，该计划作为国内首单以优质不动产作为基础资产的专项资产管理计划，虽以私募 REITs 形式出现，仍极大推动了国内不动产金融市场的发展。

中信启航是一款以专项资产管理计划为载体，以私募方式发行，在深交所综合交易平台挂牌交易的"类 REITs"产品。中信启航募资总规模为 52.1 亿元，采用结构化设计，针对不同风险偏好的投资人，将产品分为优先级和次级两类。其中，优先级规模为 36.5 亿元，占比为 70.1%，评级为 AAA，预期期限不超过 5 年；次级规模为 15.6 亿元，占比为 29.9%，预期期限不超过 5 年。中信启航的基础资产是北京中信证券大厦和深圳中信证券大厦。在交易结构上，中信启航项目设立了一个非公募基金来持有两个物业所对应的项目公司的股权，再以专项资产管理计划认购其非公募基金份额。中信金石基金作为管理人对该非公募基金进行管理。另外，产品设计了以上市 REITs 为形式的退出方案。退出时，该非公募基金所持物业 100%的权益将出售给中信金石基金所发起的上市 REITs。其中，对价的 75%以现金方式取得，25%将以 REITs 份额形式取得并锁定 1 年。在此安排下，占比 70%左右的优先级投资者将以现金方式全部退出，而次级投资者将获得现金与 REITs 份额的混合分配。除 REITs 方式退出外，基金还可以市场价格出售给第三方实现退出，这是中信启航的产品计划。

案例 7-6：鹏华前海万科 REITs

2015 年 7 月，鹏华前海万科 REITs 成功发行，首次使用公募基金作为发行载体，这在"类 REITs"产品的流动性上实现了重大突破。该基金规模为 30 亿元，其中前海金控作为基石投资人认购 3 亿元。基金在 10 年期内为封闭式基金，此后转为 LOF 债券型基金。在投资标的方面，基金除投资前海企业公馆项目公司股权(占募集资金总额的 42%左右)外，还可投资于固定收益类、权益类资产。项目公司的股权对应的是建设—经营—转让(BOT)项目的"特许经营权"收益权。在利润分配方面，基金每年分配一次利润，将不低于 90%的可分配利润分配给投资者。该产品投资收益的来源主要有两个方面：第一，通过获得目标公司利润分配及股权回购款的方式，获得 2015 年 1 月 1 日至 2023 年 7 月 24 日期间目标公司调整后的营业收入；第二，其他金融工具投资产生的收益。

鹏华前海万科 REITs 被定性为封闭式混合型发起式基金。"封闭式 REITs"是指，REITs 的发行规模在发行前就已确定，在发行完毕后规定的期限内，REITs 的资本总额和发行份数都保持不变，投资人若想买卖此种 REITs，只能在二级市场上进行竞价交易，而不能以净值进行申购和赎回，投资者的收益以股利、分红和资本利得(通过在二级市场出售高于买价的有价证券而取得)获得。

三、REITs：价值优势

(一)抗风险能力强，利润丰厚

REITs 是一种抗风险能力强，利润丰厚的投资基金。此类投资通过发行股票或收益凭证的方式，募集众多投资者的资金，由专门的管理机构进行不动产投资和运营，且 REITs 在运行过程中要求原始权益人与基金投资者风险共担。与其他类型的公募基金相比，REITs 是被要求强制分红的，根据监管要求，在符合分配条件的情况下，收益每年至少分配一次，分配比例不低于年度可供分配金额的 90%，且以现金形式进行。通过资金的"集合"、专业化团队管理、风险共担等方式，为广大中小投资者获得收益保驾护航。

(二)与其他资产相关性低，收益稳定

REITs 与股市的关联度较弱，而房地产股票作为股票，身处股市之中，往往难以独善其身。例如，如果大盘下跌，房地产股票由于与股市的强关联性，也可能会随之下降或者出现向下波动。相比之下，REITS 与股市的关联度较弱，在股市变动时可能是平稳的、向

上波动或向下波动。因此，REITs 的风险和预期收益介于股票和债券之间。

(三)投资门槛低，流动性强

REITs 将完整的不动产项目分割成相对较小的单位，并可在公开市场上市或流通。而产业园区、港口仓储、高速公路及酒店公寓等属于非流动性资产，投资额从十几万元到数百万元甚至数千万元不等，投资周期长，买卖交易不动产需要通过一系列烦琐手续，很难立即成交。REITs 作为一种权益凭证，与股票一样，在交易时间内可以随时交易，与买卖程序复杂、成交相对困难的房产或其他不动产交易相比，REITs 的流动性较强。

四、REITs 风险与防范

尽管购买 REITs 项目的风险总体不高，但仍不可避免地存在以下风险。一是市场风险。REITs 基金投资的项目可能会受宏观经济因素、行业周期变化、供需、区域经济状况的影响。如果市场表现不佳、不动产价格下跌或租金收入减少，REITs 基金的价值可能会受到负面影响。二是价格波动风险。REITs 与股票一样，存在价格波动的可能性，不动产市场的波动会影响 REITs 的股票价格和租金收益，REITs 的收益高度依赖于不动产市场的表现。当不动产市场处于疲弱状态时，REITs 的表现也会受到影响。三是流动性风险。REITs 项目通常是开放式基金，投资者可以根据需求购买或赎回份额。但当市场低迷或投资者情绪波动时，基金可能面临大规模赎回申请，导致基金净值下降或无法满足赎回要求，给投资者带来流动性风险。四是项目运营风险。REITs 项目的业绩受基金管理团队的能力和决策质量的影响，不同的管理团队在投资策略、资产选择、租户管理等方面可能存在差异，从而可能对基金的业绩产生影响。此外，基金公司的财务稳定性和治理结构也会对基金的运营和投资者利益产生影响。因此，在投资 REITs 项目时，投资者应全面及时了解国家大政方针、关注宏观经济状况、利率走势、房地产市场走势等因素，综合评估预计投资 REITs 项目存在的收益点和风险点。

REITs 风险的防范可从以下几个方面来考虑。一是将资金分散到多个不同类型的 REITs 项目中，降低单一不动产项目的风险。二是充分了解基金的赎回政策和流动性状况，根据自身需求制订合理的投资计划。三是评估各个 REITs 背后运营团队的专业性，了解 REITs 管理团队的经验、投资策略和过往业绩，选择具有专业知识和良好管理记录的基金。四是及时关注基金的财务状况和运营情况，了解基金公司的稳定性、治理结构和资产负债情况，评估基金的风险承受能力和可持续性等。

第三节 股票投资

股票投资

情景导入

没有良好的投资习惯，一切财富将离我们远去。巴菲特是全球著名的投资家，长期以巨大的财富积累量位居历年胡润全球富豪榜前列。那么他财富创造的秘诀是什么呢？

(资料来源：本书作者整理编写.)

一、股票：股息+红利的有价证券

股票是上市公司发行的一种所有权的凭证，是股份公司为了筹集资金而发行的，给各个股东作为持股凭证，并借以取得股息和红利的一种有价证券。例如，公司发给员工的超市购物卡，上面会有对应的金额，可以用它来购买相应的物品，这就相当于有价证券。买入股票就相当于持有凭证。一旦上市公司盈利，那么上市公司就可以通过分红派息的方式给投资者发放福利。

股票收益产生的两种途径为分红和差价。分红是指上市公司按照规定，在每年年报公布之后，根据董事会决议给投资者支付红利。分红与盈利呈正相关关系，公司没有盈利则无法分红。股东的分红规则在没有特别约定的情况下，依照《公司法》的规定，按照股东实缴出资比例进行利润分配，公司章程另有约定的除外。股东分红通常采取平等原则，股东都有权获得所属公司的红利。在大多数情况下，分红带来的预期利润往往不会很大，因此绝大多数投资者买卖股票不是为了获取分红，而是为了获取差价。即在股票价格低时买入股票，在股票价格高时卖出股票。股票差价是投资股票获取盈利的主要方式。综合来讲，红利和价差收益是股票投资的利润来源。股票交易价差带来的收益是投资者收益的最主要来源，也是最不稳定的收益。假设投资者李四以每股 10 元的价格购买了某公司 100 股股票。后来该股票现价变为每股 12 元，李四选择卖出，则将获得股价上涨收益 200元。此外，若该公司每股分红 0.5 元，李四还能获得分红收益 50 元。这种低买高卖看似简单，但是如何确定价格低位或高位，是股票市场交易中永恒的话题，也是操盘系统最重要的核心观点。

二、股票估值：财富的海市蜃楼

股票价值并非公司价值，其自身价值变化根据市场和投资者预期，而预期往往来源于投机行为并形成市场泡沫。投资者买卖股票时，都会优先研究市场的整体走势状态。当大盘处于涨势时，股票市场的热情度较高，市场比较景气，股票上涨的概率较大，这种上涨的概率往往会放大虚拟性，一旦价值突然下跌，极易形成资产泡沫。股票在形成波段的顶部和底部走势时，市场的惯性往往由原走势开始向新走势转变，意味着原来的趋势在向相反方向变化。如果大盘整体呈现市场走弱的特点，那么股票上涨的节奏就容易被打断，下跌的股票更容易出现更大幅度的下跌。可以发现，投资的风险是明显的，股票下跌的概率放大，因此，投资者应采取主动减仓来控制风险。如果市场大幅下跌，投资者还应采取卖光所有股票的清仓操作策略。因此，股票是一种虚拟财富，需要投资者具有良好的投资心理。

案例 7-7：密西西比泡沫

密西西比泡沫事件是指 1719—1720 年的密西西比公司股市泡沫破裂的金融事件。其与荷兰的郁金香狂热和英国的南海泡沫并称为欧洲早期的三大经济泡沫。这是 18 世纪最大的金融危机，也是历史上较严重的一次金融崩溃。法国王室在这次事件中声名狼藉。

1717 年，成立于法国的密西西比公司在美洲的密西西比河下游谷地开拓殖民地(也就是现在的"新奥尔良")。公司所有人约翰·劳(John Law)当时担任法国央行行长，并被国王任命为主计大臣(相当于现代的财政部部长)。

当时密西西比河下游河谷其实只有沼泽和鳄鱼，但密西西比公司把这里描绘成金银遍地，吸引许多中产阶级相信进而投资，导致密西西比公司股价飙升。许多人倾家荡产只为购买这只股票以快速致富。

然而，几天后，有人意识到股价实在太夸张，不可能持续，人们便开始争相抛售，市场陷入恐慌，投资者纷纷撤资，这也就导致了股价的一路暴跌。(古往今来，投资者的追涨杀跌特性一直传承得很好)

为稳定股价，约翰·劳(以法国央行行长身份)决定购买股票，同时他(以法国主计长的身份)下令印制更多钞票，来购买更多的股票，导致整个法国金融体系成为一个大泡沫。

泡沫终究会破碎，约翰·劳最终也无力回天，密西西比公司的股价彻底崩溃。此时，法国央行和国库手中只有大量没有任何价值的股票。及时撤资的人可以免受损失，但一些小型投资者则倾家荡产，甚至许多人更是因此自杀。

这次惨烈的金融崩溃是因为政权操纵市场引发的结果。密西西比公司利用其政治影响力操纵股价，推动购买热潮，导致法国人民对法国金融系统和国王的金融智慧都失去了信心。

这也是法国财政濒临破产的主要原因。因为国家失去了信誉，不仅贷款困难，没有哪个国家愿意贷款给法国，而且由于信誉缺失，其贷款利率也相对很高。法国国王只能越借越多，利率也是越借越高，直到法国大革命的到来。

案例 7-8：荷兰郁金香泡沫

当郁金香开始在荷兰流行后，一些敏锐的投机商开始大量囤积郁金香球茎以待价格上涨。不久，在舆论的推动下，人们对郁金香表现出一种病态的迷恋和热情，并开始竞相抢购郁金香球茎。1634 年，炒买郁金香的热潮蔓延为荷兰的全民运动。当时，一朵价值1000 元的郁金香花根，不到一个月就升值到 2 万元……正如当时一名历史学家所描述的，"谁都相信，郁金香热将永远持续下去，世界各地的有钱人都会向荷兰发出订单，无论什么样的价格都会有人付账。在受到如此恩惠的荷兰，贫困将会一去不复返。无论是贵族、市民、农民，还是工匠、船夫、随从、伙计，甚至是扫烟囱的工人和旧衣服店里的老妇，都加入了郁金香的投机。无论处在哪个阶层，人们都将财产转换成现金，投资于这种花卉"。1637 年，郁金香的价格已经涨到了令人震惊的水平。与上一年相比，郁金香总涨幅高达 5 900%。1637 年 2 月，一株名为"永远的奥古斯都"的郁金香售价高达 6 700 荷兰盾，这笔钱足以买下阿姆斯特丹运河边的一幢豪宅，而当时荷兰人的平均年收入只有 150荷兰盾。

正当人们沉浸在郁金香狂热中时，一场大崩溃已经近在眼前。卖方突然大量抛售郁金香球茎，公众开始陷入恐慌，导致郁金香市场在 1637 年 2 月 4 日突然崩溃。一夜之间，郁金香球茎的价格暴跌。虽然荷兰政府发出紧急声明，认为郁金香球茎价格无理由下跌，劝告市民停止抛售，并试图以合同价格的 10%来了结所有合同，但这些努力毫无效果。一个星期后，郁金香的价格已平均下跌了 90%，而那些普通的品种甚至不如一颗洋葱的售价。绝望之中，人们纷纷涌向法院，希望能够借助法律的力量挽回损失。但 1637 年 4 月，荷兰政府决定终止所有合同，禁止投机式的郁金香交易，从而彻底击破了这次历史上空前的经济泡沫。

案例 7-9：南海泡沫

早在南海公司成立之前，英国作家丹尼尔·笛福(Daniel Defoe)曾与爱德华·哈利讨论一个构想，即让国家向某些企业授予权力，垄断某地区的贸易，然后再从那些公司获取部分利润，以便让政府偿还因参与西班牙王位继承战争而欠下的大笔债务。这个构想很快就引起了爱德华·哈利的兄长，时任财务大臣(Lord High Treasurer)罗伯特·哈利(Robert Harley)(后为牛津伯爵)的兴趣。在他的倡议下，南海公司于 1711 年通过国会法案成立，并从政府获得了垄断英国对南美洲及太平洋群岛地区贸易的权力。

"南海泡沫"发生于 17 世纪末到 18 世纪初。长期的经济繁荣使英国私人资本不断积聚，社会储蓄不断膨胀，投资机会却相应不足，大量暂时闲置的资金迫切寻找出路，而当时股票的发行量极少，拥有股票是一种特权。在这种情形下，一家名为"南海"的股份有限公司于 1711 年宣告成立。

1719 年，英国政府允许中央债券与南海公司股票进行转换。同年年底，南美贸易障碍被扫除，加上公众对股价上涨的预期，促进了债券向股票的转换，进而带动股价上升。1720 年，南海公司承诺接收全部国债，作为交易条件，政府要逐年向公司偿还，公司允许客户以分期付款的方式(第一年仅需支付 10%的价款)购买公司的新股票。2 月 2 日，英国下议院接受了南海公司的交易，南海公司的股票立即从 129 英镑跳升到 160 英镑；当上议院也通过议案时，股票价格涨到了 390 英镑。

投资者趋之若鹜，其中包括半数以上的参众议员，甚至国王也禁不住诱惑，认购了价值 10 万英镑的股票。由于购买踊跃，股票供不应求，公司股票价格狂飙。从 1 月的每股 128 英镑上升到 7 月的每股 1000 英镑以上，6 个月涨幅高达 700%。

在南海公司股票示范效应的带动下，全英所有股份公司的股票都成了投机对象。社会各界人士，包括军人和家庭妇女，甚至物理学家牛顿都卷入了漩涡。人们完全丧失了理智，他们不在乎这些公司的经营范围、经营状况和发展前景，只相信发起人所说的公司如何能获取巨大利润，人们唯恐错过大捞一把的机会。一时间，股票价格暴涨，平均涨幅超过 5 倍。科学家牛顿在事后不得不感叹："我能计算出天体的运行轨迹，却难以预料到人们如此疯狂。"

1720 年 6 月，为了制止各类"泡沫公司"的膨胀，英国国会通过了《泡沫法案》。自此，许多公司被解散，公众开始清醒过来。对一些公司的怀疑逐渐扩展到南海公司身上。从 7 月开始，首先是外国投资者抛售南海股票，国内投资者纷纷跟进，南海股价很快一落千丈，9 月跌至每股 175 英镑，12 月跌至 124 英镑。"南海泡沫"由此破灭。

1720 年年底，政府对南海公司的资产进行清理，发现其实际资本已所剩无几，那些高价买进南海股票的投资者遭受巨大损失。许多财主、富商损失惨重，有的竟一贫如洗。此后较长一段时间，民众对于新兴股份公司闻之色变，对股票交易也心存疑虑。历经一个世纪之后，英国股票市场才走出"南海泡沫"的阴影。

三、股票交易：兑换投资盈利

(一)股票长期持有存在较大风险

股票长期持有存在风险，只有进入交易市场才能实现投资收益最大化。其原因主要有以下两点。一是长期持有股票，对于购买股票的股民而言，自身的资金因长期得不到收益或资本因无法撤出转向其他投资的机会成本加大。以荷兰东印度公司发行的世界第一张股票为例，公司当时发行股票规定，在未来 10 年间，东印度公司将不会对股东进行分红。这就意味着创立之初，东印度公司的股票只能持有，只有等着商队归来之后才能分红，当然，此时手中的股票也没办法转让。但 10 年时间实在是太长。将数年积蓄投入一项风险巨大的生意，却在最初的 10 年间都无法变现、无法获得收益，对于任何人来说都是难以接受的。为了解决这个问题，在第一张股票发行 3 年后，1609 年，世界上第一个股票交易所诞生在阿姆斯特丹。至此，一种全新的资本流转机制被建立了起来。只要愿意，荷兰东印度公司的股东们就可以随时通过股票交易所，将自己手中的股票变为现金。通过向全社会融资的方式，成功地将分散的财富变成自己对外扩张、持续发展的资本，这种新的股票交易机制的出现给荷兰的国家远洋贸易提供了巨额的资金支持，直接成就了日后马克思口中的"海上第一强国"，让荷兰一跃成为世界经济中心。二是世界形势纷繁复杂，市场瞬息万变，企业竞争激烈，很少有企业能够长久立于不败之地，历年《财富》公布的世界 500 强也并不是一成不变，而是随着国内外大环境、经济发展阶段不断出现位次变化。始创于 1651 年的王麻子剪刀，在中国家喻户晓，曾一度占据一多半的剪刀市场份额。2003 年 1 月 23 日，北京市昌平区人民法院宣布正式受理北京王麻子剪刀厂于 2002 年 5 月提交的破产申请。2008 年 9 月 15 日，在美国次贷危机加剧的形势下，美国第四大投行雷曼兄弟宣布申请破产保护。受国际金融危机影响，2009 年 6 月 1 日，曾经的全球最大汽车公司——美国通用汽车正式申请破产保护。2010 年 11 月 3 日，推出过《乱世佳人》、007 系列电影等大批经典影片、200 次获得奥斯卡金像奖的好莱坞著名电影公司米高梅由于无力偿还巨额债务和推出新作，宣布破产。2012 年 1 月 19 日，世界上最大的影像产品及相关服务的生产和供应商——美国柯达公司在纽约申请破产保护。百年老店、胶片巨人折戟于数码时代。上市公司的变化，使股民长期持有股票投资风险加大，这就要求股票必须进入交易市场，通过自由买卖实现投资最大化。

(二)两级交易市场全面支撑股票利息的兑换

股票市场分为一级市场和二级市场。一级市场也称发行市场，上市公司去交易所申请上市发行，股票投资银行和证券公司等一些机构辅助其完成上市流程。因此，能够参与一级市场的往往都是机构。一级市场的流通性相对较差，普通股民无法参与其中。二级市场也称交易市场。公司在交易所申请上市，就会向投资者发放对应的股票。股民可以认购公司发行的股票，因此形成了自由买卖的交易市场。

重点关注：开市

开市即股票交易时间。按照规定，除法定节假日外，周一至周五的上午 9:30—11:30、下午 1:00—3:00 是股票市场的交易时间。若逢节假日需要周末进行调休，由于 A 股要求周一至周五才可开盘，周末则无法开盘进行交易。交易数量只能买入"手"的整数倍，也是购买股票的最低成本，一手是 100 股。

交易所是股票交易的场所。目前，中国大陆的交易所共有三家，分别是上海证券交易所、深圳证券交易所和北京证券交易所①。各大交易所分工不同，诸多国有企业当时优先选择了上海证券交易所，形成了主板市场。中小企业绝大多数入驻了深圳证券交易所，形成了市值相对较小的中小板市场。由于以国家为背书的交易保证了投资者资金的安全性，因此股民在炒股的过程中，不必担心资金的安全，只需考虑投资公司以获取对应的收益即可。

股票市场帮助企业筹集了资金，也让股民通过购买公司股票成为其股东，实现了将储蓄转化为资本的过程。二级市场的最大功能是可以快速变现，例如，投资实体的房地产可能因为找不到合适的买家或者交易费用较高而无法成交，而如果投资上市公司的股票，只要交易所开市，就可以按照当时的价格直接卖出并兑现离场。一级市场不仅需要大量资金，还需要专业的知识。与二级市场相比，一级市场的风险大得多。因此，绝大多数股民参与的是二级市场。

四、股票风险与防范

股票是高收益与高风险相伴的投资产品，在整个股票投资过程中，其风险无处不在、无时不有。股票投资风险主要来自股票发行公司、股票市场和投资者自身的投资素质。股票投资风险是投资者必须面对的问题，正确的防范措施可以最大限度地降低风险。一是评估股票产品对应公司的业绩。公司业绩是股票上涨的关键，包括财务状况、团队的素质和能力、行业前景和趋势等方面。财务状况是投资者评估其长期投资价值的重要指标，主要包括负债情况、现金流和利润状况指标，具体判断标准见本章第一节——透视"三表"，精准识别企业运营状态。团队的素质和能力可以让投资者侧面了解管理团队的经验和能力，以及他们对公司未来发展的计划和执行力。行业的前景和趋势能够让投资者评估公司的发展前景。例如，当前战略性新兴产业和未来行业具有更大的潜力。二是做好分散投资，提高抗波动性。共同的经济环境会对同行业的企业和相邻行业的企业带来相同的影响，如果投资选择的是同行业或相邻行业的股票势必会出现同涨同跌。将投资股票的资金分散于不同行业、不同公司和不同市场，可以降低单只股票对投资组合风险的影响，即使有不测风云，也会"东方不亮西方亮"，不至于"全军覆没"。三是注意投资时机。企业的经营状况往往呈一定的周期性，经济环境好时，股市交易活跃；经济环境差时，股市交易

---

① 深圳证券交易所于 1990 年 12 月 1 日开始营业，以服务中小型企业和创业型企业为主，多为高科技企业；上海证券交易所于 1990 年 12 月 19 日开始营业，服务的企业以中央企业、国有企业为主，知名公司为辅，多为传统企业；北京证券交易所于 2021 年 9 月 10 日开始营业，以服务创新型中小企业为主。

必然萧条。可以策略性地购入一些周期性相互交错的股票，以互相弥补股价可能下跌所造成的损失。

思　考　题

1. 试说明 REITs 项目与股票、证券等的区别与联系。(要点提示：与其他资产相关性、投资门槛、抗风险性等)

2. 论述股票的来源及高股息项目的确定方法。(要点提示：航海贸易，以及宏观、中观、微观环境)

投资者的最大问题甚至是最可怕的敌人，很可能就是他们自己。那些情绪适合于投资活动的"普通人"，比那些缺乏恰当情绪的人，更能够赚取钱财，也更能够留住钱财，尽管后者拥有更多的金融、会计和股票市场知识。

——美国投资家本杰明·格雷厄姆

第八章 财 投 心 理

学习目标

掌握心理因素对财投结果的影响机制，并学会构建财投体系的方法，能够自如控制财投心理，摒弃心理因素对财投结果的负面影响。

重点和难点

1. 了解财投的多元二重性。
2. 掌握构建财投体系的方法。
3. 通过案例分析，灵活运用财投体系。

引导案例

1929 年 9 月，华尔街教父、巴菲特的老师格雷厄姆，遭遇了美国股市的大震荡。10 月 24 日"黑色星期四"来临之时，股市一路下跌，格雷厄姆未能及时撤离，本金遭受重创。但是作为华尔街的传奇，格雷厄姆起初并未灰心，积极寻找翻盘机会。随着时间的流逝，格雷厄姆逐渐失去了耐心，急切地想要挽回损失。到了 1930 年，格雷厄姆带着预设倾向性，片面地认为市场已经成熟，全仓甚至借钱进场抄底。然而股市仍一路狂跌，一直到 1932 年才真正见底。格雷厄姆在失败时没能控制好自己的情绪，错误判断时机并且加杠杆入场，最终为自己的冲动埋单——爆仓破产离场。因此，投资时一定要把握本心，切不可冒进，也不可犹豫不前。构建良好的财投心理，是完成一次成功财投的保证。

(资料来源：[美]本杰明·格雷厄姆. 聪明的投资者[M]. 王中华，黄一义，译. 北京：人民邮电出版社，2010.)

第一节 财投心理构建

构建财投心理，首先要掌握财投特点，了解影响财投心理的各种因素，明白财投心理对财投的作用机制，掌握财投心理与财投结果之间的关系。其次要以财投知识为基础，通过分析、驾驭各种影响财投心理的因素，构建起积极稳定的财投心理。

财投心理
构建

一、财投多元二重性

财投心理是财投结果的重要影响因素之一，在了解财投心理作用机制之前，首先要了解财投特性——多元二重性。财投过程既存在感性与理性决策，又处在自由与规则共存的环境之下。财投结果由一次次财投决策累加体现，每一次决策既由理性的专业分析决定，又受到感性的主观判断影响。即使财投者有了专业判断，也有可能受心理作用影响最终作出错误决策。同时财投市场给予财投者充分自由，财投者可以在财投市场中任意地进行财投，随心所欲地表达自己的财投创意。但是经济增长与市场运行有其内在规则，肆无忌惮地进行财投必然会违背市场规律，导致财投失败。因此构建稳定财投心理，是排除外界干扰、合理表达财投创意的重要手段。

(一)财投：理性与感性交织

财投是指特定经济主体为了在未来可预见时期内获得财富增值而进行的投资行为。财投目标是稳定获得财富增值，谨慎是财投的特点。但在实际财投过程中，财投者决策往往受到许多因素影响：一方面，财投者会根据专业金融知识做理性分析；另一方面，财投者也会因各种心理因素有所偏好。因此正确认识财投中的理性与感性是成功完成一次财投、确保财富增值的前提条件。

首先，财投过程有理性的一面。财投涉及财务分析、市场分析、宏观经济分析等多种知识技能，需要财投者具备一定的专业知识和分析能力。在进行财投决策时，财投者会考虑各种因素，然后依靠理性分析作出合理决策，这种分析过程在财投中极为重要。理性分析可以帮助财投者合理避坑，减少财投风险，提高财投成功率，让财富稳步增长。

其次，财投过程也有感性的一面。当市场情绪高涨时，财投者会过度乐观，忽视风险因素，盲目追涨杀跌；当市场情绪低迷时，财投者会过度悲观，错失机会。此外，财投者还可能存在财投偏见和认知误区，如过度自信、顺从群体、过度关注市场表现等，这些都可能导致财投者作出盲目财投决策。因此，财投者要能够控制自己的情绪和行为，避免因情绪波动和行为偏差导致财投失误，不要因冲动"消费"而为自己的行为"埋单"。财投感性投资表现如图 8-1 所示。

感性投资表现

信息不充分　启发式判断　过度乐观　损失厌恶

图 8-1　财投感性投资表现

"你只能赚到你认知内的钱。"没有人全知全能，所有人都有认知局限性。经济学中有著名的"理性人假设"，指在信息完全充分前提下理性人能够充分分析并作出合理决策。但现实生活截然不同，信息具有不对称性。一方面，企业运营涉及融资、投资、市场营销与服务管理、会计与财务、营运资金管理等重要财务管理领域，对企业的资本结构、资产结构、成本结构、现金流分布、风险甚至行业分布均产生影响，十分复杂，财投者作为非专业人士很难获取全部信息；另一方面，财投者也缺乏相应信息处理技能，因此就会基于自己的理解作出偏执判断，而这通常与实际情况背道而驰。

在面对复杂问题时，人类认知基本特点是通过归类来简化认识对象，因此当财投者面对大量信息时，如果缺乏作出决策所需的可靠技能，或无法像专业从业者一样投入大量时间，就容易使用启发式判断。财投者会基于情感好恶来判断财投风险：当财投者大量接受积极信息，乐观看待某次财投时，会主观推断这次财投低风险、高收益；而当财投者大量接受负面信息，态度悲观时，会主观推断这次财投是高风险、低收益。启发式判断既可以得出正确结果，也有可能导致错误结论。也就是说，喜好感受既可能有利于财投者快速作出判断，也可能对财投者判断产生干扰。因此，财投者判断企业价值时，难免会简化认知过程，产生认知偏差。

大量心理研究表明，人们往往倾向于过度自信和乐观。过度自信和乐观的财投者很可能把濒临破产企业的一个盈利项目视作触底反弹、起死回生的信号，进而高估项目价值，妄图立刻入场抄底，但这往往是悲剧的开始。财投者会发现一山更比一山低，抄底永远抄在半山腰。财投者也可能忽视热门行业、热门企业扩张风险，认为该企业短期内会一直以此势头发展下去，妄图"搭快车"，从而高位接盘。

同时，财投者面对损失时具有损失厌恶心态，面对收益时具有风险规避心态，认为损失带来的痛苦远远大于同样收益带来的快乐。典型表现为卖出获利股票，而持有亏损股票，即处置效应。这种情况会导致盈利被截断，亏损被放大。事实上，财投者应该持有盈利股票，扩大盈利；卖出下跌股票，及时止损。

因此，财投这种理性与感性二重性，要求财投者既要具备理性财投知识和技能，又要掌握正确心理和行为管理方法。财投者要通过学习和实践，逐步提高专业素养和心理素质，从而更好地进行财投决策和管理。同时，财投者还可以通过选择适合的财投方式，建立合理财投组合，以更好应对财投多元二重性。

案例 8-1："腾讯"投资中的起起落落

2000 年互联网行业遭遇业界寒冬，大批互联网企业倒闭，腾讯也艰难度日，甚至很长时间，都没有找到盈利模式，长期处于入不敷出状态。但是盈科数码敏锐地捕捉到了互联网行业的前景与腾讯的发展潜力，在深圳第一届中国国际高新技术成果交易会上向腾讯投资 220 万美元，获得 20%的股份。两年后，腾讯股价翻了 5 倍，盈科数码收益也翻了 5 倍。盈科数码鉴于此次投资已经获得丰厚的回报，并且认为腾讯股票已经到达顶峰，因此果断将所有持股出售。然而市场发展并不像盈科数码所预料的那样，腾讯的股票继续一路达到近万倍的涨幅，盈科数码也遗憾错失凭此一股成为首富的机会。

(二)财投："自由"与"规则"

财投市场之自由与规则如图 8-2 所示。

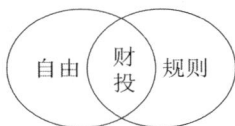

图 8-2　财投市场之自由与规则

1. 财投市场之自由

国家和市场为财投者提供了各种优惠政策和保护措施，如税收优惠、低门槛参与、信息披露制度、适当性管理制度、风险警示制度、财投者教育制度、投诉处理制度等，保障了财投者的合法权益。财投者可以根据自己的财务状况、财投目标、风险承受能力、知识和经验等，自由地选择财投对象、财投方式和财投地点。同时，财投者也可以根据市场变化和自我预期，自由地调整财投策略和组合，包括财投时点、金额、比例、期限、风格等，或根据自己意愿进行买卖、转换、赎回等操作，这一切都因财投者的个人意愿而转移。因此，在财投过程中财投者享有充分自由。

2. 财投市场之规则

市场会受到宏观经济发展状况影响，如经济增长、通货膨胀、利率、汇率、财政政策、货币政策变动等。这些因素会影响金融资产供求、收益、风险等，从而导致市场价格波动。同时，一些技术创新、市场竞争、管理变革、财务状况、法律纠纷、突发事件等特定因素，也会影响金融资产价值或预期，从而导致市场价格波动。当市场价格发生波动时，财投者如果忽视其中规律，仍然随意进行财投，就会带来财富损失。究其原因，一方面，市场上信息传递和反应速度与程度都非常高，所有信息都会被及时地反映在价格上，短期内造成市场波动。例如，当市场出现一致性行为，对某只股票大量买入时，该股票应声而涨，偏离其原本价值；对某只股票大量卖出时，该股票应声而跌，同样偏离其原本价值。另一方面，财投者具有信息不对称、羊群效应、过度反应、损失厌恶等共性偏好，喜欢逐价而投。这就导致财投者忽视市场运行规则，盲目跟风，买入高估股票或者卖出低估股票，造成财投失败。因此，财投者应构建稳定财投心理体系，冷静面对市场波动，保证财富稳步增值。

3. 正确面对自由市场

自由是市场的吸引力之一，财投者可以在市场中充分发挥，表达创意，但这种自由本身具有不确定性，随意地进行财投必然会违背市场规律，而"漫无目的"的自由会放大这种风险。如果一味追求自由，财投者难以保证每次都能获得财富增长，在错误时机作出错误决策导致财富缩水在所难免。

因此，绝对自由是不存在的，有"规则"的自由才是合理进行财投活动的关键因素。通过技术分析选择低估或高估资产、构建稳定的财投心理并进行长期持有，以期待其价格向其价值回归，从而获得财投成功，才是财富增值的关键。

二、心态影响因素

构建财投心理，是指正确处理各种心态影响因素(见图 8-3)。

(一)四大外部因素

构建财投心理需要直面四大外部因素(见图 8-4)对市场的影响。当外部因素发生变化时，市场也会随之变化，无论市场变得更加繁荣或者萧条，财投者首先应该对这些变化有所预见，其次应该正确地看待这些变化。只有正确分析外部因素变化对市场环境的影响，并对后续市场变化做好心理准备，财投者才能在事情发生后保持积极平稳的财投心理。

图 8-3　心态影响因素　　　　　　图 8-4　四大外部因素

物理学中有句名言："存在即合理。"这就是说，外部因素不可改变。构建财投心理，就是在发生各类突发事件或重大变革时，不幻想、不抱怨，全盘接受，在新形势下积极寻求新出路。

(1) 政治环境：政府领导层的变化、选举结果、政策的变动等都可能导致市场波动，进而影响财投者的心态。例如，中国在推动绿色发展，下定决心实现"双碳"目标时，生态环保类企业市值上涨，而重污染行业企业则积极寻求转型；第 45 任美国总统唐纳德·特朗普(Donald Trump)上任后推行"去全球化"政策，导致美国国际贸易行业市值下降。财投者预见行业发展趋势后，只有调整财投组合与财投心理，才能作出正确的财投决策，保证财富的增值。

(2) 经济环境：经济环境直接影响财投市场的表现。当经济衰退时，财投市场可能陷入萧条；经济繁荣时，财投市场也会随之繁荣。因此，财投者要认识到市场变化的必然性，正确面对，平稳心态，不因市场的被动而过度喜悲，相应地调整应对策略。

(3) 社会环境：当社会出现大规模社会事件，如自然灾害、社会动乱等，财投市场可能会变得萧条；而当社会形势稳定、生活安逸时，财投市场则会繁荣。财投者应保持平稳的心态，在市场萧条时量入为出，在市场繁荣时不盲目冒进。

(4) 自然环境：随着人类自然环境的变化，当新技术出现时，财投者应持乐观和包容的心态，积极看待此次技术进步对行业的改变，勇于接纳新事物，时刻紧跟社会发展潮流。

总之，外部环境因素会对财投者的心态和财投决策产生广泛和重要的影响。理解这些因素并相应地调整财投策略，有助于财投者更好地适应不同的市场环境，并取得更好的财投回报。

(二)六大内部因素

构建财投心理要调和六大内部因素(见图 8-5)对自身财投决策的影响。每一次财投决策都会因六大内部因素的不同有所差别，因此，正确把握这些内部影响因素，并使其共同合力作出正确财投决策的过程，就是构建积极健康财投心理的过程。

1 个人性格	2 财投经验	3 财投目标
4 财投组合	5 知识水平	6 情绪

图 8-5　六大内部因素

财投者的个人性格、财投经验、财投目标、财投组合、知识水平和作决策时的情绪，都会影响财投决策结果。构建财投心理就是将六大内部因素合理利用、扬长避短。

(1) 个人性格：个人性格特点会对财投决策产生重要影响。例如，一个谨慎保守型财投者更倾向于选择低风险、低回报财投项目；冒险型财投者更倾向于选择高风险、高回报财投项目。性格开朗、积极向上型财投者看待市场更乐观；而孤僻消极型财投者看待市场更悲观。财投者需要正确看待自我性格偏好，不回避、不自傲，制定符合自己性格特点的财投决策。

(2) 财投经验：财投者的经验，也会对财投心态产生影响。经验丰富的财投者会更加自信，能够控制自己的情绪，准确判断市场风险和机会，从容应对市场波动，避免因为市场波动作出草率决策；缺乏经验的财投者会过度焦虑和紧张，对市场变化过于敏感，产生过度反应，作出错误决策。但是财投经验也可能导致财投者陷入习惯性思维的陷阱中。过去经验中取得的成功和失败，会导致财投者倾向于吸取经验或教训，而忽视市场中的新变化和新机会。因此财投者应该保持谦逊，时刻保持学习能力和适应能力，从过去的财投经验中吸取经验和教训，以便在未来作出更好的决策。

(3) 财投目标：财投目标是财投者在财投过程中所希望实现的目标和期望。这些目标因财投者需求、时间限制、风险偏好等因素而有所不同。如果财投者的目标是长期稳健财投，注重稳定收益，就会倾向于谨慎和保守，注重资产长期增值。这种财投目标会使财投者冷静面对短期市场波动，把关注点放在资产基本面和长期趋势方面。如果一个财投者目标是短期高回报，就会采取高风险财投策略，关注短期市场波动和投机机会，导致紧张和焦虑。这种财投目标会使财投者变得情绪化和冲动，容易被市场短期波动干扰。如果财投者目标是收益和安全平衡，就会关注资产流动性和稳定性，选择一些稳健财投方式，如债券、定期存款等，以便在需要时能够及时取出资产。这种财投目标会使财投者变得谨慎保守，注重风险控制和资产风险评估及流动性管理。总之，财投者需要清楚自己的财投目标和期望，以便更好地选择更优的财投方式和制定风险管理策略，并始终保持冷静和理性的财投态度。

(4) 财投组合：财投组合是指财投者同时持有多种不同类型的资产，以达到分散风险、提高回报等目的。财投组合的构成、配置和管理方式，对财投者心态和财投决策也具有重要影响。与单一财投相比，多元化财投组合因财投项目众多，盈亏同时存在，波动性会更小。如果财投组合风险分散，包含不同资产类型，收益稳定，财投者更容易保持冷静，这样就能避免情绪化财投决策。而如果财投组合过于集中，风险较高，会让财投者过于紧张和焦虑。同时，财投组合的配置方式和调整频率，也会影响财投者的心态和信心。例如，财投者经常频繁地调整财投组合，导致财投者对自己的财投能力和决策失去信心，从而影响财投者心态。此外，财投组合的回报和表现，也会影响财投者的心态和情绪。例如，如果财投组合表现良好，财投者会过度自信和乐观，从而冒险投入更多资金；反之，如果财投组合表现不佳，财投者会失去信心和动力，从而犹豫不决或者过度保守。因此，财投组合对财投者的心态和财投决策具有重要影响，财投者应该根据自己的财投目标、时间限制、风险偏好等因素，制定合理配置和管理策略，选择恰当财投组合，以保持冷静、理性和稳健的财投态度。

(5) 知识水平：财投者的知识水平也会影响其财投决策。相关领域知识和信息可以帮助财投者更好地了解市场走向和趋势，从而作出明智财投决策。相反，缺乏相关知识和信息的财投者则会被市场噪声和流言蜚语干扰，从而作出错误财投决策。财投者应当认识到，市场中同一层级财投者都处于相同的知识水平下，因此，要避免焦虑情绪，保持健康、平稳财投心理。

(6) 情绪：情绪也是财投决策的一个关键因素。例如，当财投者感到恐慌或恐惧时，他们可能会轻率地作出出售股票等决策，从而错失财投机会。当财投者感到过度自信和乐观时，可能会太过冒险，从而陷入高风险财投困境。因此，财投者要保持情绪稳定，在情绪剧烈波动时尽量不作出财投决策。

三、心态与财投结果

财投心理和财投结果之间存在着密切关系。在财投中，心态是非常重要的因素之一，会直接影响财投决策，从而进一步影响财投结果。在市场中保持良好心态很难，因为市场规则简单直接，给予财投者充分自由；但财投者不知道如何面对这种自由，发现财投方法越学越多，但财富却没有随之增长。这是因为除了方法外，心态同样会对财投决策产生极大影响。当财投者处于贪婪情绪状态时，他们可能会过度乐观，高估资产价值，导致财投失误。相反，当财投者处于恐惧情绪状态时，他们可能会过度悲观，低估资产价值，错失财投机会。因此，财投者需要学会控制情绪和心态，以便更好地应对市场波动和风险。

首先，积极稳定的心态可以帮助财投者确保整体财投风险可控。财投市场不确定性和波动性很大，如果财投者心态不稳定，受到市场情绪影响而过度自信或恐惧，情绪化地作出财投决策，就很容易犯错，造成财富缩水。因此，财投者要培养沉着冷静的心态，每逢大事须静气，对市场和行业进行理性分析，不受情绪左右，永远客观公正地作出决策。同时，更从容地面对市场波动，使整体风险可控。

其次，积极稳定的心态可以帮助财投者提高财投水平。财投市场的自由与波动性决定了财投者难免会遇到许多挫折和失败，但是如果财投者能够保持积极心态，就能够从失败中吸取经验和教训，重新调整财投策略，提高财投水平。当类似困难再次出现时，财投者就可以从容应对，增强信心，进一步提高财投水平。随着水平提高，财投者会更加理解市场，发现更多财投机会，进而提高回报率。同时，更好地控制风险，降低损失，形成良性循环。

最后，积极稳定的心态可以帮助财投者保持长期财投目标。财投应当保持长期持续性，避免短期冲动行为，这样可以减少短期波动风险。市场短期波动无法避免，但如果财投者有长期目标，就能够应对短期波动风险。因为在长期财投中，市场短期波动对整个财投组合产生的影响较小，并且在长期财投目标中，财投者可以随时调整财投组合，使其更加稳定。这将有助于更好地控制风险，增加长期回报。如果没有长期财投目标，财投者可能会在市场变动或个人情况发生变化时作出错误决策，追涨杀跌，短期持有，跟着市场情绪走，成为庄家的"韭菜"。因此，长期财投目标可以确保财投计划连续和稳定。总之，保持长期合理财投目标可以帮助财投者获得复利效应，减少短期波动风险，实现长期财投目标，提高财投稳定性并确保财投计划的连续性。如果财投者能够保持积极稳定的心态，就能够保持财投的长期性，从而更好地实现财投目标。

因此，心态对财投结果影响非常大。财投者应该保持理性、积极和稳定的心态，通过学习和实践来提高自己的财投素质和心理素质，积极应对财投挑战和困难，实现财投目标。

第二节　财投体系遵循

财投体系遵循

情景导入

半夏投资成立于 2015 年，是一家专注于宏观对冲策略的私募基金管理公司。半夏投资拥有先进的财投体系和出色的执行能力。2023 年 4 月，半夏投资大量买入地产行业股票；但刚到 5 月，地产行业股票就大幅下跌，跌幅超过了半夏投资为自己设定的止损线，于是半夏投资立即割肉离场。然而戏剧性的是，在半夏投资刚刚离场后，地产行业股票就接连反弹，半夏投资也错过了挽回损失的机会。虽然这次财投让自己栽了跟头，并获得了"卖在低位、错过反弹"的评价，但半夏投资认为，这并不会伤筋动骨。在执行财投体系时，这种情况总是不可避免的。开始也许会感到憋屈，但时间久了就会认识到这只是波动中的一部分，心存侥幸的后果只能是被套牢。因此，只有严格遵循财投体系，才能帮助自己拥有更高的容错率。

(资料来源：半夏投资公众号.)

构建财投心理是为了让财投者能够不受心理因素影响，作出合理的财投决策。作出合理决策的方法一直是提前制订计划，将各种选择指标量化，从而构建财投体系，并且严格遵循。这样就能排除心理因素干扰，作出科学理性的决策，实现财投成功。总而言之，建立并遵循财投体系是构建财投心理的重要方法之一。

健康财投心理可以帮助财投者坚持自己的财投体系。而财投体系可以为财投者提供科学、有效的财投方法和管理框架，帮助财投者针对性制订财投计划，更好地面对财投市场中的波动与风险，实现财投成功。而财投成功可以进一步增强财投信心，保持健康平稳的财投心理，实现正向循环(见图8-6)。

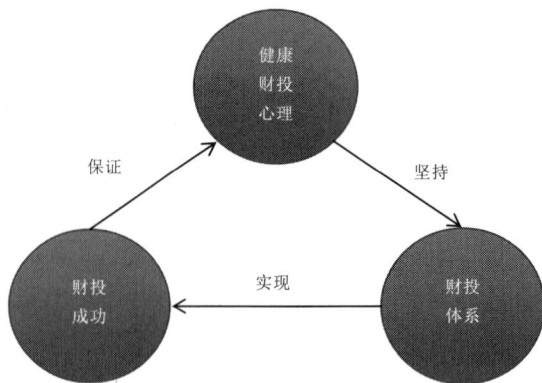

图8-6　财投三角循环图

一、建立自有财投体系

为了建立财投体系，财投者首先要明确以下几个方面。

建立财投体系是明确财投目标和风险偏好的过程。财投者应当明确自己的财投目标和风险偏好，从而制订财投策略和计划。例如，财投者有一笔闲置资金，如果放在银行利息太低，想要保本为主的同时赚取一些收益，这时可以选择长期稳健增值型财投项目，如高股息股票、债券等进行长期持有；如果财投者单纯想赚取一些额外收入，抱着"搏一搏"的想法，就可以选择一些高风险、高收益的财投项目组合，如新兴市场股票、期货等，并且需要密切关注市场变化，时刻进行买卖，同时根据自己的风险偏好设置合理的买卖规则。不同的财投目标有不同的财投组合方式，建立完整财投体系可以帮助财投者固定财投方式，有利于长期坚持，减少财投波动，避免"东一榔头，西一棒槌"，在自己不熟悉的财投项目里频繁亏损。

建立财投体系是资产合理配置的过程。财投核心理念是资产配置和风险分散，即"不要把鸡蛋放在同一个篮子里"。通过建立财投体系，财投者可以合理配置不同类型的资产，将资金分配到不同财投项目和不同地区、行业，以实现资产多元化，从而降低财投风险、提高回报。当财投者在 A 项目亏损时，B 项目可能盈利，"东边不亮西边亮"，使整体财投波动可控。虽然不会一夜暴富，但也不会"破产"出局，保证财投者的财富健康有序增长。

建立财投体系需要作出理性财投决策。摒弃心理因素的干扰，作出理性财投决策，是财投者构建理智财投心理目标，也是建立整个财投体系的目标。具体方法是制定明确的入市和出市规则，严守财投策略，保持良好的纪律性。既不因市场下跌过度恐慌而提前抛售，也不因市场情绪高涨而贪婪持有，避免因市场波动而作出情绪化的财投决策。

总的来说，建立财投体系分为以下 5 步(见图8-7)。

图 8-7 建立财投体系的步骤

(1) 评估风险承受能力。财投者需要评估风险承受能力，以确定自己能够承受的最大财投风险。

(2) 确定财投目标。财投者需要依据自己的性格、风险承受能力、本金情况等因素确定财投目标，如长期稳健增长、短期高回报等。

(3) 建立财投策略。财投者需要建立自己的财投策略，如价值财投、成长财投、技术分析等。

(4) 确定交易规则。财投者需要确定自己的交易规则，如买入和卖出时机、止损和止盈策略、持仓时间等。

(5) 确定资产配置。财投者需要确定自己的资产配置，将财投资金分配到不同项目，如股票、债券、基金、房地产等。

建立财投体系后，财投者需要定期复盘自己的财投体系，并根据市场变化和自身情况进行优化。

只要构建出自己的财投体系，财投者就可以科学、有效地进行财投，避免情绪化财投决策，实现长期稳定的财投收益，从而保障财投者的财务规划和未来生活质量。

二、财投体系掌控与运用

建立自己的财投体系首先要评估风险承受能力，"未虑胜先虑败"。财投不是一次性买卖，而是影响未来的大事。因此，应在自己能承受的范围内进行投资，同时考虑自己的性格喜好和目标需求，选择适合自己的财投项目和组合方式(见图 8-8)。

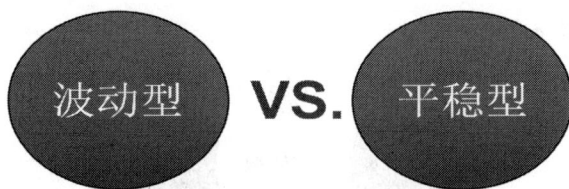

图 8-8 波动型与平稳型财投项目

案例 8-2：敢打敢拼的信贷资管机构

Arkaim Advisors 是迪米特里·格里科(Dimitry Griko)在伦敦创立的专注于新兴市场企业信贷的资管机构。管理规模达 3.17 亿美元的新兴市场公司高收益率债券基金在 2023 年实现了高达 15%的回报率，在五年期和三年期财投回报中，排名跑赢 99%的同行。他成功的秘诀就是挖掘违约威胁持续存在于新兴市场中的高风险、高回报的债券资产，例如，投资乌克兰的 MHP 公司和 Metinvest 公司。一般来说，俄乌战争带来的政治动荡可能对乌克兰的金融市场造成巨大损失。然而在这些风险高发地，却隐藏着一些堪称高风险、高回报的债券资产。自俄乌冲突以来，乌克兰的 MHP 公司和 Metinvest 公司虽然部分业务受到地缘政治动荡的影响，但在冲突持续的情况下，它们已经适应并保持了工厂的正常运转。两家公司都在继续支付债券利息，MHP 的 2024 年 5 月和 2026 年 4 月到期债券的交易价格换算成美元已经达 60～70 美分。Arkaim Advisors 因投资这两家公司赚取到高额利润。

阿根廷的情况也与乌克兰类似。自从哈维尔·米莱(Javier Milei)赢得阿根廷总统初选以来，阿根廷政府债券遭到大幅抛售，哈维尔·米莱誓言要废除央行，实现经济美元化。2030 年到期的债券是阿根廷最具流动性的债券资产之一，在初选后接下来的一周，该债券的交易价格跌至 31.6 美分。然而，财投者对阿根廷蓬勃发展的石油财富更为乐观。阿根廷国有石油公司 YPF SA 发行的一只债券此时交易价格为 84 美分。Arkaim Advisors 公司也因投资阿根廷国有石油公司 YPF SA 的这支债券获得了高额回报。

案例 8-3：追求平稳的格雷厄姆

华尔街投资大师本杰明·格雷厄姆(Benjamin Graham)在其代表作《证券分析》中指出，"投资是基于详尽的分析、本金的安全和满意回报有保证的前提下，去寻找一些股价被低估了且具备安全性的股票"。该理论认为，股票价格围绕"内在价值"上下波动，而内在价值可以用一定方法测定；股票价格长期来看有向"内在价值"回归的趋势；当股票价格低于内在价值时，就出现了投资机会。打个比方，价值投资如同是拿五角钱去购买一元的东西。格雷厄姆追求的不是脱离公司基本价值的"低买高卖"地炒股票，而是通过买卖某公司股权，在该公司不断创造利润的过程中，享受其成果。在他平稳的投资理念下，格雷厄姆取得了巨大成功，不仅教导出了巴菲特等一众知名学生，更享有"华尔街教父"的美誉。

三、财投体系优化

财投体系优化如图 8-9 所示。

图 8-9　财投体系优化

首先，市场不是一成不变的，因此财投者的财投体系也要顺应潮流，与时俱进，不断进行调整和优化。当政策风向改变、新兴科技出现，市场经济环境变化较大时，财投者需要重新评估自己的风险承受能力和财投目标、资产配置，调整不同风险项目的占比，结合市场现状，将整体财投体系的风险调整到符合自己的预期。

其次，财投者要不断学习专业知识。财投者要充实自己的金融知识，作出专业判断，并根据盈亏合理调整自己的交易规则。通过调整买入和卖出时机、止损和止盈策略、持仓时间等方式，加强风险管理能力，控制损失。

最后，财投者要不断优化自己的财投工具。不同的财投工具适合不同的财投目标，财投者可以根据自己的财投目标和风险承受能力优化自己使用的财投工具和技术，以确保能够更好地分析市场和预测市场走势。例如，财投者倾向于稳健型财投，就可以选择低风险、低收益的债券型基金，而喜欢冒险的财投者可以选择股票型基金。同时，财投者在财投过程中应该不断评估不同财投工具的收益率和风险，尽量选择收益率高、费用较低、技术更先进、相对风险低的财投工具。

第三节　财投技术运用

财投技术运用

情景导入

巴菲特一直倡导的是价值投资理念。2000 年中国石油在港交所上市后，股价一直处于低迷状态。直到 2002 年"非典"暴发，中国经济市场持续低迷，投资者对中国市场进一步失去信心，大量抛售股票。就在此时，巴菲特经过分析后发现中国石油的价值被严重低估：中国石油是中国最大的石油生产商，会获得政府的大力支持；中国又处在工业化浪潮的开端，随着工业化进程加快，石油的战略意义会日益突出；美元指数下跌后，大宗商品价格上涨，石油价格也会进一步提升，中国石油的盈利能力也会进一步增强。基于种种考虑，巴菲特毅然决定买入中国石油股票，并在 5 年后卖出，盈利 8 倍。

(资料来源：严行方. 滚雪球：巴菲特投资传奇[M]. 北京：中国城市出版社，2010.)

构建良好的财投心理，要建立在成功财投之上，因为能做到"常败将军不变本心"的人只是少数。而成功财投离不开相应的财投技术，"手中有粮，心中不慌"，只有掌握了相关财投技术，才能作出科学理性决策，从长远看才能获得财投成功。所以，构建健康平稳财投心理，财投技术是基石。掌握财投技术，既要掌握财投技术理论，又要掌握财投趋势发展，渐进掌握简洁高效财投"基本功"。

一、财投技术理论

掌握财投技术理论，时刻分析财投市场，进行有的放矢的财投，这种财投熟悉感有助于财投者培养健康稳定财投心理。下面介绍一些财投技术理论(见图 8-10)。

(1) 技术分析。技术分析是一种市场研究方法，它基于市场历史价格和交易量，利用图表、指标和趋势线等工具来预测股价走势。通过技术分析，财投者可以更好地了解市场走势和趋势，以便作出正确财投决策。

图 8-10　财投技术理论

（2）基本面分析。基本面分析是一种财投分析方法，用于评估一家公司或一个行业的基本面因素，如收入、利润、资产和负债等。这种分析方法主要关注公司财务和经营状况，以及所处行业和市场环境。基本面分析通常会研究公司财务报表、竞争对手、管理团队、市场规模、市场份额等因素，以确定公司价值和未来表现。

（3）行为金融学。行为金融学是一种财投理论，研究人类行为和心理因素对财投决策的影响。财投者决策并不总是理性和完全理智，而是受到情绪、认知偏差和社会因素影响。行为金融学研究范围广泛，包括过度自信、羊群效应、心理账户等各种现象。行为金融学认为，财投者情绪和认知偏差会影响其市场判断和决策。例如，过度自信会使财投者高估自己的财投能力，从而采取高风险财投策略；羊群效应会导致财投者跟随市场热点，而不是根据基本面进行分析。行为金融学研究发现，许多财投者在作决策时受到心理因素影响，这导致他们作出错误决策。因此，行为金融学提供了一些指导财投者避免这些心理陷阱的方法，如建立长期财投计划、避免过度交易、减少情绪干扰、理性分散财投等。

除此之外，财投者还应该时刻学习新技术，充实自己的知识储备，打牢财投底气，才能时刻保持健康平稳的财投心理。

二、财投技术使用的三大基本原则

财投是一项风险活动，资金波动在所难免。但是从长期角度来看，遵循一定的财投原则，可以提高财投者整体收益预期，从而更具财投信心，这有助于其保持健康稳定的财投心理。

财投技术使用的三大基本原则如图 8-11 所示。

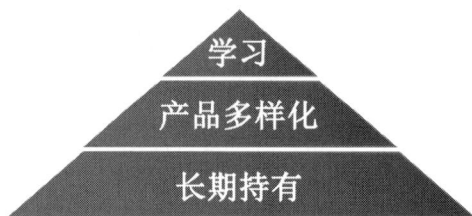

图 8-11　财投技术使用的三大基本原则

(1) 长期持有。着眼长期的财投者更加专注于基本面和价值，可以降低交易成本，如经纪费、交易税等。这些成本在短期内不太明显，但长期来看会极大降低总回报。长期持有可以减少频繁买卖股票或其他资产的次数，从而减少短期资本利得税风险。除此之外，长期持有还可以获得更长期的财投回报，使财投更为稳定，更好应对不确定的市场环境。因而长期持有是一种更加理智和稳健的财投策略，可以实现长期财投目标。

(2) 产品多样化。多样化是一种财投策略，财投者将资金分散到不同行业、不同公司和不同资产类别中进行分散财投，以避免因某个特定行业或企业问题遭受重大损失。财投产品多样化的目的是减少单个资产或市场下跌影响，从而达到更平稳回报率。当将资金分散到多个财投品种和市场中时，如果一个资产或市场出现问题，其他资产和市场可以帮助平衡，从而降低整体风险。将资金分散到不同种类、不同行业、不同地区和不同市场，财投者就拥有更多机会购买到优质资产，从而在长期财投中获得更高回报。

(3) 不断学习。财投者应该不断学习，研究市场和财投知识，开阔视野，扩大认知范围，以便更好地了解市场和行业发展趋势。消除认知偏差的同时，学会独立思考、逆向思维，更加科学合理地分析行业、事件发展与市场反应。在每一次财投活动之后进行记录，分析财投计划、执行原因和结果，进行反思总结，积累经验。只有保持学习态度，经验越来越丰富，才能从容应对各种复杂行情，更好地适应市场变化，提高财投成功率。

三、财投趋势分析

"恐惧源于未知"，技术发展日新月异，财投者如果失去对技术发展趋势的把握，就会失去对未来财投市场的预见，陷入恐慌中。因此，正确分析财投技术发展趋势，可以帮助财投者构建健康财投心理。

金融市场无限广阔，在经济发展差的行业，也必然存在逆势上涨的企业。因此，财投者要把更多精力放在大方向的把控上，避免因个体案例影响财投者判断。不能因个别企业表现良好就片面认为这个行业发展前景远大，也不能因为某次财投失败就认为这个行业不具有发展前景。财投者应该在宏观层面分析行业发展，选择财投目标，分配财投比例，不因"一城一地"的得失而动摇判断。只要把握好财投心理，建立好财投体系，掌控好财投趋势，就可以稳步实现财富增值。掌控财投趋势分为以下几个步骤。

(一)找到自己的财投分析方法

财投领域有很多分析方法，财投者不可能掌握所有分析方法。同时，不可能存在一种通用方法。一般情况下，风险与机遇并存。在自由且波动的财投市场中，因失误而损失财富极为正常。财投可以对财投者决策进行实时反馈，当决策正确时，市场加倍回馈，实现财富增值；当决策失误时，市场会拿走财投资金，从而导致财富缩水。因此，财投者要在不断学习和试错中，找到属于自己的财投方法。一般原则是，财投前尽可能多地获得财投相关信息，在大脑中思考，多问多想，分析信息背后成因。例如，在寻找一家财投公司时，财投者要阅读这家公司过去 5～10 年的财务报表和年报，清楚了解这家公司的盈利趋势、经营策略等信息。只有财投者真正了解一家公司的赚钱之道，才有可能懂得如何看待这家公司的发展状况和未来趋势，进而作出判断。

财投者在进行财投时，要关注整体经济形势。例如，股票市场价格变动受到很多因素影响，其中主要因素之一是国家经济状况的好坏。正如格雷厄姆所说，"股市从短期看是投票机，从长期看却是称重机"。意思是上市公司股价变动短期内可能无法反映公司真实价值，但是从长期看却可以。因此，当经济大环境好时，企业发展迅速，真实价值高，即使股价短期内没有明显提升甚至有所下跌，但是保持此势头，长期持有必然会上涨。此时，财投者要把握机会，勇于出击，积极拓展财富；而当经济大环境下行时，财投者要做防守型财投，避免投资高风险行业，稳固基本盘。

(二)行业选择风向标

在进行财投时，财投者要更多关注新兴、发展势头良好的产业。低价买入和高价卖出是基本交易常识，因此财投者在选择行业时，一要分析该行业是否有发展潜力；二要分析该行业目前是否已经过热。

案例 8-4：风口行业成功"起飞"的典型

2007 年，雷军毅然决然地辞去了金山 CEO 职务，开启了自己的创业之旅，这是因为他认为杀毒软件行业已经过热，没有发展空间，同时手机行业蓬勃发展，潜力巨大，所以雷军在 2010 年创立了小米公司。而这也是他人生的转折点，从此一个手机互联网巨头冉冉升起，雷军也逐渐成了商业界的传奇。到 2018 年 7 月，小米在港交所宣布正式上线，估值达 500 多亿美元，取得了巨大成功。

(三)入场时机

财投者对某个行业进行信息收集并分析后，认为此时市场对该行业的估值偏低，找到了偏低原因，且看到了合理转折点后，就是财投者入场最佳时机；当市值达到财投者预期时，就是财投者退场最佳时机——无论后续是涨是跌。但是正如约翰·梅纳德·凯恩斯(John Maynard Keynes)所说，"市场保持非理性的时间，远比你支撑的时间长"。这说明即使财投者正确判断出转折点，但市场何时沿着财投者的判断发展，仍是一个未知数。

案例 8-5：错误的时机做正确的事情也枉然

吉姆·罗杰斯(Jim Rogers)在 1969 年预计美国股市即将崩盘，把所有资金都用来买入"辛辛那提铣削公司"股票的看跌期权。5 个月后，股市果然崩盘，吉姆·罗杰斯卖出看跌期权，获利三倍。于是，他继续在股市出现超跌反弹高点时，再次做空 6 家公司的股票，试图乘胜追击。可是市场强劲反弹的力度超出预期。随着市场持续反弹，一次次浮动亏损中，他所有资金都无法满足增加保证金的要求，最终输光了所有盈利和本金。尽管他做空的 6 家公司确实在未来两三年先后破产，但是他已经没有资金保持仓位去等待最后的胜利。

(四)合理配置比例

财投途径很多，常见财投产品有股票、债券、商品、指数类基金等。财投者要根据自己的财务状况和风险承受能力，合理配置各项理财产品购买比例。一般来说，风险越低、收益越低，风险越高、收益越高。如果财投者不想冒太多风险，那么就在财投组合中，多配置一些低风险金融产品。这种情况下，收益率也不会太高，一般不会超过 6%。如果财投者想要获得更高收益率，可以在财投组合中多配置一些高风险、高收益的产品。就风险角度来讲，收益率超过 6%的理财产品要提高警惕，超过 8%的时候已处于危险，当达到10%以上时风险就非常大了。

　　总之，要投资了解和熟悉的领域，如果实在不知道该投什么，就暂时把钱放在银行里。

思 考 题

　　1. 分析特斯拉 CEO 埃隆·马斯克(Elon Musk)的几次推文对狗狗币(Dogecoin)价值波动的影响机理。(要点提示：从众心理对市场波动产生影响)

　　2. 分析半夏投资没有在市场大跌时破产的原因。(要点提示：严格遵循投资体系)

　　3. 分析巴菲特投资成功的秘诀。(要点提示：建立价值投资理论并坚持遵守)

你的投资才能不是来源于华尔街的专家，你本身就具有这种才能。如果你运用你的才能，投资你所熟悉的公司或行业，你就能超过专家。

——美国股票投资家彼得·林奇

第九章 财富：行业与企业

学习目标

了解财富与行业、企业之间的关系，掌握认识和了解企业和行业的工具与方法。

重点和难点

- 了解不同行业赛道的内外部分析和发展阶段分析。
- 发现企业成功的核心原因。
- 掌握选择一个好行业或好企业的方法。

引导案例

在当前的信息时代，"抖音"App 已成为人们日常生活中不可或缺的休闲娱乐方式，其公司字节跳动逐渐成为互联网行业的领头者。究其原因，是字节跳动抓住了当今互联网飞速发展的机遇，认识到互联网相关行业的发展前景十分广阔，顺应了行业外部大环境，让短视频和直播带货成为一种趋势和潮流。同时，字节跳动还吸取了行业内美拍、小咖秀等 App 的失败教训，避免重蹈覆辙，坐稳了互联网行业赛道的龙头地位，成为中国营业利润较高的互联网公司之一。

(资料来源：本书作者整理编写.)

第一节 行业赛道

行业赛道

行业是由从事具体生产同类或相互密切替代商品或服务的企业联合在一起构成的组织结构体系。根据国家统计局统计，行业分类按照经济活动的同质性原则划分，每个行业类别按照同一种经济活动的性质划分，我国的经济行业可分为 20 个门类，97 个大类，473 个中类，1382 个小类，921 个主要行业，超过 10 万个细分行业(见表 9-1)。

表 9-1　国民经济行业分类

代　码	类别名称
A	农、林、牧、渔业
B	采矿业

代　码	类别名称
C	制造业
D	电力、热力、燃气及水生产和供应业
E	建筑业
F	批发和零售业
G	交通运输、仓储和邮政业
H	住宿和餐饮业
I	信息传输、软件和信息技术服务业
J	金融业
K	房地产业
L	租赁和商务服务业
M	科学研究和技术服务业
N	水利、环境和公共设施管理业
O	居民服务、修理和其他服务业
P	教育
Q	卫生和社会工作
R	文化、体育和娱乐业
S	公共管理、社会保障和社会组织
T	国际组织

(资料来源: 国家统计局发布的《国民经济行业分类》.)

上述行业又可以根据行业特点、市场需求、主营业务、不同的标准和目的继续进行细分。主要细分思路为大类行业(一级行业)——具体的子行业(二级行业)——更具体的三级行业——四级行业。例如,家电行业——白色家电——空调——美的集团(见图 9-1)。行业细分有助于行业更好地了解消费者需求,帮助行业更准确地定位目标市场,提供个性化的产品和服务。更重要的是,行业细分可以将信息转化为获得财富的重点,制定相应的策略。

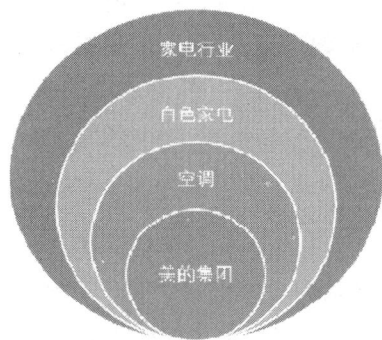

图 9-1　美的集团的行业细分

通过这些行业,财富从无到有地被创造出来。行业不断供应着人们源源不断创造出来的财富,财富的创造都在行业中进行。发现行业在复杂情况下的内在规律性或支配性的因素,对把握行业信息、认识行业、应用行业、了解建立行业财富逻辑具有重要意义。一般来说,可以从静态和动态两个维度来认识和观察行业。

一、行业赛道的静态分析

"赛道"一词出现于 2015 年的互联网浪潮中。所谓行业赛道，可以认为是细分行业或者行业的一个细节分支，甚至也可以是一些全新出现的行业。这个分支可能会范围很广，也有可能会非常窄。通俗来讲，行业赛道是指各个行业在自己所在的轨道上发展，这个轨道限定了行业的界限。因此，每一个行业都有自己特定的范围和领域。将行业比作"运动员"，如何让"运动员"在赛道上跑得快或慢，要考虑哪些因素，这就是行业赛道分析。通过这一概念，建立一个简单的赛道思想，即投资于整个细分行业，押住更大的目标，提高胜率，获得财富。林林总总的行业赛道背后都有一些共同支配的因素。了解行业增长和行业竞争力提升的驱动要素和支配因素，是认识一个行业的基础。

知识链接：PEST 分析和波特的五力模型

持续追踪分析一个行业赛道，可以培养分析能力和对行业信息背后蕴含的财富商机的敏感度，从而快速定位财富点并应用财富，构建专属的财商逻辑，发掘财商潜能。根据 PEST 模型和波特的五力模型等方法，静态行业赛道分析又可以细分为外部和内部两个维度。

(一)根据外部因素分析行业赛道

根据外部因素分析行业赛道就是从行业所在的环境即外部环境进行分析。外部环境因素包括以下几个方面。

(1) 政治因素。政治因素一般包括政治制度和体制、政局稳定情况、政府行为对行业的影响、政府对行业的具体态度和推行的基本政策及方针(产业政策、税收政策、进出口限制、价格管制)等。政治因素还包括国家制定的法律法规等。政治因素对行业竞争力的影响很大，支持行业发展的政策和法规能够为其提供更好的外部发展环境，对行业的发展起到了指导和促进的作用，有利于提升行业竞争力。

(2) 经济因素。经济因素包括经济结构、经济发展水平与状况、经济体制、宏观经济政策和其他经济条件。一般从国民收入、国内生产总值及其变化情况等宏观经济因素反映行业潜在地区的外部经济环境。一个地区的经济发展水平会直接影响一个行业的发展速度；从消费者的收入水平、消费偏好、就业程度等经济因素可以反映行业目前及未来的市场规模。

(3) 社会因素。社会方面对行业影响最大的是人口环境和文化背景，一般包括人口因素、消费心理、生活方式变化、文化特色和价值观等因素，还包括了一个国家或地区的居民受教育程度和文化水平、宗教信仰、风俗习惯等。不同的社会因素影响了行业在不同领域发展的方向和速度，其中，人口数量更是直接反映了行业市场的容量。

(4) 技术因素。技术因素包括了与行业有关的新技术、新工艺、新产品开发能力和发展趋势及应用背景。新技术的吸收程度直接影响了行业的竞争力。

(5) 市场因素。这里的市场因素是指市场容量和市场需求，行业与市场需求密切相关。如果市场需求强劲、容量大，那么行业潜能就大，竞争力也相对较高，获得财富的能力越强。市场需求可以通过消费者需求、人口结构、经济增长等因素来衡量；市场容量则可以根据市场份额指数、市场潜力指数、市场满意度指数、市场参与度指数和市场流通指数来分析。

(6) 替代品威胁。替代品威胁是指其他行业的产品或服务可以替代某行业内的产品或服务，从而对该行业内部产生的威胁。如果其他行业替代品的质量和价格比该行业内的产品或服务更好且替代品的市场份额较大，那么替代品的威胁就比较大。由此可以得出一个行业的竞争优势和竞争劣势，把握行业最关键的核心信息。

(二)根据内部因素分析行业赛道

根据内部因素分析行业赛道是从行业内部自身的条件来认识行业。内部条件的优化其实就是行业赛道竞争力的提升，认清行业就是认清如何提升竞争力。一般从以下几个方面分析。

(1) 成本优势。成本控制是提升行业竞争力的重要途径之一。行业内部可以通过技术优化、生产效率提升、供应链管理等手段降低成本，提供更具竞争力的产品或服务。

(2) 品牌价值。良好的品牌形象和声誉能够带来行业竞争优势，是行业的无形资产，有利于提升行业竞争力。消费者对品牌的认可和信任度，提升了行业在市场上的地位。

(3) 管理能力。行业中具备良好管理能力的企业，通常能够更灵活地应对市场变化和挑战。有效的战略规划、采购策略、供应链管理等都能提升行业整体的竞争力。

(4) 人才和技能。行业赛道的竞争力也与人力资源和技能水平相关。行业内有一部分拥有一支高素质的员工团队且具备相关技能和知识的企业，可以为行业带来创新和竞争优势。

(5) 技术创新。技术创新能力也是提升竞争力的关键因素之一。行业中有能力不断推出新产品、新技术，并能不断适应市场变化的企业，通常具有较高的竞争力。技术的更新让行业拥有更强的核心竞争力，引领市场趋势。

(6) 市场结构。这里的市场结构指同业之间的竞争者，包括行业内竞争者和潜在竞争者。同行业内的产品差异化低且竞争激烈，导致行业内竞争对手众多；行业内也不断会有新的进入者，带来更新的技术、更多的资金、更有利的管理等优势，造成了行业内潜在竞争者的竞争压力，但对龙头企业短时间内无法形成威胁。对竞争对手的全面分析，有利于正确判断行业进入的机会和壁垒，正确评估自身优势和劣势，最终找到正确的方向和制定准确的战略布局。

(7) 上下游结构。行业内的上下游是卖方与买方之间的关系，关注两者的议价能力强弱是认识行业的一个要点。卖方的议价能力是卖方能够对企业的价格和质量等方面进行谈判的能力；买方的议价能力则是买方对于行业内企业的价格和质量等方面进行谈判的能力。上下游结构可以反映卖方与买方掌握行业信息的程度，体现行业对两者的重要性。因此，行业内部讨价还价的能力、替代品的存在、产品差异性甚至是行业的市场份额等行业特征都可以被清晰地展示出来。

通过对外部环境因素和内部行业条件两个维度的静态行业赛道分析，了解并运用影响行业的因素，更有利于在认识行业时全面分析，定位行业优势，找到行业中的财富增长点，培养认识行业的思路，建立财富逻辑。

案例 9-1：中国白酒行业赛道的静态分析

中国白酒行业自改革开放以来受到了投资者和消费者的高度关注，成为中国投资者投资的首选行业之一。中国白酒行业也将在未来几年继续繁荣发展。在此背景下，中国白酒行业可以从以下几个方面进行认识和分析。

第一，白酒行业的蓬勃发展体现了中国酒业积极的政治环境，顺应了中国关于酒业的政策要求。中国酒业协会根据"十四五"规划发布了《中国酒业"十四五"发展指导意见》，加强对白酒行业的指导，要求通过提高及完善行业标准，强化安全体系，加大科技创新，最终提升中国白酒的品牌价值。各地也越来越多地制定了关于酒业的地方政策。

第二，白酒行业整体的迅速发展离不开我国国民经济的持续、快速、健康发展，反映了我国居民收入水平的持续提高和居民消费支出的持续增长，白酒产品的出现迎合了消费者需求，从而扩大了白酒市场。

第三，白酒具有多重属性。白酒不仅是一种饮品，更是一种社交符号，充当礼物的角色。这说明白酒具有社交属性，与米、面、油等日用消费品不同，属于社交用品，迎合了当前消费者的需求和消费观念的变化，促进了白酒行业的发展。更重要的是，白酒代表中国独特的文化，历史悠久，是一种文化象征，顺应了当前保护和弘扬中国传统文化的重要潮流。

第四，白酒行业欣欣向荣的发展说明该行业正在不断完善生产技术，进行现代化技术改造，提高白酒产品的质量，使白酒行业更加具备竞争力。同时，白酒行业内部也在不断完善管理体系，通过科学管理使企业更加规范，实现白酒行业与企业的长远发展。

第五，近年来，中国白酒行业市场竞争越来越激烈。尽管白酒企业的数量从 2017 年的 1593 家下降到 2022 年的 963 家，但白酒行业的营收依旧保持上升趋势，行业市场集中度进一步提升，市场规模呈扩大趋势。白酒企业在此期间不断进行自我升级，促进传统销售渠道的完善和新型销售渠道的崛起，形成了多渠道的销售模式，增强了客户体验，推动了行业进步。

第六，白酒行业的商业模式可以让行业更轻松地获得财富，因为白酒企业的品牌溢价能力强，毛利率高。2020 年，白酒行业内大部分企业的毛利率超过 70%，特别是贵州茅台的毛利率超过 90%。这说明白酒的生产成本相对较低——制造白酒的主要原材料是一些基本农作物，来源广泛且集中，供应充足，而且白酒的包装物是相对廉价的商品。但白酒的标价高，因此利润大。可见，白酒行业拥有极其明显的成本优势。

第七，白酒的品牌价值直接影响了白酒行业的经济发展，提高了行业的知名度和地位。与其他消费品不同，酒"越陈越值钱"，这也是白酒行业天生的优势。

第八，白酒行业内部的品牌竞争日益激烈。越来越多的白酒企业开始注重品牌建设和推广，通过提高产品质量和营销宣传来吸引消费者。在这样的良性竞争下，行业共同进步。白酒与其他酒类的不同，让白酒行业始终有着天然的优势来获取成功和财富。受白酒行业近几年超高利润所带来的诱惑影响，许多企业跃跃欲试，行业吸引力仍然较强。

第九，中国目前的白酒品牌众多，产品差异明显，尚未完全形成垄断，所以中国白酒行业作为卖方的整体议价能力强；白酒行业生产所需购买的原材料价格低廉且多样，因此作为买方的议价能力也强。由此，白酒行业的发展受到上下游结构的影响，作为供应商和购买者的高议价能力也对白酒业的发展有着重大的意义。

根据上述分析，可以基本判断白酒行业的发展前景仍然乐观。政策、经济的扶持，各种社会属性、技术属性及市场结构和上下游结构的影响等因素，都让白酒行业在创造财富方面的能力增强。

二、行业赛道的动态分析

动态行业赛道分析是根据行业所在阶段进行的分析，它是一种随着时间变化而变化的动态性分析方法。它从动态的角度观察行业赛道变化的发展阶段。具体来说，动态行业赛道分析就是区分不同行业类型并对赛道变化的阶段进行观察。

赛道变化通常分为四个阶段：初创(导入)期、成长期、成熟期及衰退期。每一个阶段通过递进关系相互连接。行业类型通常可以分为周期型行业及创新型行业，不同行业在四个阶段的递进表现各有不同。

(一)周期型行业

周期型行业是指与国内或国际经济波动相关性较强的行业，其主要特征为产品价格呈周期性波动，而产品的市场价格则是企业获利的基础。汽车、钢铁、房地产、有色金属、石油化工、电力、煤炭、机械、造船、水泥、原料药等产业都属于周期型行业。周期型行业的周期循环包括四个阶段：初创期、成长期、成熟期和衰退期。

(1) 初创期的具体特征为发展的不确定性。在行业发展初期，赛道尚未定型，增长缓慢，行业开发和推广成本高，利润低甚至亏损。虽然竞争可能较少，但风险较大，获取财富的速度较慢。

(2) 成长期是需要特别关注的一个阶段。通过市场的优胜劣汰，往往会有一部分公司脱颖而出。在此期间，顾客认知迅速提高，行业知名度提升，销售和利润迅速增长，生产成本不断下降，行业竞争逐渐加剧。成长期总体来说，行业应对风险的能力增强，获取财富的能力上升。

(3) 成熟期体现在行业内部已具备话语权、议价能力、规模优势和品牌优势，其中更要重点关注行业龙头企业。在这一阶段，重复购买成为顾客行为的重要特征，行业赛道逐渐饱和，生产能力出现过剩，竞争更加激烈，但对于已经存在行业内的企业风险较小，所获利润相差不大。

(4) 衰退期是行业赛道发展的最后阶段。在衰退期，销售和利润大幅下降，生产能力严重过剩，行业间的竞争会随着某些企业的退出而减缓，行业赛道也可能会面临一些额外的风险，财富急剧减少，这时需要提前制定对策及退出市场的战略。

(二)创新型行业

与周期型行业相比，创新型行业的不同主要在于最后两个阶段，但整体来看其与周期型行业也存在相同之处。创新型行业变化的四个阶段被定义为萌芽期、增长期、震荡期和稳定期。

(1) 萌芽期是发现新行业赛道和新财富增长点的时期。例如，马云对传统的实体零售店迅速产生了新想法并付诸行动，开辟了新颖的网络电商模式，发现了这一全新行业创造财富的能力，从而掌控并主导了一个全新的行业赛道。

（2）增长期是在资本和人力的共同推动下，行业赛道逐渐被市场接受并迅速发展，新行业赛道的价值逐渐被大众理解和认可，同时吸引了大量资源涌入这个新的行业赛道，使该赛道飞速发展。例如共享单车行业，起初只有 ofo 和摩拜单车两家企业，随着共享单车的火爆，商机出现，于是各种各样的共享单车企业涌现出来。随处可见各种颜色的共享单车，其背后的各个企业，促进了共享单车行业的发展。增长期需要用最短的时间和最快的速度占领较大的市场份额，否则就会面临淘汰。例如目前的共享单车行业，最初的 ofo 和摩拜单车因资金危机等原因都已经消失，取而代之的是现在随处可见的美团、青桔、哈啰等品牌。

（3）创新型行业与周期型行业的不同之一在于震荡期。创新型行业的震荡期是行业内部资源整合、优胜劣汰、兼容合并的过程。市场容量有限，大量的资金和人员涌入使新的行业市场迅速达到饱和，甚至过剩，该行业创造财富的能力迅速下降。企业倒闭、企业间的兼容合并都让整个行业处于震荡期，市场逐渐被行业龙头占领。例如网约车行业，在有限的市场内，多个网约车平台相互竞争，必定会出现弱肉强食的现象，然后出现企业间的整合、吞并、淘汰，最后一定会剩下少数优胜者，而不会出现一家独大的现象，因为竞争才是行业发展的动力。

（4）创新型行业与周期型行业的第二个不同之处在于稳定期。稳定期一般是指几个行业巨头占据绝对的优势，共同占有市场份额，竞争达到平衡状态。行业市场容量饱和且优胜劣汰的竞争结束后会达到一种平衡，几个较大的商家占据了大部分的市场份额，新行业的市场也被这几家瓜分。例如在视频监控领域，国内的海康、大华、宇视等品牌因拥有该领域的领先技术而长期稳定占据行业大部分的市场份额。

由此可见，想在行业赛道中占领优势地位，需要时刻关注赛道变化，在初创期或萌芽期要有创造新行业的想法；有了新想法后，要吸引资源、资金、人才进入这个新行业中，提升该行业创造财富的基本能力；在成长期或增长期，则要"先下手为强"，迅速占领更多的市场份额，才能在激烈的竞争中脱颖而出；在成熟期或稳定期占据较大的市场份额，就会有绝对的优势，推动行业赛道变化，行业发展水平也会更高，挖掘财富的能力也会更强。

总的来说，行业赛道分析方法从两个角度、三个维度观察行业，即静态和动态两个角度，外部环境因素、内部行业条件和行业所在阶段三个维度。因此在认识一个行业时，可以运用上述的方法进行行业分析，认识行业，了解行业与财富的关系。通过对行业赛道的了解，可以形成自己的财商逻辑思维，对今后自我财商素养的提升有很大的帮助。

第二节　企　业　能　力

企业能力

情景导入

张三是一位著名的企业家，他的堂弟张五在张三的影响下创立了同行业的一家小公司，但公司迟迟没有起色，而张三的企业却依旧蒸蒸日上。这让张五感到十分困惑，于是张五向张三请教，自己的公司为何不能像堂哥的公司那样成功呢？张三笑道："我有秘诀。"随后他告诉张五，企业成功的秘诀在于"与众不同"，他高价聘请了行业内拥有极高权威的专业团队，所创造和制定的全新技术和战略让他的企业拥有了其他企业无法比拟的能力。张五恍然大悟，理解了张三的意思，迅速建立了完善的核心管理团队，凸显了其企业能力。渐渐地，张五的公司也发展得越来越好了。

（资料来源：本书作者整理编写。）

一、企业"护城河"的宽、深、长

行业中有众多的企业，每个企业之间都存在一定的差异。其中一部分企业拥有其他企业无法替代的优势，能够长久留存在市场上，不断地创造越来越多的财富。这种优势可能是企业与生俱来的能力，也可能是在发展过程中逐渐形成的。而这些凭借其技术和产品等独特优势获得财富的企业就拥有了市场势力。任何一个要生存并创造财富的企业都必须具备一定的实力，并占据一定的市场份额。这些实力对企业来说，既是稳定的根基，也是保护企业的屏障，确保企业拥有强大的竞争力。这些具有别人无法超越的竞争优势的企业，往往具有垄断性，竞争对手难以进入这个行业，从而形成了企业"护城河"。认识企业的"护城河"，就是认识企业的竞争力。企业的竞争力对企业创造财富的能力是至关重要的。

知识链接：
巴菲特的"护城河"概念

"护城河"赋予企业巨大的竞争优势，在其经济堡垒周围形成了一条"护城河"(见图 9-2)，它是守卫经济堡垒的重要防线，保证企业的竞争优势且不被竞争者侵犯，使企业可以长期生存并源源不断地创造财富。这条"河"越宽、越深、越长，企业在受到打击时就越不容易受到侵犯。"护城河"的最大意义就是保证企业能够在激烈的市场竞争中获得持续增长的能力。"护城河"犹如企业的矛和盾，既能主动进攻对手，也能防御外患。当一家企业拥有"护城河"时，企业就能够持续吸引顾客，在较长时间内产生超额效益，并随着时间推移，逐渐展现出超过市场平均水平的获取财富的能力，且不受经济波动的影响。

图 9-2 护城河

实际上，并不是每个企业都有"护城河"。没有"护城河"的企业大多没有明显的竞争优势，产品呈现同质化。这些没有"护城河"的企业具有不稳定性，往往"一攻即破"，无法长久地生存下去，很快就会被其他企业模仿和淘汰。这种情况更多地出现在竞争激烈的行业中。但这并不意味着处于完全竞争的企业就一定没有"护城河"。一些企业即使在高度竞争的状态下也能够长期占据稳定的市场份额，就源于他们拥有其他企业无法企及的低成本优势，这种优势同样可以为竞争性企业打造"护城河"。

在认识一个企业时，首先可以观察这个企业有没有"护城河"。越好的企业，其"护城河"就越宽、越深、越长，其他企业就越不容易进入，企业自身的根基就越稳固。因此，企业一定要有自己的"护城河"。而企业"护城河"的宽、深、长主要与企业的竞争力相关。

(1) 企业"护城河"的"宽"主要体现在一个企业在行业中的竞争优势。这种竞争优势实际上就是企业进入一个行业的"门槛"，"门槛"越高，其他竞争者就越难进入。因此，拥有宽"护城河"的企业所在的行业一般竞争者较少，甚至处于行业的垄断地位，占据了行业的主要资源。这就具备了其他企业无法攻击的竞争优势，建立了"护城河"。同时，"护城河"的"宽"也让企业不局限于一条"护城河"，而是可以通过多条"护城河"的共同维护，让企业拥有更全面的业务，占据更多的市场份额，获得更多的财富。

(2) 企业"护城河"的"深"主要体现在其核心产品和技术的先进性。企业的核心产品代表了企业的产品力。这就要求企业明确差异化、稀缺性战略的定位。通过差异化产品的生产，企业独有的竞争优势集中于核心技术，需要不断创新，深度挖掘企业的创新能力，掌握其他企业无法追赶并模仿的技术竞争优势，维护自身的地位和利益，加深企业"护城河"，使财富获取更加稳定和安全，在市场中掌握主动权。

(3) 企业"护城河"的"长"主要体现在其品牌效应和企业故事的信任基础上。企业的品牌效应往往与价值保障、价值彰显和经济价值密切相关。一个企业的服务或产品，一旦占领了顾客的内心，形成自己的品牌，竞争对手就很难攻击或复制这个企业的品牌，那么企业就有了牢固的"护城河"。一些顶级的世界性品牌，具有高度的商业信誉和精彩的企业故事，在全球市场中具有优势地位。因此，一个好的品牌，能给企业带来定价权，形成品牌优势，丰富企业内涵，让企业的"护城河"更长，带来天然的信任度和更高的财富。

案例 9-2：迈瑞医疗"护城河"的宽、深、长

中国是人口大国，拥有天然的人口优势，但也面临日趋严重的老龄化问题，这构成了人口结构的特点。在此背景下，中国医疗器械企业面临重大的发展机遇。因此，医疗器械第一股迈瑞医疗(Mindray)在创新器械持续涌现和国家政策密集支持的条件下迅速成长，建立起了迈瑞医疗专属的企业"护城河"。

1. 迈瑞医疗"护城河"的"宽"

巴菲特说过，要寻找"拥有宽阔且持久护城河"的企业。如果迈瑞医疗仅在单一领域发力，即使拥有领先全球的产品，其成长空间也极其有限。因此，一般大型公司都具有一个共同特征：多条腿走路。

1) 迈瑞医疗三大产品线均处于行业领先地位

以监护仪起家的迈瑞医疗，如今已拥有生命信息与支持类、体外诊断类、医学影像类三大成熟产品线，各产品线中都有能震慑行业的龙头产品，在国内市场占有率占据主导地位，达到国际技术领先水平。近几年，迈瑞医疗的三大产品线均能维持稳定快速增长。作为行业龙头，迈瑞医疗已实现了高端彩超的突破，正逐步提高高端彩超市场的渗透率，填补了市场空白。

2) 迈瑞医疗进军微创、骨科、动物医疗领域

除了上述三大产线之外，迈瑞医疗还在积极拓展微创外科、骨科、兽用医疗器械等领域。2020 年 6 月，迈瑞医疗武汉基地开工建设，建成后将成为迈瑞医疗在全球的第二总部基地，建设内容众多。2020 年 10 月，迈瑞医疗成立了深圳迈瑞动物医疗科技有限公司。

可见，迈瑞医疗拥有广阔的市场空间，利用并加宽"护城河"，减少竞争对手，增加竞争优势，占据获得财富的主导地位。

2. 迈瑞医疗"护城河"的"深"

企业的"护城河"一靠核心产品，二靠技术，这两项是判断企业护城河深度的直接标准。

首先，核心产品让迈瑞医疗获得了竞争优势。通过迈瑞医疗三大产品线的市场占有率可以看出，迈瑞医疗的产品具有较强的市场竞争力，而且迈瑞医疗的产品力仍在逐步增强，内生性动力充足。同时，迈瑞医疗的监护类产品、麻醉类、检验类、超声类设备均获得"售后服务满意度第一"的认可，有着"中国医疗设备优秀民族品牌"称号的迈瑞医疗早已深入人心。

其次，迈瑞医疗"护城河"的深度可以通过其技术直接反映出来。迈瑞医疗的核心竞争力就是创新。迈瑞医疗运用先进的技术不断更新差异化产品，发挥独有的竞争优势，将产品的主动权掌握在手中。自 2017 年以来，迈瑞医疗的年收入增速一直保持在 20%以上，2021 年收入体量已突破 250 亿元；公司的经营费用率逐年下降，盈利能力和经营效率稳步提升，已成为国内收入体量最大的医疗器械与解决方案供应商。

受新冠疫情影响，医疗器械企业的海外销售额普遍提升，这对于我国医疗器械行业来说是一个不可多得的机遇。未来几年受政策影响，我国医疗器械企业可能会承受一定压力，而拓展海外市场将有利于缓解企业压力。迈瑞医疗具有较强的海外市场渠道力，有望长期受益。

3. 迈瑞医疗"护城河"的"长"

迈瑞医疗是中国领先的高科技医疗设备研发制造厂商，同时也是全球医疗设备的创新领导者之一。迈瑞医疗以监护仪起家，成功地将品牌优势和渠道、影响力嫁接到其他细分市场，完成企业转型升级，成为国内最大的医疗器械生产商。迈瑞医疗在全球范围内的销售已覆盖 190 多个国家和地区，形成了强大的品牌效应。

这样的品牌效应让迈瑞医疗走进了大众视野，被更多的人熟知，形成了长期且牢固的"护城河"。

总的来看，企业"护城河"也可以根据不同的角度进行分析。"护城河"的"宽"重点关注竞争优势和多条"护城河"间的协同；"护城河"的"深"重点关注核心产品和技术；"护城河"的"长"重点关注品牌效应和企业故事。企业"护城河"的一切目的都是确保企业财富的顺利创造。

二、企业战略及功能

任何一个行业中的企业都经常处于竞争激烈的市场环境中。为了谋求生存和创造财富，企业需要充分了解市场环境，分析自身的条件，并根据总结的经验不断进行调整，对企业发展目标、实现目标的途径和手段作出长远且全局的谋划。企业根据制订的计划和方

案进行具体实施，在实施过程中形成了竞争力，即企业的核心能力。通过核心能力，企业不断进步，在市场中占据优势地位，在竞争中获胜，财富获取的能力得到加强。这种计划和方案就是企业战略，这个过程就是制定企业战略的过程。

因此，了解企业战略就是了解企业获取财富的方法和目标，也是推动企业不断创造财富的动力。企业战略是对企业的全局性策划，更多地关注企业如何在特定的市场和产业环境中获得竞争优势，实现财富增长。企业能否实现财富增长的目标，关键在于其对企业战略的选择。企业战略是企业获得财富的重要基础和前提条件。

企业战略可以简单分为成本领先战略、差异化战略和集中化战略。战略不同，创造财富的方法不同，在效益、影响力、发展速度等方面的效果也会不同。这三者的差异主要体现在功能、目标和风险方面。

(1) 成本领先战略是企业通过有效途径降低成本，提高成本控制能力，合理降低各个经营环节的成本支出，使企业的成本低于竞争对手的成本，甚至成为同行业中最低的成本，从而获得竞争优势的一种战略(见图 9-3)。特别是规模经济，企业通过改进经济实现高效生产，即企业进行设计优化，以低成本投入并进行有效实施，从而达到总成本领先的目的。成本领先战略使企业具有显著的竞争力，提高了企业的运营效率，加快了企业的财富获取速度。

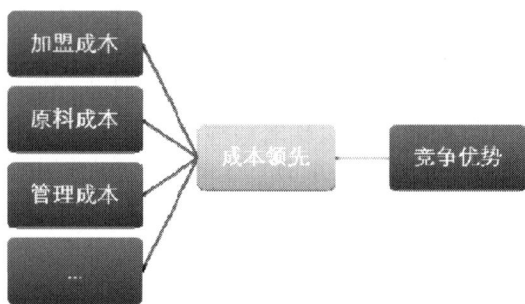

图 9-3　成本领先战略

(2) 差异化战略是企业针对大规模市场，力求在顾客特别注重的一些方面和特征上，满足顾客需求，使企业在该行业内区别于其他企业，独树一帜。通过提供与竞争者存在差异的产品或服务来获得竞争优势的战略。具体来说，差异化战略主要包括产品特性差异化、资源差异化和品牌差异化的企业战略。差异化战略体现了企业特有的竞争优势，增强了客户的依赖性，提升了企业创造财富的能力。

(3) 集中化战略是针对某一特定购买群体、产品细分市场或区域市场，采用成本领先战略为某一特定市场或顾客提供低成本服务，在细分市场上获得优势，或通过差异化战略来获得竞争优势的战略。需要注意的是，集中化战略下的成本领先战略和差异化战略是针对细分市场的，而单独的成本领先战略和差异化战略则是针对整个行业、市场和竞争对手的。

三种企业战略中，目标最明确的是成本领先战略，其主要目标是使企业成本低于同行业竞争对手。而差异化战略的目标是企业生产研发出别具一格的产品，在市场上受到消费者欢迎，或是企业在生产成本上难以获得优势的情况下，企业生产出的产品能在功能性、服务品质上超越同行业的其他竞争对手。

三种企业战略所产生的风险也有所不同。差异化战略的风险是可能丧失部分客户——如果采用成本领先战略的竞争对手压低产品价格，使其与实行差异化战略的企业的产品价格差距拉大，在这种情况下，顾客为了节省费用，可能会放弃具有差异化产品和服务的企业，转而选择物美价廉的产品。而成本领先战略则需要重点关注技术的更新、行业内竞争者的出现和市场需求变化带来的巨大冲击。集中化战略的风险主要根据细分市场采用的企业战略而具体关注差异化战略和成本领先战略的风险。

案例 9-3：餐饮业中两个典型品牌的企业战略分析：呷哺呷哺与海底捞

关于企业战略的应用，如图 9-4 所示，最典型的一个案例是餐饮业中两个不同火锅品牌"呷哺呷哺"和"海底捞"的策略。呷哺呷哺以标准化和低成本开启了其成功模式，而海底捞则以服务差异化策略获得成功。

图 9-4　呷哺呷哺与海底捞门店

呷哺呷哺自 2023 年年初至今，以每两天开张一家新店的频率迅速扩张。呷哺呷哺的主要定位是大众市场，其扩张之路的战略也可以称为"省钱"战略，呷哺呷哺也被贴上了"亲民""实惠"等标签，因此迅速火爆全国，取得了非常大的品牌影响力。同时，随着对自身定位的认知逐渐清晰，呷哺呷哺逐渐形成了一种快餐式火锅的标准，以吧台式布局、高翻台率、标准化服务和餐具的标准化在餐饮业占据更大的市场份额。这样的快餐式火锅标准提高了劳动效率，使员工能够服务更多消费者，为公司带来了成本优势。呷哺呷哺的发展是一种规模经济，在找到定位后迅速优化经济，实现高效生产。通过这些模式的建立，呷哺呷哺采用成本领先战略，进行了设计优化、降低投入成本，并进行了有效实施。因此，呷哺呷哺在市场中的地位上升，获取财富的能力增强，促使其逐渐进入高质量发展期，加速向国际化企业转型。

海底捞火锅的成功主要依靠差异化战略。海底捞的差异化战略主要体现在其产品特性的差异化和服务差异化上。海底捞始终坚持"绿色，健康，营养，特色"的理念，注重产品创新，得到了更多消费者，特别是年青一代消费者的认可。人们常说"美其食必先美其器"，现在的消费者已经不仅仅满足于吃饱喝足，而更多的是在追求一种消费体验，既要考虑就餐环境，还要考虑就餐感受。在这样的氛围下，海底捞始终秉持"服务至上、顾客至上"的理念，提供个性化的特色服务，取得了差异化的优势。与呷哺呷哺的快餐式火锅标准化不同，海底捞的服务图谱是：开心排队——点餐服务——贴心服务，形成了顾客从进门到就餐结束离开的一整套完整的服务体系。海底捞的服务之所以让大家印象深刻，就在于它规避了其他同行业店铺存在的普遍性问题。例如，在就餐等待时间较长的情况下，等候区就设置了各种小吃、饮料，甚至还有美甲、扑克等休闲设施；就餐时，戴眼镜的顾客吃火锅时眼镜容易出现雾气，服务员会提供绒布给顾客来擦拭眼镜，还会为女士提供发圈以防头发掉落；等等。这些无处不在的细节形成了一套与其他企业不同的系统性、制度化的服务体系，让顾客对海底捞的好感度迅速提升。顾客越满意，带来的财富也就越多，海底捞获取财富的能力也就越强。

呷哺呷哺和海底捞的两种企业战略都是根据自身最有利的条件进行定位并制定战略，通过最有力的竞争优势在餐饮业中站稳脚跟，获得了更多的顾客、更大的市场和更多的财富。

由此可见，企业战略要求企业发现自己与众不同、能够获得竞争优势的方面，这个方面其实就是企业最核心、最独特的能力。企业的核心能力往往就是为企业带来巨大财富的重要信息。

三、阅读企业

每一个企业都是独立的主体，拥有不同的企业能力。无论是企业的"护城河"，还是企业的战略，都需要进一步阅读企业以了解企业及其特有的创造财富的能力。

(一)了解企业所在行业及基本信息

阅读企业首先需要进行其所在行业的识别。行业识别就是了解企业属于哪一类的行业。不同的分类标准可能导致企业所在行业的识别随着分类标准的变动而变动。例如，按产品用途，行业可分为工业品行业、消费品行业和农产品行业三大类；按产品的市场容量大小，行业可分为大市场和中小市场两大类；按行业的进入门槛高低，行业可分为高门槛型与低门槛型；按市场的竞争状况，行业可分为垄断性行业与非垄断性行业。另外，还可以根据国家统计局对各主要产业的统计数据进行综合分析，得出各产业的规模数据，以此数据进行行业划分。

快速判断企业所在行业主要运用以下四种方法。

(1) 基础信息分析。企业的基础信息一般包括企业名称、注册地址、电话、经营范围、法定代表人、注册资金、员工人数等。最重要的企业信息是企业的年度报告，它包含了企业关于财务、战略、运营、企业文化、社会责任等方面的信息。这些基础信息可以通过企业官方网站、公开的工商信息网站或第三方数据服务平台获取。通过对这些数据进行比对、筛选，可以初步确定企业所属行业。需要注意的是，不同企业对"年度报告"的称呼可能不同，一般都可以在企业"投资者关系"的目录中找到相应信息。

(2) 关键词挖掘。可以从企业官网、产品说明书、行业报告等渠道了解企业的背景和概况，并提取其中有关其所在行业的关键词。通过对这些关键词的分析和比对，进一步确定企业所属行业。

(3) 竞争对手分析。竞争对手通常是同行业内的或者潜在进入行业的，其所在行业相似。因此，除了企业本身的信息外，通过对竞争对手的官网、产品信息、营销活动等信息的收集并加以比对，也可以大致确定企业所在的行业。

(4) 行业分类标准。国家统计局发布的《国民经济行业分类》是较为权威的行业分类标准。通过这一标准可以客观地判断行业。因此，在进行企业的行业判断时，需要参考该标准进行比对。

此外，专家咨询、参加行业展会、社交媒体分析等方法也可以帮助辨别企业所在行业，掌握企业基本信息。

(二)企业的三维分析

在确定企业所在行业的基础上，想要进一步了解企业，就需要对企业进行深入分析。具体可以通过三维分析法进行。

三维分析从企业的历史、企业的重大突破和企业的管理团队三个方面深入剖析企业。

(1) 企业的历史分析包括了企业发展过程中的大事记，通过这些重要节点掌握企业的主线和时间顺序，进而评估目前企业的价值并预测企业的发展状况。企业发展的阶段反映了不同阶段的企业特征，分析企业历史上的关键事件可以了解企业处理重大事件或危机的能力。企业的历史可以直接从企业的官方网站中查询到。企业的历史分析可以在阅读企业时形成大致框架。

(2) 掌握企业的重大突破是阅读企业最直观的一种方法。例如，企业的社会影响力属于企业的重大突破之一，它可以直接提升企业的公众形象，提高其在消费者心中的地位，最终带来更多的经济利益；企业最重要的核心竞争力提升，可以了解企业更多的核心内容，为阅读企业提供了主要思路；企业抓住机遇、应对风险、克服困难的能力可以从更多不同的角度进行企业阅读；等等。企业的重大突破可以从企业官方社交账号发布的文章、企业官网和一些新闻网站找到。

(3) 企业的管理团队是形成企业秩序的关键，对公司决策起着决定性作用，督促公司内部进行有效的管理和协调，让企业实现自身目标和长期的可持续发展。了解企业的管理团队可以更好地阅读企业，对企业进行评价或评估。管理团队的信息也会随时更新在公司官网中。

综上所述，阅读企业的方法就是前期对企业所在行业的调查和识别，加上后期通过三维分析法对企业的深入分析。掌握阅读企业的方法，就掌握了企业创造财富的途径。

第三节　财富增长主体选择

财富增长主体选择

情景导入

老刘是互联网行业中一家企业的董事长；老李是老刘的朋友，也是一家印刷厂的股东。闲谈之余，老李感慨道："现代技术的发展对我们印刷厂的冲击很大。我入行晚，没赶上传统印刷业的黄金时候，也没选择一家更稳健的企业。这几年也没赚多少钱，实在是遗憾！"接着老李说："还是你老刘的眼光好！现在互联网行业火爆，发展前景广阔。"老刘笑着回答："选择也是一门学问呢。欢迎你加入我们。"

(资料来源：本书作者整理编写.)

财富增长主体是财富增长的具体对象，财富增长主体的选择决定了投资者能否获得更多财富。选择一个好的财富增长主体才能创造和增长财富，实现成功。财富增长主体选择主要是选择能够创造财富并达成目标的好行业和好企业。

一、好行业的选择

在经济不断发展的同时，行业也在不断地迭代更新。面对突如其来的天灾，行业也会自动进行更新。例如，新冠疫情持续 3 年，让传统行业备受打击，倒闭、破产、兼并、裁员等负面消息不绝于耳；一些新兴行业却并未受到很大影响，甚至在疫情的刺激下，需求量上升。因此，选择一个好行业是财富增长主体选择的基础和前提。

一个行业的渗透率越低，潜在的市场规模就越大，没有被瓜分的"蛋糕"就越多，获得财富的潜力就越大，前景就越广阔。一个好的行业需要同时满足低渗透率和高活跃度的条件。因此，判断好行业的标准主要分为以下三个方面：行业竞争格局、行业市场规模及行业发展前景。

(1) 行业竞争格局决定行业的好坏。判断一个行业是不是好行业的重点在于行业格局是否良性、行业竞争是否激烈。如果行业本身没有增长空间，同时竞争又太激烈，且同质化现象严重，就很难获得财富。因此，好行业一般会在垄断竞争和寡头垄断型的市场结构中选择。在进行行业竞争格局的评估时，可以从产业链的角度进行考察。例如，产业链的各个环节是什么，每个环节的拥挤或竞争程度如何，相对拥挤的环节所提供的产品是否为同质化的，等等。

(2) 好行业与行业的市场规模、市场空间和成长速度息息相关。好行业要求行业市场规模或行业的市场空间足够大。有些行业拥有大市场规模和空间，能够容纳众多企业，所以其中的任何一家企业即使只占据一小部分市场份额，也会是一家规模较大的企业。例如，电商行业，科技的成熟让其成为当前最受欢迎的行业之一，市场规模已经达到了约十万亿，潜在的市场空间依旧很大，这让电商行业拥有了同时容纳很多家企业的能力，足以让其中有些实力的企业过得很好。因此，在决定是否选择一个行业时需要优先考虑这个行业的市场规模的大小。市场规模是影响企业财富能否增长的重要因素，当市场规模较小时需要果断放弃。

从另一个角度来看，一个行业的市场空间并不是完全固定不变，而是不断变化的，有的在逐渐变大，有的则是在变小。一些行业最初只有百亿级别的市场，但是这个行业每年都可以有较高的增长速度，那么这个行业也是好的行业赛道。

总之，成为好行业的标准之一就是行业的市场空间足够大或行业成长速度很高，两者至少满足一个条件。当然，如果有一个市场空间很大并正在高速增长的行业，那么这就是好行业中的佼佼者，尽管这非常少见。

(3) 行业的发展前景对好行业的判断至关重要。好行业以选择处于成长期和成熟期的行业为最佳，这两个时期的行业又可以称为"趋势性行业"。"趋势性行业"是指有越来越多的消费者需要这个行业生产的产品，且该行业的企业拥有自己的"护城河"。例如，最初国内的互联网市场并不太乐观，很多互联网企业在发展之初很难预测互联网行业的未来市场空间，但互联网行业最大的优点就是可塑性极强，只要一个平台的用户足够多，那么延伸出来的盈利方式就会多很多，发展潜力就会很大，发展前景就越好，能够带来财富的可能性也就越高，得到的财富也就越多。

此外，低投入、高产出，好的定位等因素也是决定一个好行业的关键。

二、好企业的选择

一个行业由多个同类型的企业构成，所有同类型企业的效益总和构成了一个行业的效益结构。企业是构成行业的基本单元。因此，在了解并掌握"好行业"的整体情况后，就需要进一步在"好行业"的基础上进行精确选择。同一行业内的企业之间存在着差异，也有优劣之分，所以这种精确选择就是对行业内部的"好企业"的选择。

判断一个好企业的标准是多方面的。认识和了解企业可以从它的资源、在行业中的地位或影响力等各个方面进行考察分析。好的企业一般占有行业内最优秀的资源，是行业的领导者，具有先发优势，因此好企业获取财富的能力也就越强。即使行业出现衰退，好企业由于体量更大，行业竞争力和抗风险能力更强，所以受到的影响也就越小，有利于企业财富的持续创造。因此，选择一个好企业是非常有必要的，主要根据以下四个方面进行甄别和筛选。

(1) 企业及其所在行业的发展前景。企业处于行业中，因此选择有稳定发展前景的企业，就需要考虑其行业趋势和市场需求等因素。目前，传统行业不断更新换代，例如，风电光伏正在逐步取代煤炭、钢铁等传统能源；新能源汽车行业在汽车市场中占据越来越大的市场份额；人们从解决衣食住行的基本需求转向对旅游、娱乐等精神层面的需求；等等。

行业的发展分为萌芽期、成长期、成熟期和衰退期。优先选择成长期和成熟期较长的行业和企业。成长期的行业可以掌握行业的前景及企业的现状，成熟期的企业则更为稳健，这些都对选择一个好企业有着重要的意义。其他时期的行业存在的风险较高，不是选择好企业的最佳时机。企业及其所在行业的发展前景决定了企业的未来，直接影响了企业创造财富的潜力。

(2) 观察企业的净资产收益率(ROE)、市盈率相对盈利增长比率(PEG)。ROE、PEG作为判断好企业的标准，展示了企业最直观的数据。

首先，不选择ROE低的企业。好企业的ROE在15%以上，且长期稳定在这个水平，例如，近五年的ROE均保持在15%以上。在进行ROE情况分析时，主要观察其ROE增长是否稳定，分析其不稳定的因素及未来财务的核心关注点。而对于ROE极高的公司也一定要谨慎，多角度分析，了解其ROE极高的原因，进行权衡和筛选。一般来说，企业的ROE通常维持在20%～30%比较正常。

其次，好企业要求企业的PEG估值与企业自身的历史数据相比，同时与同行业其他企业相比较。

好企业的合理PEG估值的计算分为四步。第一步，计算公司当前滚动市盈率(TTM)。第二步，查询该企业最新一年年报中每股收益数据。第三步，查询公司未来三年的预期每股收益数据并计算出增长率。第四步，计算出PEG估值并判断估值。具体计算公式为

$$PEG=市盈率(PE)\div(未来三年预期每股收益年增长率\times100)$$

其中，

未来三年预期每股收益年增长率=[(未来第三年的预期每股收益-最新已公布年报实际每股收益)÷最新已公布年报实际每股收益]÷3

估值标准为：PEG<1——相对低估；PEG=1——相对合理；PEG>1——相对高估。

通过对 ROE、PEG 的计算，选择具有良好可持续商业模式的企业，保证企业拥有稳定持续的盈利能力，由此判断一个企业是否是好企业。

(3) 选择行业中的龙头企业，观察其经营业务的市场竞争力，辨别其盈利模式。将企业规模、实力、地位和影响力作为判断好企业的标准之一，龙头企业确保了企业的规模大，实力强，信誉度高，口碑好，在行业中有很高的市场占有率。有较强市场竞争力的企业才能够成为一个好企业，这样的好企业才能源源不断地创造财富。强者恒强，是自然界的规律。无论在哪个行业，行业龙头往往是最强的，特别是当龙头企业垄断市场时。

(4) 剔除周期性行业中的企业。周期性行业主要指这些行业的水平会随经济周期的变动而变动，呈现明显的周期性和较大的波动性，有可能这几年此行业不景气，过几年又非常繁荣，不确定因素非常多。随之而来的是行业内部各企业的不稳定性和波动性，这对一个企业来说，存在风险的可能性就越高。选择好企业时需要尽量排除这样的不利因素。

案例 9-4：美团的疯狂进击之路

中国餐饮行业的市场十分庞大，拥有数万亿的市场规模，随着居民消费能力的不断提高，该行业保持持续增长。2015 年，"餐饮互联网+"概念异常火爆，"用互联网思维做餐饮"，成为当年的流行语；随着 2019 年新冠疫情的暴发，中国的"互联网+餐饮"模式发展进一步加快，使餐饮外卖行业高速增长，直到疫情结束仍能保持中至中高速增长。

外卖以前主要以工作需求较多，但近年来已扩展到各年龄层及类别，年轻人的增长速度较快。当代年轻人的生活习惯和生活节奏发生了变化，他们对外卖的需求更大，成为外卖业务增长的主要动力；同时他们的收入和消费力不断提高，形成了外卖消费习惯，从长远的角度来看，能为美团构建理想的用户群体。因此，美团在外卖业务方面为用户提供的优惠可以不断吸引用户，并满足用户的多样化需求。

美团作为中国领先的生活服务电子商务平台，利用科技连接不同类型的消费者和商家，提供了便捷服务以满足人们日常的饮食需求。虽然美团的核心业务仍是外卖平台，但也在不断拓展业务，同时覆盖了餐饮、酒店、旅游、生鲜购物、电影、共享单车等多个生活服务领域。美团在外卖市场的份额稳固，已经成为行业领导者，发展前景广阔。同时，美团通过引入科学的管理方法和完善的流程管理，培养了专业团队，实现了优化升级。

2023 年，美团的 ROE 达到了 15.83%，证明了美团具有良好且可持续的商业模式，也确保了美团拥有稳定且持续创造财富的能力，未来发展前景看好。这种良好的商业模式为美团带来了明确的竞争优势。

首先，美团掌握用户和商家在本地化生活"吃+住+行+购物+娱乐"方面的海量核心数据，从而可以优化本地化生活行业的全链路，形成对整个本地生活生态的重构能力，从而获得巨额回报和高估值。那么美团是如何获取这些海量用户和商家的数据资源呢？这就不得不提到美团的第二个竞争优势——强大的地推能力。阿里巴巴前销售副总裁干嘉伟于

2011 年加入美团，建立了美团地推铁军。干嘉伟的加盟让美团对庞大的地推团队的管理更加精细化和规范化，使美团从草莽阶段迅速进入野战军作战时代，获取了最快的一手数据，迅速超越了竞争对手。

根据近 3 年中国互联网协会发布的《中国互联网企业综合实力指数》报告和公布的中国互联网企业综合实力百强名单，美团名列前茅，稳定地保持在前 5 名。作为当今中国互联网巨头之一，美团无疑是一家优秀的企业，吸引更多人参与进来，找到了自己的优势，实现了自己的财富目标。

通过上述方法，明确了财富增长主体选择的顺序和具体操作，即首先选择一个好行业作为活动范围，其次具体进行优秀企业的选择。运用"好行业"+"好企业"的模式，让财富源源不断地被创造出来，甚至实现翻倍增长。

思　考　题

在当前竞争日益激烈的大环境下，小陈毕业后没有参加工作，而是选择了创业。由于目前信息的多样化和复杂化，小陈面对众多的行业，一时难以选择。在多重考虑下，小陈最终选出了以下两个方案。

方案一：A 行业属于热门行业，为正在发展中的行业。但小陈属于行业内新人，无法提供最核心的技术，拥有的资源暂时较少，行业内也已经有了龙头企业，因此对小陈创业的条件和要求也相应提高。尽管如此，小陈认为自己可以通过已经存在的成熟企业迅速学习更多有效内容，有利于其业务的开展。同时，他认为在热门行业中，无论公司大小，都可以分到一杯羹，是一个较为稳妥的选择。

方案二：B 行业属于新兴行业，发展潜力巨大。该行业的方向与小陈大学在读期间的专业相匹配，实习期间也积累了一些经验，小陈认为自己会在创业过程中更有信心。更重要的是，B 行业受国家政策扶持，国家会给予一定的财政资金支持和税收优惠政策，这对于刚进入社会的小陈来说，无疑减轻了很大的负担。小陈对这一行业的未来同样充满期待。

小陈对这两个方案的抉择十分苦恼。

问题如下。

(1) 请思考 A 和 B 两个行业各自属于行业赛道变化的哪一个时期？(要点提示：行业赛道的动态分析)

(2) 请你根据以上信息为小陈选择一个最佳方案，并说出原因。[要点提示：行业赛道的静态分析(政治因素)；企业"护城河"；好行业的选择]

明者，非目之明，乃心之清明；智者，非机巧之智，乃心之智慧。故明者远见于未萌，智者避危于未形。此乃为人之至道，亦为天下之大道。

——西汉文学家、政治家司马相如

第十章　财富监测

学习目标

正确认识财富监测的内容与分类，准确理解财富监测中负债、利润、现金流等变化对资产的影响，掌握资产保值、增值规律，以及优化财富质量的途径。

重点和难点

1. 认识判断资产优劣的依据。
2. 理解资产现收现付制和资产应收应付制的区别。
3. 熟悉资产主体经营状态的 8 种情况。

> **引导案例**
>
> 小王与小李购置相同房源、相同价格的房产(价值 200 万元)，小王用自有存款支付房款，小李自有 100 万元，同时向银行贷款 100 万元支付房款，二人拥有的资产总额相同，但资产质量却有显著差异。
>
> (资料来源：本书作者整理编写.)

第一节　资产监测

资产监测

一、资产释义分类

资产监测主要观察资产结构中各类别及比例关系可能对资产产生的影响。资产监测是在特定间段内对资产结构进行动态分析。厘清资产构成各部分之间的联系，有助于提高资产监测能力，防止决策失误。

> 监测公式为
> $$资产=流动资产+非流动资产$$
> $$资产=所有者权益(净资产)+负债$$

(1) 资产按流动性可分为流动资产和非流动资产，二者相结合形成资产总额。二者区别在于为达到资产增值目的，流动资产可通过一次性运动产生新的资产，而非流动资产则要进行多次运动、多个生产周期才能产生新的资产。

当资产总额中流动资产远高于非流动资产时，资产运动速度快，盈利可能性大，此种资产可视为高转移性资产。在行业分类中，轻资产行业属于此类，如食品批发零售行业，但此类行业技术门槛低，受市场波动影响大，资产保值和增值面临风险较高。当非流动资产远高于流动资产时，资产运动速度慢，资产沉淀可能性大，资产盈利能力弱，可视为低转移性资产。对个人而言，流动资产增值能力较强，因此在资产配置方面要尽量加大流动资产占比，提高资产运动的周转率，有利于提升资产的盈利能力。

知识链接：
资产分类

(2) 资产按来源可分为自有资产和他有资产，二者相加共同构成资产总额，它们都可以通过经营产生新资产。二者区别在于自有资产在运营中只包括经营成本，而他有资产在运营中不仅包括经营成本，还包括因外借所带来的利息等刚性成本。从资产增值成本角度而言，自有资产因成本低，经营风险小，资产增值可能性大；他有资产经营成本高，为提高盈利有时会使用杠杆手段，可能面临不良贷款风险，资产增值压力大。自有资产在资产总额中占比越高，资产投资能力越强；他有资产在资产总额中占比越高，资产投资能力越弱。在资产总额构建中，提倡加大自有资产在资产总额中的占比，减少运营成本，降低贷款风险，通过自有资产来提升资产的保值和增值能力。

(3) 增加自有资产中流动资产的占比及增加自有资产在资产总额中的占比，是资产增值的有效保障，二者占比越高，资产质量越优，资产保值、增值可能性越大。在情景导入案例中，小王和小李二人资产总额均为"200万元"，但结构比例却不相同，小李除自有资产100万元外，还有银行贷款100万元，小李可谓是"百万负翁"；而小王全款购房，200万元全部属于自有资产，是真正的"百万富翁"。相同资产总额因结构中自有资产和他有资产比例不同，所反映出的资产质量则大相径庭。倘若小王和小李马上需要资金用于从事经营活动，则小王的资产基本为非流动资产，没有充足自有资产用于经营，反之小李，由于贷款，却有大量的流动资产，成本压力远低于小王，从而获得更多资产运动次数，为资产有效增值提供较好的基础。

二、资产优劣判断

> 监测公式为
>
> $$流动资产率＝(流动资产额÷资产总额)×100\%$$
> $$存货周转率＝(销售成本÷平均存货)×100\%$$

资产增值通过资产运动来实现，资产增值与资产运动速度息息相关。针对流动资产运动速度快、盈利可能性大、风险低的特点，资产优劣判断主要是分析流动资产在资产总额中的占比；根据非流动资产运动速度慢、资产沉淀可能性大、资产盈利能力弱的特点，资产优劣判断主要是分析非流动资产在资产总额中的占比及周转率。

(1) 流动资产在资产总额中的占比称为流动资产率。一般情况下，从资产优劣的角度来看，流动资产率越高，资产运动速度越快，可变现能力越强，资产质量越优质；流动资产率越低，说明资产运动速度越慢，可变现能力越弱，资产质量较劣质。但根据不同行业的特点，以流动资产率比值来衡量资产优劣的标准却不尽相同。例如，轻资产行业中服装零售业仅需要店铺租金、水电费用及员工工资等成本，其经营成本低于重资产行业，流动资产率一般在 30% 左右较为合理；重资产行业如钢铁行业，由于需要投入厂房及大型机械设备和大量员工等，经营成本高于轻资产行业，其流动资产率一般在 15% 左右较为合理。通过对流动资产率的分析可以为资产主体改善资产质量提供相关依据。

（2）在分析资产优劣时，非流动资产也是着重考量的部分。非流动资产不仅包括如厂房、生产设备等有形资产，也包括如品牌价值等无形资产。非流动资产有不易变现的特点，如资产总额中非流动资产占比过高，可能导致资产活力不足，无法达到资产增值最大化。鉴于非流动资产运动速度慢的特点，衡量非流动资产优劣主要考量其周转率的高低。非流动资产周转率为资产运动成本与平均非流动资产总额的比值。在资产运动成本相对稳定的情况下，平均非流动资产数量越小，非流动资产周转率越高，资产增值越快，资产质量越好。

一般情况下，非流动资产周转率越高，促进资产回流越快，越有助于资产增值。但需要注意的是，资产主体要用发展的眼光看待资产变化，不能武断地直接根据非流动资产周转率的高低对资产质量优劣下结论。

案例 10-1：非流动资产增值记

大学毕业生小李开办了一家煤气罐生产厂，经过几年的运营，已发展为拥有平均库存价值 500 万元资产的优秀企业。小李在生产经营过程中，严把产品质量关。为进一步扩大公司业绩，将销售费用提高至 50 万元，着重加大研发和市场营销的投资力度，此时其非流动资产占比已达 10%。通过其不懈努力，不久便争取到了一笔 8 000 万元的海外订单，为按时按量完成订单，企业加班生产，在未交付订单之前，此时平均库存价值已经达到 5000 万元，该企业非流动资产周转率已由 10% 下降至 1%。面对巨大压力，小李号召大家团结一致，高质量地完成了订单，为企业带来了可观的利润。

案例 10-1 中尽管非流动资产周转率由高转低，但小李的企业仍然实现了资产增值。这表明，投资于研发和市场营销等领域的长期投入可以为企业带来更多的收益，从而提高资产主体的资产价值。

（3）在判断资产优劣时，要结合市场环境的变化，谨记"市场有风险，融资需谨慎"。分析资产优劣，监测自有资产和他有资产在资产总额中的占比，也是判断资产优劣的方法之一。在保证自有资产安全的同时，扩大他有资产占比，通过对外融资的形式进行资产扩张，增加资产增值的可能性。对外融资是以快速开拓市场为战略目标，而不是以短期盈利为目的，要求资产主体在资产运营过程中需具备前沿的商业眼光。但融资过程中伴随着杠杆作用的影响，高回报与高风险成正比，一旦遇到市场需求剧烈变动，产品就将面临滞销风险，从而形成不良资产，导致资产损失，甚至出现被他有资产控制从而失去资产主体经营话语权的情况。随着市场竞争越发激烈，对资产运营的手段也要根据实际情况作出适当的调整，不能盲目融资扩张，要分析他有资产进入资产主体的原因与目的，以及他有资产会对整体资产造成何种影响，否则会影响资产安全。

风险提示

　　某知名水饺食品企业，2013 年已经在 13 个城市拥有了 450 家连锁店，销售量超过了 15 亿元。但该企业急于大规模扩张，于是与资本公司合作进行融资，最终导致其丧失了对企业的控制权。

（资料来源：本书作者整理编写。）

　　（4）资产优劣判断还需要考量商标、专利、特许经营权等无形资产。例如，我国国产汽车品牌在过去很长一段时间内，市场卖价及销量远低于国外汽车品牌，但近年来随着我国国际影响力的增强，以及国产汽车企业自主研发技术的进步，国产汽车品牌影响力逐年攀升，有些车型的市场卖价和销量已远超国外知名汽车品牌，国产汽车品牌越来越受到国内外消费者的青睐。这正是因为我国汽车企业不断注重产品质量和品牌影响力，从而为企业带来了良好的收益。可见，无形资产是资产增值的一个重要途径，因而要树立品牌意识，注重知识产权、商誉等无形资产。

三、资产变化分析

　　监测公式为

$$资产负债=短期负债+长期负债$$
$$资产负债率=负债总额÷资产总额×100\%$$
$$流动比率=流动资产÷流动负债×100\%$$

　　通过资产变化分析可以发现资产增减背后的原因。自有资产和他有资产在资产总额中的占比，为我们了解资产运动状态提供了必要信息，长期他有资产与短期他有资产共同构成了他有资产。长期他有资产具有资产占有时效性长、综合成本高的特点，其偿还能力分析主要使用资产负债率、利息保障倍数等指标；短期他有资产具有资产流动性强、变化灵活的特点，偿还短期他有资产能力分析主要使用相对比率，如流动比率、速动比率、现金比率等。通过分析偿还他有资产的能力可以了解资产运行状态是否健康，能否持续保持资产增值。

　　资产变化主要体现在应收自有票据和应收自有账款、应付他有票据和应付他有账款、预收自有款项之中。应收自有票据和应收自有账款从资产形式上来看都属于单向对外赊销，从信用度和资产安全程度上应收自有票据要强于应收自有账款。应收自有票据又分为商业承兑汇票和银行承兑汇票。商业承兑汇票是以个人信用为基础的"欠条"，而银行承兑汇票则是以银行信用为基础的"欠条"，从风险角度来看，商业承兑汇票的风险要大于银行承兑汇票。与应收自有票据相比，应收自有账款的风险系数更高。假设银行承兑汇票和商业承兑汇票是"欠条纸"，那么应收自有账款则属于连"纸"都没有的情况，应收自有账款相当于将资产投到借贷公司，风险极高，有可能血本无归。在应收自有资产中，从资产健康的角度来看，从优到劣依次为银行承兑汇票、商业承兑汇票和应收账款。如果资产中包含大量应收自有票据，则

知识链接：
流动负债，长期负债，应收票据，应收账款，应付票据，应付账款

说明资产主体处于扩张期，可能导致资产质量有所下降。而如果出现大量应收账款，则说明资产回流能力较低，出现坏账的可能性较高。这种现象也反映了资产主体在行业内没有话语权，议价能力较低。

应付票据和应付账款、预收款项都反映的是单向的赊购和预收，是资产实力强劲与否的重要指标。应付票据、应付账款及预收款项在他有资产中占比越大，代表资产主体在行业中的地位越高，实力越强，同时占有下游的资产和资源越多。

资产有优劣之分，不能被庞大的规模和表面的数据迷惑。应付票据和应付账款、预收款项在资产总额中并不是占比越多越好。例如，在重资产行业中房地产行业，房地产企业基本上多为对建材供应商进行赊购。对于建材供应商来说，房地产企业是他们的大客户，为了维持与大客户的良好合作关系不得不进行大量赊销，导致应付他有票据和应付他有账款、预收自有款项在资产总额中占比过高。

知识链接：
净资产，资产负债率，流动比率

量变产生质变，把握资产质变至关重要。

首先，在观察资产变化的同时，也要观察自有资产是否同时发生着变化。如果在资产总额不断增值的同时，自有资产也随之增长，二者成正比，则说明资产运动增值趋势良好；如果只有资产总额增值较快，而自有资产增长缓慢，则说明他有资产增速较快；如果资产总额和自有资产同时减小，则说明资产质量在下滑。

其次，从自有资产偿还他有资产安全的角度去考量资产质量变化。净自有资产在资产总额中占比过高，资产运动可能处于保守型状态，资产主体扩张意愿较弱；反之，净自有资产在资产总额中占比过低，资产运动可能进入扩张状态，他有资产在资产总额中占比较多，风险偏高。一般情况下，轻资产行业负债率一般控制在 40%以内较为合理，但金融行业、科技行业、资源性开发行业等重资产行业，整体行业负债率为 80%～90%。因此不同行业有其各自的行业特性，负债率大小是否合理，要根据具体实际情况来判断。

最后，分析资产变化还要从抵御风险的角度去考量，要使资产持续良性增值，就必须有充足的偿还负债能力，而偿还负债能力依据流动资产比率来判断。流动资产比率中，流动自有资产数值越大，流动他有资产数值越小，流动资产比率越高，短期偿还负债能力越强，但同时也反映出资产没有得到充分利用。

第二节　利润监测

利润监测

情景导入

在 2019 年热播的影视作品《老酒馆》中，由冯雷饰演的贺义堂开了一家名为"老奉天满菜馆"的饭店。因为饭店菜品具有特色，生意做得红火。屠洪刚客串了一个骗吃骗喝的"假王爷"，每次大吃大喝后都不结账，而是签字赊账，承诺凑够"一个整数"的饭费后再一并支付，看似"假王爷"是饭店的大客户，每次消费不少，饭店也似乎挣到了钱，但随着"假王爷"的跑路，最后把贺义堂的财产骗了精光，"老奉天满菜馆"饭店的"大掌柜"从此变成了寄人篱下的"流浪汉"。

（资料来源：本书作者整理编写.）

> 监测公式为
>
> 毛利率=销售收入(主营业务收入+其他业务收入)-销售成本÷销售收入×100%
>
> 净利率=净利润(销售收入-销售成本-各项期间费用-税金)÷销售收入×100%

一、资产增值记录

　　资产增值是资产运营管理的最终目的，资产增值部分可用于巩固自有资产和偿还他有资产。资产经营管理能力的优劣直接影响着资产增值业绩，无论是投资者，还是资产管理者，都非常关注资产增值能力。资产增值能力以资产盈利业务水平作为绩效衡量指标，指明了资产发展方向，为判断资产能否增值提供依据，从而有效遏制了资产减值风险。

　　(1)　资产增值能力按其增值范围可分为资产毛利率、资产净利率。二者都反映资产增值能力。区别在于资产毛利率反映的是税前资产运动后资产增值的可能性，而资产净利率则反映的是税后资产运动增值的水平。资产毛利率是资产净利率的基础，没有足够大的资产毛利率不可能形成资产增值。资产毛利率与资产净利率比值越高，资产增值能力越强；反之资产毛利率、资产净利率比值越低，资产增值能力越弱。

　　保持资产持续增值，并使资产主体在激烈的市场竞争中保持优势，就要追求高资产毛利率和合理的资产净利率。资产毛利率越高，资产增值空间越大；而合理的资产净利率则可以将资产增值部分用于资产分配及提高技术壁垒，使资产主体保持较好的产品竞争力。

　　(2)　为了清晰明了地记录资产增值变化，根据时效性的不同，可以将统计方式划分为两种：资产现收现付制和资产应收应付制。资产现收现付制是记录资产运动实时到账的统计方式；资产应收应付制是指在一段时间内，将已经或未来将收到的现金作为权利，将已经或未来支出的现金作为责任的一种阶段性资产运动权责统计方式。两种统计资产增值方式各有优劣，资产现收现付制是最便捷记录资产运动的方式，但由于很多成本无法实时准确扣除，此方式计算出的增值部分不一定准确；而资产应收应付制则核算比较科学，但流程较复杂。例如，企业需要经常与供货商、经销商多次交易，这些交易属于阶段性活动，在核算资产是否增值时，核算结果是按照预期而不是实际的现金收支来进行记录，因此大多企业往往采用资产应收应付制。

知识链接：收付实现制，权责发生制，毛利率，净利率

　　(3)　通过资产增值记录可以观察资产运动的痕迹，但记录的数据无法真实反映资产是否实际增值。同时，增值记录也只能反映资产在一定时期内的价值变化，而资产的实际价值往往还受市场等多种外部因素的影响。

　　案例 10-2：小李卖房记

　　小李是一名刚毕业的大学生，5 年前他的家人以 100 万元的价格为他购买了一套市中心的房产，之后花费 20 万元进行了装潢，同时又陆陆续续购置了 10 余万元的家电设备。但小李由于工作原因需要住在另一个城市，于是便决定将房子整体以 140 万元的价格卖掉，以便自己能够更加方便地工作。但是，当他找买家时发现房价已经跌了很多，主要是

由于城市的发展，房子的位置及周边的配套设施已不像之前那样优越。最后，小李只能以80万元的价格挥泪售出。

在案例 10-2 中虽然小李及家人在房产上陆续投入很多，但售卖时其房产不仅没有增值，反而出现了减值情况。这说明资产的实际价值受多种因素的影响，如市场行情、个人需求等，在考量资产是否实际增值时，要进行全面评估，才能准确判断资产是否真正增值。

又如，小明自有资产为 100 元，在批发市场以 1 元 1 副的价格购得 100 副手套，之后以每副 5 元的价格卖出，共计卖得 500 元。小明投入自有资产 100 元，卖得 500 元，资产总额减去自有资产 100 元，差额 400 元是他通过资产运动获得的资产增值部分。但假如小明没有收到现金 400 元，而是全部赊购，尽管看似资产增值很多，但并未形成实际收益。因此，资产增值有虚有实，看似漂亮的数据，不一定真实。

二、收益途径识别

资产增值是通过资产运动来完成的，资产增值可以按其来源分为主营业务收入、其他业务收入和营业外收入，三者共同构成了资产增值。例如，小明白天在某公司上班，每月工资为 5 000 元，这 5 000 元是小明的主营业务收入。小明下班后坚持在某平台从事酒后代驾服务，每月收入 1500 元，这 1500 元是小明的其他业务收入。某天，小明在大街上捡到 100 元，100 元则为小明的营业外收入。

监测公式为

利润总额=营业利润+营业外收入-营业外支出

净利润=利润总额-所得税费用

资产增值总额是衡量资产运动后资产是否增值的重要指标。资产增值总额是资产增值与资产增值所需成本之差。当资产增值总额为负时，说明资产运动过程中发生了资产减值；当资产增值总额为零时，说明资产运动过程中资产处于保值平衡状态；当资产增值总额为正时，说明资产运动过程中资产正在增值。

资产净增值是资产增值总额去除应缴纳国家税收的部分，可视为税后资产。国家税收标准根据资产增值总额的大小，将资产主体划分为小微企业和一般纳税企业。国家针对资产主体征收所得税是根据资产运动一年后的资产净增值数量来划分，分为三个档次：资产净增值在 100 万元以内的，所得税税率为 2.5%；资产净增值在 100 万～300 万元的，所得税税率为 5%；资产净增值在 300 万元以上的，所得税税率为 25%。资产净增值的多少取决于两大因素：一是资产增值总额；二是所得税费用。

知识链接：主营业务收入，其他业务收入，营业外收入

(1) 资产增值总额增加，并非意味着实际资产一定增值。资产增值总额有真假之分，分析资产能否真正健康持续增长，需要科学判断资产增值的来源及方式。例如，目前的短视频平台为了增加流量和关注度，常常在直播带货时推出"福利商

品"，包括"包邮豆浆机 9.9 元、手机 1 元购"等。通过促销手段，呈现给厂家和买家的是大量的成交量，看似收益颇丰，资产增值总额快速增长，但经过核算，扣除直播平台抽成及主播佣金等成本后，资产可能并未增值，甚至有所损失。

(2)　另一种资产增值形式与政府息息相关。例如，高新技术企业由于前期研发成本巨大，资产运动周期较长，企业发展前期往往入不敷出，国家基于对发展战略、环境保护，以及国家安全等因素的考量，对此类行业进行退税、补贴等扶持。在此阶段，资产主体表现出较高的资产增值总额，但实际是由国家财政补贴所支撑。一旦政策发生变化，资产增值便不能持续维持，甚至面临资产减值的风险。

三、费用透视

资产不会凭空积累，伴随着资产运动，会产生资产损耗。资产损耗也有直接和间接之分。直接资产损耗包括用于生产商品和维持销售活动的主营业务资产运动成本；间接资产损耗则包括主营业务资产减值损耗和其他业务资产运动损耗等。损耗越低，资产运动压力越小，资产增值可能性越大。

(1)　资产增值的一种方式是降低直接资产损耗。倘若资产主体需要通过售卖产品获利，就需要投入原材料、支付劳动工人的工资及使用的水电等费用，这些都是资产主体生产产品的前提，属于直接资产损耗。压缩经营成本，降低运营压力，相当于降低直接资产损耗，从而为获取资产增值创造更大的可能性。近年来，餐饮企业选择使用机器人进行传菜服务，用以代替传统的服务员，极大节省了人工成本，企业只需要一次性购买机器人和支付日常维护费用即可，从而代替服务员的工资和保险等支出。随着信息化时代的到来，手机支付形式愈加便捷，停车场不需要有安保人员和收费人员进行维持秩序和现场收费，取而代之的是无人值守的电子摄像头和支付二维码，这些都是降低直接资产损耗的案例。

知识链接：
营业成本，营业费用，资产减值损失，营业外支出

(2)　为了使销售活动能够正常进行，也需要相应的直接资产损耗，如销售费用，包括广告费、运输费、售卖产品的额外奖励等。"酒香也怕巷子深"，再好的产品没有知名度，也不会获得市场的关注；再好的产品运送不到商场，客户也买不到；再好的产品没有良好的销售激励机制，销售人员也没有积极性去推广。除了销售费用外，还需要投入用于提高管理者和员工能力的管理费用，以及对产品迭代升级和推陈出新的研发费用与用于生产经营向外筹资所要支付的利息和在银行办理业务时被收取的手续费这一类直接资产损耗等。最大限度地降低直接资产损耗，可以有效地保障资产增值。

(3)　间接资产损耗中的主营业务资产减值损耗在食品行业尤为突出。以奶制品行业为例，由于奶制品保质期较短，为了降低间接资产损耗，随着保质期临近，售卖价格会一降再降，甚至厂家会在产品临期时推出折扣力度非常惊人的促销活动。另外，在实际经营过程中还不可避免地伴随着如罚款、捐赠之类的其他业务资产运动损耗等。

第三节　现金流量监测

现金流量
监测

一、现金流与净额

　　资产增值最直观表现为现金资产增加。现金资产按照用途可分为三类，分别是经营活动现金流、投资活动现金流和筹资活动现金流，这三类现金共同构成了现金资产总额。需要注意的是，资产增值总额很高，但未必真正实现最终资产的增值，通过观察现金资产的增减，可以有效了解资产是否安全，是否在资产运动过程中面临资金链断裂的风险。现金资产是资产质量的试金石。

　　以资产现收现付制为基础，在资产运动过程中，对于资产主体而言，现金流入经营主体称为现金资产流入，现金流出称为现金资产流出。通过对现金资产结构的分析，可以得出资产主体在经营、投资和筹资活动中的增值能力。现金资产净额为现金资产流入与现金资产流出之差。一般情况下，现金资产流入越大、流出越小，现金资产净额越大，现金资产越多，资产增值灵活性越强；反之，现金资产流入越小、流出越大，现金资产净额越少，资产增值灵活性越弱。

知识链接：
现金流量，现
金流量净额

　　监测公式为

$$现金流=经营活动现金流+投资活动现金流+筹资活动现金流$$
$$现金流量净额=现金流入-现金流出$$

　　例如，小张的饭店一日收到客人支付餐费现金共计 1000 元，同时饭店今日购买米、面、油花费了 300 元，现金流量净额为 700 元，但 700 元中还包含人员工资、水电费、税费和房租等成本，700 元减去以上成本就是小张当日的资产净利润。通过对比现金资产净额和资产净利润，可以判断出小张饭店的经营状况。如果现金资产净额高于资产净利润，说明小张的饭店真正实现了资产增值；如果现金资产净额低于资产净利润，说明小张的饭店出现了赊账现象。如果客人不及时还款，小张有可能会入不敷出，影响饭店的正常运转。

二、现金流量属性

经营活动现金流、投资活动现金流、筹资活动现金流，这三种现金流量共同揭示着资产运动的情况，以现金资产流入为"+"和流出为"–"进行分类，并进行排列组合，将资产主体经营状态归纳为以下 8 种情况(见表 10-1)。

表 10-1　资产主体经营状态

种　类	经营活动现金流	投资活动现金流	筹资活动现金流
第一种	+	+	+
第二种	–	–	–
第三种	+	–	–
第四种	+	+	–
第五种	–	+	+
第六种	–	–	+
第七种	+	–	+
第八种	–	+	–

第一种，经营活动现金流净流入、投资活动现金流净流入、筹资活动现金流净流入，三种现金流均为净流入，此种情况说明资产增值的同时也在对外筹资。第二种，经营活动现金流净流出、投资活动现金流净流出、筹资活动现金流净流出，三种现金流均为净流出。此种情况说明资产不仅没有增值，也没有引入外部资产。第三种，经营活动现金流净流入、投资活动现金流净流出、筹资活动现金流净流出，这种情况说明资产运动过程中获得了较为充裕的现金，没有对外继续筹资活动，但具体情况取决于投资活动现金流的损耗是否大于经营活动现金流净收益。第四种，经营活动现金流净流入、投资活动现金流净流入、筹资活动现金流净流出，此种情况说明经营和投资活动现金流获得了非常充裕的现金，没有对外筹资活动，这种资产状态较好，各方面都较稳定，但此种状态也折射出资产主体没有强烈扩张的欲望，长期保持筹资活动现金流的净流出不利于资产增值效益最大化。第五种，经营活动现金流净流出、投资活动现金流净流入、筹资活动现金流净流入，此种情况说明资产主体经营状态不理想，入不敷出，但通过投资活动使资产增值，同时也进行对外筹资活动。此种资产状态有一定的风险，因为一旦投资失利或者筹资失败，资产主体随时会陷入资金链断裂的窘境。第六种，经营活动现金流净流出、投资活动现金流净流出、筹资活动现金流净流入，这种情况说明无论是经营活动还是投资活动现金流都在减值，完全依赖对外筹资活动现金流来维持经营，并且同时不断地扩张。在这种各项板块都在减值状态下还能进行对外筹资活动，表示外界认同资产主体未来可能会扭转亏损的局面，因此外界才会不断注入资金。但一旦各项业务无法扭亏为盈，那么资产主体必将债台高筑，翻身的机会非常渺茫。第七种，经营活动现金流净流入、投资活动现金流净流出、筹资活动现金流净流入，这种情况说明经营活动现金流在增值的同时也在不断进行对外筹资活动，用于投资活动的现金流部分占盈利和融资现金的很大部分，属于特别积极的扩张

的状态。但如果投资活动现金流增值失败，很可能长久以来的积累将功亏一篑，风险极大。第八种，经营活动现金流净流出、投资活动现金流净流入、筹资活动现金流净流出，这种情况说明经营活动现金流减值的同时，对外筹资活动现金流也未能发挥作用，仅靠投资活动现金流增值，资产主体保值和增值是难以为继，情况比较危险。如果经营不善的状态仍持续，很有可能资不抵债，面临较大的资产减值风险。

三、现金流量效用

> 监测公式为
>
> 现金周转率=主营业务收入÷现金平均余额×100%
>
> 现金流动负债比率=年经营现金净流量÷年末流动负债×100%

现金资产无论对于他有资产还是自有资产中的资产运动都是非常重要的，同时资产增值最终体现在现金资产数量的增加上。现金资产对资产保值、增值具有较强的效用。

案例 10-3：现金为王

小李是一家非遗文创企业的负责人，由于企业经营得当，产品供不应求，现金流十分充足。某日，突降大雨，将生产厂房全部淹没，导致所有产品无法修复。面对这场灾难，小李没有惊慌失措，大雨过后，小李利用其充足的现金流，马上组织搭建新的厂房，在较短时间内恢复了生产，保证了企业的正常经营，成功应对这场突发的灾难。

案例 10-3 中企业虽然突降大雨导致损失惨重，但其掌握充足的现金流，成功地为企业抵御了风险，并在第一时间恢复了生产，为企业的稳步发展发挥了决定性的作用。

(1) 现金资产的第一大效用是用于偿还他有资产。偿还他有资产的能力可以体现资产实力的强弱，更折射出对未知风险的承载程度，同时还可以全面地衡量资产增值的状况，以及他有资产占资产总额比例的合理程度。即便获得较高资产增值能力，如果无法定期偿还他有资产，同样面临着资金链断裂的风险，也就意味着破产。分析偿还他有资产的能力意义重大，对他有资产所有者来说，能够有效判断资产保障的风险性，帮助其改善资产投资决策；对自有资产所有者来说，方便业务交往，可以有效构建规模化引入他有资产结构，降低引入他有资产带来的压力。

知识链接：
企业的偿债能力，盈利能力，净利率现金周转率(次数)

(2) 现金资产的第二大效用是实现资产增值。现金资产由于灵活性，最便于实现资产增值。对现金资产经营管理能力的优劣直接影响着资产是否增值，无论是他有资产所有者，还是自有资产所有者，都非常关注现金资产增值能力。现金资产增值能力是以业务水平作为绩效的衡量指标，为资产所有者指明了资产的发展方向，为判断是否能够增值提供依据。

(3) 现金资产的第三大效用是资产增值的"试金石"。他有资产现金比率为现金资产净额与他有资产总额之比。如果他有资产现金比率大于 1，说明资产运动过程中现金资产增多，能够应对他有资产到期偿还的情况；如果他有资产现金比率小于 1，则说明资产运动过程中现金资产增值较少，面临无法到期偿还他有资产的局面。但他有资产现金比率并不是越大越好，该比率越大，说明资产运动中资产利用不够充分，导致资产增值能力较弱。

资产增值能力受现金资产运动率影响较大，主营业务收入与现金资产平均净余额之比构成了现金资产运动率。拥有充沛的现金资产的主要目的是满足现金资产流入和流出不平衡时出现的短缺，现金资产运动率越高，说明资产增值能力越强。例如，小明饭店有 10 张桌子，一天营业时长为 8 小时，饭店一天房租、员工工资、水电费等固定资产成本为 500 元，如果按照一桌客人消费后小明平均能盈利 100 元计算，须有 5 桌客人方能实现资产保值。当第 6 桌客人消费时小明就进入资产增值状态，饭店的桌数和营业时间是固定的，一天的固定成本也是固定的。这意味着在 8 小时内，客人到店和离店速度越快，客人更换频率越高，达到较高的"翻台率"，小明的饭店资产增值也就越多。

第四节　财富增值模式监测

财富增值
模式监测

情景导入

传奇商人沈万三自小家徒四壁，通过跟随其父亲学习耕种技术，辛勤劳作，不断扩大土地规模。若干年后，坐拥苏州 2/3 的地产。随后，在其多元化经营的思路下大量开办旅店、商铺、钱庄等业务。同时，针对当时交通不便的环境，他大力发展漕运业务，并借着战事开展粮食运输与销售业务，最终使他成为元末明初的首富。

(资料来源：本书作者整理编写.)

一、财富增值的三种模式

财富增值模式通常包括以下三种。

(1) "人无我有"式财富增值模式，这种财富增值模式的特点是市场中同类型产品差异化较大，资产净利润较高，但资产运动周转次数较低。为了提高资产竞争力，企业必须通过科学管理、加强技术迭代更新，从而降低资产损耗，提高资产毛利率，使竞争对手无法在短期内超越。目前在高新技术行业中，各企业都在通过技术革新降低成本，进而降低市场售价，强化其在整个行业中的议价权，保持其高毛利率的优势地位，最终达到资产增值的目的。

(2) "人有我优"式财富增值模式，这种财富增值模式的特点是虽然市场中同类型产品较多，单次资产增值幅度较小，但资产运动周转次数较多，从而增加资产运动营业收入，显著提高了资产毛利率。这种资产增值模式要求资产主体要具备优秀的资产运营管理能力，用资产运营的高效率来弥资产运动的低效益，通过提高资产运动周转率，改善现金资产质量，进而达到资产增值的目的。例如，餐饮业靠"翻台率"提高资产运动周转率，很多餐饮企业对包厢客人设置最低消费要求，因为包厢的"翻台率"要远低于散台，这种对包厢和散台的不同收费策略就体现这一特点。再如，超市、食品批发行业等，多以薄利多销为主，从而提高资产运动周转率，用以占领市场。

(3) "人优我强"式财富增值模式，这种财富增值模式的特点是市场中与同类产品相比，资产增值幅度较小，资产运动次数较低，但资产净增值率较高，这往往是通过提高资产总量中他有资产占比所带来的。资产权益乘数的提高，伴随着大量的筹资活动现金流，为战略发展提供了充足的现金资产，从而迅速占领市场。随着杠杆率的提升，进而提高资产净增值率。但需要注意的是，杠杆率的提升也伴随着风险的增加，一旦资金链出现问题，可能牵一发而动全身，甚至面临资产爆雷的危险。

二、财富增值模式的监测路径

财富增值模式是将自有资产增值的方法模式化，用以监测自有资产增值效率。自有资产净增值率越高，意味着资产增值能力越强，也意味着资产净增值在资产总额中占比越高。美国杜邦公司通过分析各项财务指标及其内在联系，用以评价企业经营状态和自有资产净增值的分析方法，称为杜邦分析法。自有资产净收益率相当于资产所有者每投资一元所获得的收益。例如，小明用自有资产 50 万元开办超市，运营一年后扣除房租、水电费、税务、人员工资等资产损耗盈利 20 万元，这 20 万元即为小明的资产净利润，小明的超市资产净收益率为 40%，相当于小明每投资 1 元将为他带来 0.4 元的利润。

监测公式为

$$净资产收益率(ROE) = 净利润率 \times 总资产周转率 \times 权益乘数$$

$$净利润率 = 净利润 \div 营业收入 \times 100\%$$

$$总资产周转率 = 总收入净额 \div 平均总资产 \times 100\%$$

$$权益乘数 = 总资产 \div 净资产 \times 100\%$$

直接影响净资产收益率的三个要素是净利润率、总资产周转率和权益乘数。

(1) 净利润率为净利润占营业收入的百分比。净利润率越高，代表着资产增值能力越强，意味着资产主体运营良好，生产的产品有较强的市场竞争力。此类企业在其行业内处于领军地位，盈利能力也最强。

(2) 总资产周转率是总收入净额与平均总资产的比值。总资产周转率比值越高，意味着资产增值速度越快。但值得注意的是，即使总资产增值相同，反映的总资产周转率也可能不同。在分析此类情况时，需考虑总资产的差异。例如，小明开超市投资 100 万元，一年营业额达 50 万元；小王开饭店投资 200 万元，一年营业额同样为 50 万元，但小明的超市总资产周转率明显高于小王的饭店。

(3) 权益乘数是总资产与净资产的比值。权益乘数的提高通常伴随着资产总额的增加，这往往是通过引入他有资产来实现的。这种加杠杆的方法虽然可以提高资产增值率，但同时也会带来风险，一旦经营不善，可能会导致资不抵债。

案例 10-4：资产增值密码

小李的公司是一家专注于文化创意产品设计、制作和销售的企业。虽然公司销售增长迅速，但财务状况一直不尽如人意。为此，他们采取了一系列的改革措施。首先，在销售利润率方面，公司对所有产品进行了梳理，淘汰了附加值较低的产品，力推利润较高的产品，从而使公司的销售利润率显著提升。其次，利用信息化平台的力量，开发了网上"预售平台"，实现了"一键下单，一周到货"的流程化销售方式，在缩减存货成本的前提下，加快了资产周转率的提升。最后，通过发行债券进行融资，合理控制债务规模，从而优化了资本结构，提高权益乘数。经过这些努力公司的财务状况得到了显著改善，盈利能力也得到了提升。

从案例 10-4 中可以看出，企业在杜邦分析法的指导下，将改革重心放在提高营业利润率、提升总资产周转率和优化权益乘数三个方面，这些举措帮助企业摆脱了有量无质的困境，实现了高质量发展。

三、财富增值监测的注意事项

运用财富增值监测有助于梳理自有资产净收益率与资产运动净增值率、总资产周转率和权益乘数之间的关系，为资产管理者进行降本增效提供参考依据，进而实现资产的保值和增值。但资产增值监测也有其局限性，主要表现在以下几个方面。

(1) 财富增值监测是主要针对短期资产变化，对资产主体保值、增值和规避短期风险具有良好的效果。例如，资产净收益率通常是根据一年的资产数据变化计算得出的，但对资产的长期变化监测能力较弱。随着市场环境的不断变化和科学技术的迭代创新，财富监测模式不仅要对短期资产变化进行监测，更要对未来资产变化进行预测。这需要重视资产的成长能力，不能仅仅依靠资产数据分析，更要求资产主体具备敏锐的财商意识与战略眼光。

(2) 财富中的无形资产，如知识产权、商誉、特许经营权等，对资产主体至关重要，是资产保值、增值的重要基础，也是资产主体提高自身市场竞争力的重要保证。然而，在现实的市场环境中，财富增值监测模式往往面临无法准确监测无形资产估值的问题，如果一味地机械照搬财富增值监测模式来指导资产管理者的决策，往往会出现资产主体"抱着金饭碗要饭"的局面。

(3) 在财富增值监测中，资产总额与资产净增值额的所有者存在不匹配问题。资产总额是由自有资产所有者和他有资产所有者共同拥有的，但资产净增值额只归属于自有资产所有者。这时不匹配导致资产投入的主体与获得资产增值的主体不一致，他有资产投资者可能无法合理预估投入资产的回报率，从而导致他有资产投资者信心不足，自有资产主体融资困难。

(4) 财富增值监测模式未能对资产增值来源予以明确区分。需要注意区分资产增值中主营业务收入、其他业务收入及营业外收入。对于资产主体而言，主营业务收入是通过主营业务的开展所带来的资产增值，而其他业务收入和营业外收入则通过"副业"开展带来的资产增值。应当重点关注主营业务的资产增值能力，而不是过分注重其"副业"的增值能力。

思 考 题

1. 在资产构成中，自有资产与他有资产哪个更重要？(要点提示：自有资产与他有资产的关系)

2. 以影视作品《老酒馆》为例，如果你是饭店的老板贺义堂，遇到假王爷你该怎么办？(要点提示：数据有真假，真假需辨明，避免坏账及不良资产)

3. 如果你是一个推销员，你会设计什么营销策略用于短期盈利？(要点提示：资产周转率的提高对资产增值的影响。)

4. 如果你是一个企业经营者，你觉得资产增值模式中哪种增值模式更重要？(要点提示：资产增值模式中几种模式的差异。)

金融衍生品是天真投资者的屠宰场。跟它对比，拉斯维加斯的赌场老板们看起来仿佛是良民。

——美国投资家查理·芒格

第十一章　财商拓展(扩张型)

学习目标

构建金融衍生品投资的知识架构，了解金融衍生品投资的基本操作和技巧，识别和规避常见金融衍生品的风险，具有设计避险金融产品方案的思维意识。

重点和难点

1. 熟悉期货、期权和外汇投资的盈亏逻辑和本质。
2. 了解期货、期权和外汇投资风险的案例揭示。
3. 掌握期货、期权和外汇交叉使用避险的原理与思维。

引导案例

小明的父亲经营一家榨油厂，大豆是该厂的主要原材料之一。最近，小明的父亲在新闻中获悉，全球大豆种植面积有所下降，同时大豆产区遭遇了重大气象灾害，小明从父亲开始担忧：这样下去，明年大豆市场供应肯定会变得紧张，价格肯定也会随之上涨，原材料成本将会显著上升。他意识到必须采取一些措施，毕竟保住利润是至关重要的……于是，他把正在上大学的小明叫到身边，希望他能提些建议。小明思考片刻说："爸爸，我们在期货市场上做一个套期保值的操作吧，这样可以锁定原材料成本，保障利润空间，规避大豆价格波动的风险。"小明父亲听后疑惑地问："期货市场是什么？还有这样的操作？"小明解释道："期货市场有很多功能，不过期货市场和股票市场不一样，期货市场是零和博弈，风险也较大，我们需要深入地研究一下。"

(资料来源：本书作者整理编写.)

第一节　期货——未来市场上的角逐

一、期货的内涵：一种价格锁定工具

期货——未来
市场上的角逐

期货交易是相对于现货交易而言的。所谓现货交易，就是一手交钱一手交货；而期货交易是指在货物需求方所需要的货物尚未生产出来时，先将全部货款或者部分货款支付给供货商，供货商在未来某个约定时间再把货物交给需求方。与产品的现期价格相比，未来

价格存在不确定性。期货的作用之一就是将未来价格锁定，避免未来价格的市场波动给生产活动带来不确定性风险。因此，期货(futures)就是交易双方不必在买卖发生初期就交收货物，而是共同约定在未来某一时点按某一价格交收货物。

期货在历史上是从远期合约开始的，但现在的期货已经在远期合约的基础上，发展成为一种在指定场所(交易所)进行标准化交易的金融工具，而远期合约则是在私下进行的非标准化交易。远期合约在人类历史上出现较早，最早可以追溯到古希腊时代。远期合约市场最早出现在日本江户幕府时代。

案例 11-1：日本江户幕府时代的稻米远期

稻米是一种非常重要的战略资源。江户幕府时代的日本，一旦准备打仗，将军就需要向农户大量购买稻米备战。但是将军无法预知未来的米价是上涨还是下跌。于是，他向农户支付一定的定金，并约定未来的稻米收购价格，不管未来米价如何变动，都按约定的价格交易稻米。

在上述案例中，将军和农户达成的约定就是远期合约。远期合约最大的作用就是套期保值。商品的价格是波动的。将军和农户签订合约时，如果未来稻米价格上涨，农户按市场价卖出获利更多，但将军需要花费更多的钱购买稻米。因此，将军需要合约来提前锁定价格；反之，如果未来稻米价格下跌，农户会少卖钱甚至可能亏本，因此，农户也需要通过合约提前锁定价格。双方都有价格锁定的需求，于是一个远期现货交易的合约就产生了。合约规定，在未来的某个时间，以约定的价格进行交易，双方都规避了价格波动的风险，这就是所谓的套期保值。

拓展阅读

美国、英国、日本等发达国家已经拥有相对完善的期货市场体系。例如，美国芝加哥交易所集团、芝加哥期权交易所、纽约商品交易所、纽约期货交易所、纽约金属交易所、堪萨斯商品交易所等；再如，日本的东京期货交易所、东京工业品交易所、东京谷物交易所、大阪纤维交易所、前桥干茧交易所等。

中国目前也有郑州、大连、上海三大商品交易所和金融期货交易所。其中，郑州商品交易所主要交易强麦、硬麦、棉花、白糖、精对苯二甲酸(PTA)、菜籽油、绿豆等商品；大连商品交易所主要交易玉米、大豆、豆粕、豆油、棕榈油、低密度聚乙烯、啤酒大麦等；上海期货交易所主要交易黄金、铜、铝、锌、燃料油、天然橡胶、钢材等。

不过，远期合约也存在很多问题。首先是违约风险。继续沿用例 11-1。通常情况下，将军只会预付一部分定金给农户，比如 100 两银子，约定明年农户交付 100 担稻米时，再把尾款付给农户。但到第二年，假如 100 担稻米的价格涨价到 300 两银子，此时农户发现如果自己毁约，可以赚得更多，于是把原来的定金退还给将军，然后将粮食卖到价高的地方，是利润最大化选择。但这样会使将军遭受损失：将军不得不以更高的市场价格采购稻米。反过来，将军也可能毁约。假如第二年稻米价格下降很多，将军即便不要定金，到市场上重新购买也划算，于是他可能与农户毁约，从市场上重新购买，这就是远期合约的毁约问题。其次，远期合约的商品质量无法保证，而且交货的时候双方都需要检查，每一次检查都存在较大的交易成本。最后，交易受诸多不可控因素影响。比如，农户签约后突发疾病无法种地，这就出现了交易不便的情况。

由于以上问题，人们希望把这种远期合约变得标准化，于是就出现了标准期货合约。

标准期货合约最早出现在芝加哥。1865 年，芝加哥成立了期货交易所。现在的期货合约以当时芝加哥第一份标准期货合约为蓝本。一般来说，一个标准期货合约首先会规定商品的质量，交易商品需要达到规定的标准。其次是规定标准化数量，例如，1000 桶原油或 1 吨黄金等。再次是规定交割时间、地点及交割方式。最后，也是最重要的一点，合约规定期货合约持有人可以在交易所内交易，也就是说，如果有人持有一份期货合约，自己无法履行，则可以到交易所将合约卖给能履行的人。与股票一样，期货也是有价格的。期货合约的价格等于一个单位商品的单价乘以该合约标定的商品数量。

二、期货的功能："避风港"与"灯塔"

期货市场具有多方面功能，其中最基本的功能是规避风险和发现价格。

(一)规避风险

在市场经济中，商品生产经营活动不可避免地会遇到价格波动风险。对于生产企业、加工企业或其他任何拥有商品且打算出售的企业和个人来说，价格波动可能导致收益减少。同样地，任何需要连续不断购进原材料及某种商品的企业和个人可能因价格上升而遭受损失。产品能否以预期价格出售、原材料能否以较低价格购进是困扰生产经营者的主要问题。期货市场规避风险的功能，为生产经营者回避、转移或者分散价格风险提供了良好途径，这也是期货市场得以发展的主要原因之一。

投资者可以通过购买相关期货合约，在期货市场上建立与现货市场相反的头寸，并根据市场不同情况，采取在期货合约到期前对冲平仓或到期履约交割的方式，以规避风险，这种操作即套期保值。

从整个期货市场来看，规避风险功能的实现，主要有以下三个原因。一是众多的实物商品持有者面临着不同的风险，可以通过达成对各自有利的交易来控制市场总体风险。例如，买方担心商品价格上升，而卖方担心商品价格下跌，他们通过反向期货交易，即可实现风险对冲。二是商品期货价格与现货价格一般呈同方向变动关系。投资者在期货市场建立了与现货市场相反的头寸之后，商品价格发生变动时，必然在一个市场获利，而在另一个市场受损，其盈亏可以全部或部分抵销，从而达到规避风险的目的。三是期货市场通过规范化的场内交易，集中了众多愿意承担风险而获利的投机者。他们通过频繁、迅速的买卖对冲，转移了实物商品持有者的价格风险，从而使期货市场规避风险功能得以实现。

(二)发现价格

期货市场的发现价格功能，是指期货市场能够提供各种商品的有效价格信息。在期货市场上，各种期货合约都有众多买家和卖家。他们通过竞价方式来确定交易价格，这种情况接近于完全竞争市场，能够在相当程度上反映出投资者对商品价格走势的预期和商品的供求状况。因此，某一期货合约的成交价格，可以综合反映金融市场各种因素对合约商品的影响程度，具有公开、透明的特点。

现代电子通信技术快速发展，使主要期货品种价格能即时传播至全球各地。因此，期货市场上形成的价格不仅对该市场各类投资者产生直接引导作用，也为期货市场以外其他相关市场提供了有用的参考信息。相关市场的职业投资者、实物商品持有者通过参考期货市场的成交价格，形成对商品价格的合理预期，进而有计划地安排投资决策和生产经营决策。

> **要点提示**：虽然期货具有规避风险和发现价格的功能，但若不以此二者为目的的期货投资甚至是投机，蕴藏着巨大的风险。因为期货和股票不同，股票股东可以共同分享企业成长带来的盈利，实现"共赢"，而期货投资收益是建立在别人亏损之上的，是一种"零和"游戏。换句话说，期货投资有"赌"的成分在其中，赌未来行情涨跌，赌预期对错。加上期货是带杠杆操作，放大收益的同时，也将同比例放大风险。

三、期货运作：六大特征

期货交易作为买卖标准化期货合约的活动，是在高度组织化、有严格规则的期货交易所进行的。期货交易的基本特征概括如下。

(一)合约标准化

期货合约标准化是指除价格外，期货合约的所有条款都预先由期货交易所规定好，具有标准化特点。期货合约标准化给期货交易带来极大便利，交易双方无须对交易的具体条款进行协商，节约交易时间，减少交易纠纷。

(二)交易集中化

期货交易必须在期货交易所内进行。期货交易所实行会员制，只有会员才能进场交易。场外客户若想参与期货交易，只能委托期货经纪公司代理交易。因此，期货市场是一个高度组织化的市场，并且实行严格的管理制度，期货交易最终在期货交易所内集中完成。

(三)双向交易

由于期货合约标准化，无论是买入还是卖出合约，交易者均无须对合约具体条款进行协商，这为交易者双向交易提供了便利。双向交易，也就是期货交易者既可以买入期货交易合约作为期货交易的开端(称为买入建仓)，也可以卖出期货合约作为期货交易的开端(称为卖出建仓)，也就是"买空卖空"。

(四)对冲机制

对冲机制是与双向交易相联系的一种机制。在期货交易中，大多数交易者并不会在合约到期时进行实物或现金交割来履行合约，而是通过与建仓时交易方向相反的交易来解除履约责任。具体来说，就是买入建仓后可以通过卖出相同合约的方式解除履约责任，卖出建仓后可以通过买入相同合约的方式解除履约责任。

(五)杠杆机制

期货交易实行保证金制度,交易者在期货交易时,只需要缴纳少量保证金,一般为成交合约价值的 5%～10%,就能完成数倍乃至数十倍的合约交易,这种以少量资金就可以进行较大价值额投资的特点,被形象地称为"杠杆机制"。该机制吸引了大量投资者参与期货交易。期货交易的杠杆机制使期货交易具有高风险、高收益的特点。保证金比率越低,期货交易杠杆作用就越大,高收益、高风险的特点就越明显。

(六)每日无负债结算制度

期货交易实行每日无负债结算制度。在每个交易日结束后,对交易者当天盈亏状况进行清算,并在不同交易者之间进行资金划转。如果交易者亏损严重,保证金账户资金不足,则要求期货交易者必须在下一个交易日开市前追加保证金,以做到"每日无负债"。期货市场是一个高风险的市场,实行每日无负债结算制度可以有效地防范风险,将因期货价格不利变动给交易者带来的风险控制在有限范围内,从而保证期货市场正常运转。

四、期货投资案例

在介绍交易流程之前,我们先对期货交易过程涉及的专业术语进行学习(见表 11-1)。

表 11-1　期货交易术语概览

头　寸	未进行对冲处理的买或卖的期货合约数量
持仓量	买卖双方开立的还未实行反向平仓操作的合约数量总和
套　利	在相同或不同市场分别买卖期货,从中赚取价差的行为
投　机	为了获利而进行的风险性买卖,与投资相对
交　割	即期货合约到期,期货期币贸易转为现货现币贸易
建　仓	即开仓,指交易者新买入或卖出一定数量的期货合约
持　仓	即持有期货合约,等待时机售卖的状态
补　仓	持仓出现亏损后,新开的仓位
追　仓	持仓出现盈利后,新开的仓位
爆　仓	持仓亏损到一定程度,保证金余额不足的状态
穿　仓	持仓亏损到一定程度,保证金为负的状态
多　头	认为行情有上涨的力量
空　头	认为行情有下跌的力量
做　多	即买入期货合约的行为
做　空	即卖出期货合约的行为
平　仓	买卖的一方为对销以前买进或卖出的期货合约而进行的成交行为

我们在此以"中行原油宝"这款产品投资为例,说明期货交易的流程和注意事项。

案例 11-2："中行原油宝"期货的盈亏逻辑

"中行原油宝"是以轻质低硫原油作为标的的期货合约，简称 WTI 原油期货。假设合约规定一桶原油的单价是 20 美元，一份合约的规模是 1000 桶 WTI 原油，则一份合约的价格为：20×1000=20 000(美元)。

也就是说，这份合约的价值是 2 万美元，但这并不意味着买方要给卖方 2 万美元，而是在特定时间，约定双方可以以 2 万美元的价格去交割 1000 桶原油，这个买卖的过程称为开仓，或者建仓。

假设现在有甲、乙两个交易者，甲想买原油，乙想卖原油。那么甲就是多方，乙就是空方。到交易时，空方把一个合约卖给多方，这就是开仓，在开仓的过程中有一个价格叫作 P_1，就是上面所说的 2 万美元。开仓相当于多方花费 2 万美元拥有了 1000 桶原油的所有权，只不过还没有收货。而空方相当于用 2 万美元的价格已经卖出了 1000 桶原油。但空方不一定手里真有原油卖给多方，到了交割日，也未必能交货，而多方到期后也不一定真的想要原油。

既然空方也没有原油存货，多方也未必真想购买原油，交易如何继续？答案是：过一段时间后，多方和空方都可以选择平仓。所谓平仓，就是合约又从多方还给空方，这时候又会出现一个平仓价格，即 P_2。需要注意的是，P_1 和 P_2 这两个价格会随着市场波动，接下来对原油价格上涨和下跌两种情况进行讨论。

情况一：原油价格上涨。

假如原油价格上涨，即开仓价格低于平仓价格($P_1 < P_2$)。对多方来说，开仓花费 2 万美元，现在无须等空方交货，他可以把此合约卖给其他人，卖价就会高于 2 万美元，多方赚钱。这意味着空方有损失，因为开仓的时候，空方按 2 万美元卖出 1000 桶原油，而过了一段时间(在交货之前)，空方必须把这个合约买回来，但买回来的价格高于 2 万美元，从而发生亏损。

情况二：原油价格下跌。

假设原油价格下跌，也就是开仓价格高于平仓价格($P_1 > P_2$)。这种情况下，多方亏损，空方赚钱。因为空方当初用 2 万美元卖出了 1000 桶原油，一段时间后，在交割之前，他可以从市场上用低于 2 万美元的价格买回 1000 桶原油平仓，少出的这部分钱，就是他的盈利，同时也是多方的亏损。

五、期货的风险：保证金+高杠杆=一念天堂、一念地狱

期货和股票的另一个区别是，股票是一方出资从持有股票的另一方购买股票，交易的资金会实时进入卖方账户。而期货交易的交易双方立约之后不发生资金即时流转，交易资金会被交易所锁定，这就是保证金交易制度。保证金相当于远期合约中的定金，所以一般只需要交全部总货款的一部分。不同商品的保证金比例不同。

此处继续沿用"中行原油宝"的案例。

案例 11-2(续)："中行原油宝"期货的风险揭示

假设 WTI 原油期货合约的保证金是总合约价值的 10%，现在有甲、乙两位交易者，

甲是多方，乙是空方。他们准备交易 WTI 原油，最开始时他们立约的价格是 2 万美元，按 10% 的保证金计算，甲需要在账户里准备的保证金为：20 000×10%=2000（美元）。

同样地，乙作为空方，其账户也须有 2 000 美元作为保证金。

假设现在市场上的合约价格上涨为 21 000 美元/份。此时作为多方的甲因为每份合约价格上涨 1 000 美元而净赚 1 000 美元。交易所就会把双方账户里的资金进行划转：将乙账户里的 1 000 美元划转到甲的账户里，此时，甲账户余额为 3 000 美元，乙账户余额为 1 000 美元。

此时，乙账户的保证金不足。因为一份合约的保证金是总合约价值的 10%，现在一份合约价值为 21 000 美元，新的保证金水平为：21 000×10%=2 100（美元）。

如果乙想继续持有合约，其账户里至少须有 2 100 美元保证金，即需转入 1100 美元，这称为追加保证金。一般期货公司会及时通知乙，如果乙不追加保证金，期货公司就会强行平仓。

假设乙追加保证金打算继续持有，结果合约价格继续上涨，涨到 25 000 美元，每份合约又上涨了 4 000 美元，此时甲账户里应有：3 000+4 000=7 000（美元）。

乙的情况是：追加保证金后，账户中有 2 100 美元，现在又亏损 4 000 美元，此时账户剩余-1 900 美元。要想继续持有合约待跌，则必须继续追加保证金：25 000×10%+1 900=4 400（美元）。

即乙需要追加保证金 4 400 美元，否则会被强行平仓。

如果乙感觉无法继续承担更多亏损，选择认输离场，将会如何平仓？

如前文所述，乙按照 2 万美元的价格卖给甲原油，现在双方平仓，相当于甲又把原油卖回给乙，而卖回给乙的价格是 25 000 美元。所以，甲净赚 5 000 美元，乙最终亏损 5 000 美元。加上初始的 2000 美元保证金，甲账户有 7 000 美元。而乙原来账户有 2 000 美元，追加 1 100 美元之后，账户余额为 3 100 美元，总共亏损 5 000 美元。所以，乙仍欠期货公司 1 900 美元，这就是穿仓，是保证金制度下的高杠杆所致。杠杆不仅能放大收益，同时也能放大风险，所以投资期货就是一念天堂、一念地狱。

实用技巧：期货中还有一种方式称为移仓换月或者称为展期。比如，我们现在买卖的合约是 6 月交割，现在马上要到期了，所以我们只能先把 6 月交割的合约先平仓，然后再买入 7 月交割的合约，这样我们就可以继续买卖，这称为移仓换月。移仓换月要提前谋划，一般可在最后交易日之前的几天进行。

由此可见，期货交易的风险要远高于股票交易。这是因为期货交易只需要支付保证金，就可以用 10 元进行 100 元的交易，这种带杠杆的交易方式，在放大收益的同时，也放大了风险。此外，与股票价格下跌时可以长期持有股票不同，期货保证金的不足将导致强制平仓，也更容易导致亏损。期货投资比股票投资更需要健康的投资心态。

既然期货风险如此之高，为什么人们对期货市场仍然趋之若鹜呢？这是因为高杠杆的特征在放大收益和风险的同时，也进一步强化了人性中的贪婪，而且，它是世界上唯一可以在资产价格下跌时获利的投资工具。投资期货需要合理使用风险对冲工具，或者在控制好仓位的前提下，进行熟悉的相关品种套利，并保持良好的投资心态。

第二节　期权——掌握未来市场的主动权

期权——掌握未来市场的主动权

情景导入

小李准备购买一套婚房，现价为 100 万元。听很多人说房价不久后要下跌，再加上对当下人口趋势的观察，小李有些犹豫不决，他想再观望一段时间，但又担心房价不降反升。于是，小李与房地产商签订了一个合约，约定一年后不管房价如何变化，他都可以用 100 万元买下这套房子。但空口无凭，小李需要为这个合约支付 2 万元定金(权利金)。实际上，小李这种以一定数额的权利金来获得未来以固定价格购买商品权利的做法，已经包含了一些期权的思想。

(资料来源：本书作者整理编写.)

一、期权的内涵：可以买卖的权利

期权也称为"或有索取权""选择权"。期权交易是对"权利"的交易，该权利允许权利持有方在规定时间内(美式期权)或规定时间点(欧式期权)以约定价格向义务方买进或者卖出一定数量的某种特定商品。这里的特定商品通常是标准化期货合约，其标的可以是棉花、大豆等实物商品，也可以是股票、利率、外汇等金融产品。股票期权、利率期权、外汇期权等，是比较常见的期权类型。根据期权买卖方向的不同，期权可分为买入期权(看涨期权)和卖出期权(看跌期权)。

案例 11-3：看涨期权的盈利情景

投资者预测上证 50ETF 将来会上涨，于是买入看涨期权。假设认购期权的执行价格为 3 元，即期权到期时，投资者享有以 3 元价格购买上证 50ETF 的权利。假如到期后，上证 50ETF 市价为 3.5 元，投资者就可以以 3 元的价格购买上证 50ETF，然后以 3.5 元的市价卖出，在不考虑期权费用(期权费用较为复杂，详见下文)的情况下，获得 0.5 元的盈利。此例中，投资者之所以购入看涨期权，是因为预测证券价格将会上涨。作为其交易对手，卖方所作的行情预测总是相反的。卖出期权的情形刚好相反。

二、期权投资：权利+时间=权责不对称盈利

在案例 11-3 中，期权上涨后投资者按预期卖出获利。但如果期权到期之时，上证 50ETF 未按投资者预期上涨，反而大幅下跌，投资者是否必须按约定价格，高于市价买入？答案是否定的。因为买入期权之时，投资者只买入了"以 3 元价格购买上证 50ETF 的权利"，并不包含"以 3 元价格购买上证 50ETF 的权利"的义务。也就是说，此权利可以执行，也可以不执行，有利则执行，不利则不执行，这就是"或有索取权"的含义。也就

是说，当此交易进行之后，权利和义务发生分割，权利方只有权利，义务方只有义务。在约定期限之内或之前，权利方可以根据情况自由决定是否行权，即根据约定价格与市场价格之间的差距，判断是否能以低于市场价格购入或者高于市场价格卖出期货合约，权利行使的主动权在买方，而义务方则只能被动接受，这是一种"权责不对称"的交易。

这种权责不对称，可以从与期货的了结方式比较中看出。期货的了结方式为平仓和交割两种，而期权的了结方式分为平仓、行权和放弃三种。

第一种了结方式是平仓。期权的平仓方法与期货基本相同，都是将先前买进(卖出)的合约卖出(买进)。只不过，期权的报价是权利金。例如，甲以 50 元/吨的期权价格买进 10 手 SR1909C5000，如果期货价格上涨，那么期权价格也上涨。如果上涨到 70 元/吨，那么该客户发出如下指令：以 70 元/吨的期权价格卖出 10 手 SR1909C5000 进行平仓，则甲每吨赚取 20 元，盈利为 200 元。

第二种了结方式是行权。在美式期权情形下，期权买方可在期权到期前的所有交易日规定时间内下达行权指令。在欧式期权情形下，期权买方只能在到期日下达行权指令。期权买、卖双方的期权持仓在行权当日结算时转换为相应的期货持仓。例如，投资者乙买入 10 手 SR1909C5000 美式期权，则可以在该期权合约到期前的任一交易日行权。行权后，期权卖方履约建立 10 手 SR1909 空头头寸，买方则获得 10 手的 SR1909 多头头寸。

第三种了结方式是放弃。这是指期权合约到期，买方放弃权利，卖方义务终结。例如，到期日之时，投资者买入的期权仍为虚值期权(详见下文)，行权将造成亏损，也没有交易对手进行平仓，则可以放弃行权。正是期权可以放弃行权，导致期权交易的"权责不对称"。

既然权责不对称，那责任方或者义务方，就只能"任人宰割"或者处于被动吗？这就涉及期货的定价机制。

案例 11-3 中，买方看似拥有无论涨跌都有利于自己的"或有索取权"，但实际上，看涨期权的卖方也不是做慈善，卖方对买方收取的权利金 (期权价格，或称期权费)，也是基于对未来标的物价格的预期和风险评估的。也就是说，看涨期权的买方之所以作出买入看涨期权的决策，是因为他预期标的物价格上涨带来的盈利幅度要大于期权价格。而看涨期权的卖方之所以作出卖出看涨期权的决策，是因为他们预期标的物价格上涨甚至下降带来的收益，要小于他收取的期权价格。因此，期权交易能否盈利，关键在于能否对标的物未来价格走势进行精准预测。这涉及期权定价的核心原则：期权的时间价值。

三、期权的核心：期权的时间价值

期权交易的价格是期权买方向卖方支付的购买某种金融期权的价格，也称为权利金或期权费。期权权利金，主要包括两部分，一部分是内在价值，另一部分是时间价值。内在价值是期权买方立即行权时所能获得的收益，取决于期权行权价格与标的资产当前价格的差值。如果内在价值大于零，则称为实值期权；如果内在价值等于零或接近零，则称为是平值期权；否则为虚值期权。判断一个期权价值的出发点是判断其为实值期权、平值还是虚值期权。

知识链接：
实值期权、平值期权和虚值期权

以证券期权为例，除了内在价值，其期权费还取决于以下几方面的时间价值。

一是期权合同期限。成交日与到期日之间相隔时间越长，期权卖方风险越大，期权买方选择的机会和余地越多，期权费相应越高；相隔期限越短，期权费也就越低。

二是标的证券交易价格。当市价呈上升趋势时，表明买入期权的收益率升高，则买入期权的期权费也会较高，而卖出期权的期权费会较低；当市价呈下跌趋势时，表明卖出期权的收益率升高，则卖出期权的期权费也会较高，而买入期权的期权费会较低。

三是标的证券的活跃程度。当期权交易的标的证券市场平稳，期权卖方风险较小，期权费会比较稳定和适中；如果市价波动较大且趋势不明，就会增大卖方风险，期权费就会随之上升。

四是期权供求关系。如果一段时期内买入期权的投资者人数增多，买入期权的价格即期权费就会上升；反之，期权费可能下降。

上述四个方面，在未来行权的期权交易规则设计中，都是影响期权时间价值的重要因素。因此，期权交易不仅要看行权价格与标的物当前价格构成的内在价值，更要看未来的时间价值。一般来说，行权日距离当下时间越久，期权的时间价值越难以确定。期权交易的主要风险，也正是来源于期货的时间价值。

期权交易的双方，均对期权的时间价值有所判断。对于某一个固定时点上的具体期权合约来说，标的资产的价格、行权价格、到期时间和市场利率都是固定的，那么理论上，标的资产的波动率就成为影响期权合约价格的唯一因素。在市场交易主体理性预期和市场交易的过程中，形成一个有效期货价格，该价格虽然由市场交易产生，但不会与理论价格相差很远。也就是说，在反复交易和询价过程中，卖方的报价实际上也包含了卖方对于标的资产价格波动的理性预期，卖方并不会像想象中那样被动。因此，在期权交易中，一分钱，一分货，谁也不要想轻易占便宜。只看准涨跌方向，判断不好波动幅度，同样有可能亏损。因此，期权交易对投资者的要求更高，也更需要有风险意识。

四、期权的风险

如前文所述，期权交易不仅需要判断涨跌方向，还需要判断涨跌幅度。如果这两项中有一项判断不准确，就可能遭受损失。再加上期权与期货类似，都是通过缴纳一定比例的权利金或保证金来实现杠杆操作，收益或风险将成倍放大。

案例 11-4：索罗斯利用期权狙击日元

在 2012 年日元贬值的大行情中，作为宏观策略领域的顶尖高手，索罗斯基金在短短 3 个月内狂赚 10 亿美元。2012 年夏季，日本遭遇 9 级地震后开始大量进口原油，索罗斯便预测日元会贬值，并积极寻找机会做空。2012 年 10 月，得知"渴望"日元进一步量化宽松的安倍晋三当选首相的概率最大，同时发现大量日本资金从澳元高息资产撤回国内后，他感觉时机已经成熟。索罗斯基金的主要策略是大量买进押注日元贬值与日股上涨的衍生品投资组合。其主要做空的日元头寸，集中在执行价格为 90～95 的日元敲出期权(也称障碍期权，即当日元大幅下跌时才能赚钱，但跌破一定水平时就会失效的期权)。

为什么乔治·索罗斯(George Soros)要采用敲出期权而非直接卖出外汇期货的方法做空日元呢？因为这些期权的价格极其便宜，使索罗斯能够在风险有限的情况下，以极高的杠杆率获得高额的收益。当时索罗斯购买这些期权只花费了约 3 000 万美元，即使这些期权全部亏损，也只占当时索罗斯基金 200 多亿美元资产总量的 0.15%。但其做空日元最终净赚 10 亿美元，收益率高达 33 倍，而同期日元仅下跌了 10%。除了利用期权大举做空日元外，索罗斯还以杠杆融资买入了大量日股——这也是索罗斯惯用的手法。因为索罗斯认为，日本解决经济困局的方法只有一个——货币贬值，而货币贬值会引发另一个现象，就是短暂的股指繁荣。当时日本股票占该公司内部投资组合的 10%。2012 年年底，日经 225 指数由低点上涨了约 33%，这又让索罗斯大赚一笔。索罗斯做空日元的成功不仅仅是简单的投机，而是基于充分研究之后的审时度势，并且经过了充分的风险评估。而作为其交易对手，日方则未能对日元贬值作出正确的时间价值评估，导致了"祸国殃民"的结果。

因此，期权作为新型的金融衍生工具，具有权利与义务不对等的特点。在这种不对称的特点下，能否精准判断标的物未来的涨跌方向和幅度，合理应用杠杆，成为获利的关键，也是风险的主要来源。这需要投资者具备更高的投资素质。

第三节 外汇——国际经济交往的纽带

外汇——国际经济交往的纽带

情景导入

2023 年 2 月，小明的导师申报一项亚洲开发银行资助的科研项目获批立项。亚洲开发银行要与学校签订项目任务书，作为项目负责人的导师需要前去签订合同。合同签完之后，小明的导师和小明谈起签订合同的过程。在签订期间，亚洲开发银行的工作人员询问小明的导师，美元和欧元，您倾向于用哪种货币资助咱们的项目呢？小明的导师问小明："如果是你，你准备选用哪个币种来资助呢？"小明挠着头皮说："这个……我得回去研究研究，应该会涉及外汇方面的知识。"

(资料来源：本书作者整理编写.)

一、外汇的内涵：兑换后能流通的外国货币

不同经济体流通的货币各不相同。中国的流通货币是人民币，欧盟内部流通的是欧元，美国流通的是美元。人们在不同经济体之间从事经济活动或交流活动，例如出国留学、旅游、国际投资、贸易等场合，都需要进行货币兑换，这就产生了外汇的概念。也就是说，外汇是相对于本国货币而言的。

外国货币(包括纸币和铸币)、外币支付凭证(包括票据、银行存款凭证、邮政储蓄凭证等)、外币有价证券(包括政府债券、公司债券、股票等)、其他外汇资产等用于国际结算的外汇资产，属于静态范畴的外汇，是一种以外币表示的支付手段(见图 11-1)。

图 11-1　美元、欧元、英镑、日元的部分面值

相对于静态的支付手段，动态的外汇是国际汇兑的简称，是一种行为，即把一国货币兑换成另一国货币，借以清偿国际债权、债务关系的一种专门性的经营活动。

二、外汇的核心：波动的汇率

不同国家之间的货币进行交换，必然涉及货币的比价问题，这就是汇率问题。

汇率是两种不同货币之间的折算比例，作为一种交换比率，它反映了不同国家货币之间的价值对比关系。例如，某一时刻 EUR/USD=1.3305，表示 1 欧元等于 1.3305 美元，那么 1.3305 就是此时此刻的汇率。

那么，汇率究竟是由什么决定的？一般认为，各国形状大小不同的货币之所以有比值，是因为它们之间有可比性，各种货币的可比性来自各货币本身具有价值或能代表的价值。各种货币本身具有价值，则可以用购买力平价来衡量。而购买力平价的背后，是一国经济发展的强和弱表现。因此，通货膨胀、国际收支、利率水平等因素，既是一国经济发展强弱的表现，也是影响汇率的内在原因。

知识链接：
国际上常用的汇率标价方法有两种：直接标价法和间接标价法

世界经济发展错综复杂，各国经济的发展日新月异，汇率也处于 24 小时不停变动之中。汇率的波动，既给外汇兑换和国际贸易、结算带来汇率风险，也给投资者带来外汇投资机会。

三、汇率波动：风险与避险

(一)汇率波动风险

在出国留学前，留学生需要提前兑换外汇.由于各国货币之间的汇率是持续波动的，不同时间兑换外汇可兑换到的外汇数量不同，因此需要根据兑换外币的汇率涨跌趋势来选定合适的兑换时间。假设小 A 同学准备赴美国留学，计划在 2023 年 12 月底出发，在此之前，他需要提前兑换美元。由于我国外汇管理局实行个人结汇和境内个人购汇的年度便利化额度管理，规定每个人每年只有 5 万美元等值的便利化外汇额度，在此假设小 A 同学兑换 5 万美元外汇。根据图 11-2 所示的美元兑换人民币汇率走势，小 A 同学应该选择何时兑换美元呢？

首先，不建议小 A 同学提前很久兑换外汇，因为太早兑换外汇，在此期间会损失一部分本币储蓄利息。

假如小 A 同学在 2023 年 9 月 8 日，按照 7.350 的汇率兑换美元，则兑换 50 000 美元需要的人民币数量为

$$50\,000×7.350=367\,500(元)$$

假如小 A 同学在 2023 年 12 月 29 日，按照 7.088 的汇率兑换美元，则兑换 50 000 美元需要的人民币数量为

$$50\,000×7.088=354\,400(元)$$

图 11-2　2023 年 9 月至 2024 年 1 月美元兑换人民币汇率走势

两个不同的时点兑换外汇，前后只差 3 个月，但兑换所需要的人民币却相差 13 100 元。由此可见，汇率波动带来的风险是真实存在的。出国留学这样的小额外汇兑换，尚且面临如此风险，那么在国际贸易和投资过程中，更须注意外汇避险。

(二)外汇避险：灵活应用外汇衍生品及其组合

接下来，以货币掉期+卖出期权组合为案例，展示金融衍生品在外汇避险中的应用。所谓货币掉期+卖出期权组合，就是企业与银行签订人民币货币掉期合约，同时企业向银行卖出一笔美元看涨期权以获得期权费，通过期权费收入来降低汇率保值综合成本。

案例 11-5：以货币掉期+卖出期权组合进行外汇避险

某城投企业发行 1.5 亿美元外债，期限为三年，固定利率为 3.60%，每半年支付一次利息，本金到期一次性付清。企业的主营业务在境内，产生收入的现金流为人民币。因此企业需要购汇支付海外债的利息并归还本金，企业担心美元未来升值，并认为人民币不会大幅贬值，希望一次性锁定本金和利息的汇率风险，同时希望尽可能降低保值成本。企业已选择合适时机，分批将 1.5 亿美元外债全部结汇，未来只有支付美元利息和美元本金的需求。

避险设计：结合企业实际需求，银行为企业设计期初不交换本金的货币掉期业务，将美元固定利率 3.60%转换为人民币利率 5.75%，并锁定掉期汇率为人民币兑美元 6.699 0。在此基础上，卖出一笔相同金额和期限、执行汇率为美元兑人民币 7.300 0 的美元看涨期权。

期权费收益为 408 点，即可获得 612 万美的期权费补贴。

(资料来源：国家外汇管理局山西省分局.)

实用技巧：外汇掉期交易是除外汇期货以外的另一种外汇远期交易。例如，甲出口企业收到国外进口商支付的出口货款 500 万美元。该企业需要将货款结汇成人民币用于国内支出，但同时该企业需要进口原材料，并将于 3 个月后支付 500 万美元的货款。此时，该企业就可以与银行办理一笔即期对 3 个月远期的人民币与外币掉期业务：即期卖出 500 万美元，取得相应的人民币，3 个月远期以人民币买入 500 万美元。通过上述的交易，该企业可以轧平其中的资金缺口，达到规避风险的目的。

沿用案例 11-5，根据实际执行情况，避险效果分为两大部分，具体如下。

1. 货币掉期部分

(1) 期初：企业将海外发债所得资金在即期市场上择机结汇，无其他操作。

(2) 期中：在外债执行期间的任一利息偿付周期，银行按照 1.5 亿美元本金、3.60% 的固定利率向企业支付美元利息，企业将该笔资金偿还境外债务利息；同时根据利率重置日附近的即期汇率折算相应的人民币本金，按 5.75% 的固定利率向银行支付人民币利息。

(3) 期末：在到期日，企业按照约定汇率人民币兑美元 6.6990 购汇 1.5 亿美元，用于归还外债。

2. 卖出期权部分

对于卖出期权部分，到期日可能出现以下三种情形。

(1) 若到期日人民币兑换美元的汇率低于 7.3000，假设为 7.0000，则银行放弃对美元看涨期权行权，企业获得 408 基点期权费。该组合折合购汇成本由人民币兑美元 6.6990 降至人民币兑美元 6.6582(6.6990-0.0408)，比单独使用货币掉期的购汇成本低。

(2) 若到期日人民币兑换美元的汇率为 7.3000～7.3408，假设为 7.3200，则银行对美元看涨期权行权，企业获得 408 基点期权费的同时，须按即期汇率人民币兑美元 7.3200 购汇后，再按期权执行汇率人民币兑美元 7.3000 结汇，产生 200 基点汇差成本。该组合折合购汇成本由人民币兑美元 6.6990 降至人民币兑美元 6.6782(6.6990+0.0200-0.0408)。只要汇率介于该区间内，则该组合仍比单独使用货币掉期的购汇成本低。

(3) 若到期日人民币兑换美元的汇率高于 7.3408，假设为 7.5000，则银行对美元看涨期权行权，企业获得 408 基点期权费的同时，需按即期汇率人民币兑美元 7.5000 购汇后，再按期权执行汇率人民币兑美元 7.3000 结汇，产生 2000 基点汇差成本。该组合折合购汇成本由人民币兑美元 6.6990 提升为人民币兑美元 6.8582(6.6990+0.2000-0.0408)。只要人民币兑美元汇率高于 7.3408，则该组合综合购汇成本将大于单独使用货币掉期的购汇成本，且汇率越高风险越高。

上述案例中，银行为企业设计了货币掉期+卖出期权的组合，以实现企业的外汇避险需求。可以看出，灵活应用外汇衍生品及其组合是外汇避险的有效途径。国家外汇管理局编写的《汇率风险情景与外汇衍生产品运用案例集》中给出了 21 种外汇交易实用技巧，可以作为外汇避险的参考，内容如下。

①利用远期交易管理出口收入汇率风险。②利用择期远期交易管理出口收汇时间不确定的汇率风险。③利用平均价格远期交易集中管理多笔出口收入的汇率风险。④利用展期交易管理出口收汇时间变化的汇率风险。⑤利用提前交割交易管理进口付汇时间提前的汇率风险。⑥利用远期+滚动展期交易管理长期限汇率风险。⑦利用远期的期限分层滚动管理多期限汇率风险。⑧利用平仓交易管理出口收汇金额变化的汇率风险。⑨利用外汇掉期交易管理本外币流动性。⑩利用货币掉期交易管理境外放款的汇率和利率风险。⑪利用展期交易管理外债借新还旧的汇率风险。⑫利用期权交易管理偿还外汇贷款的或有汇率风险。⑬利用期权交易管理项目投标的或有汇率风险。⑭利用差额交割远期交易管理缴纳关税的汇率风险。⑮利用差额交割远期交易管理代理进口的汇率风险。⑯利用差额交割远期交易管理合并财务报表的折算风险。⑰外汇衍生产品履约交割时可以调整基础交易项目。⑱银行利用外汇衍生产品交易管理自身汇率风险。⑲利用交叉货币的套算交易管理小币种汇率风险。⑳通过核定企业套期保值总额度提高汇率风险管理灵活性。㉑个体工商户使用外汇衍生产品交易管理汇率风险。

四、外汇投资：逻辑与风险

(一)外汇投资的逻辑

汇率波动既给外汇兑换带来汇率风险，也为投资者提供了低买高卖的投资机遇。外汇投资的本质是通过两种货币之间的波动，赚取差价。例如，某一交易日汇率为 1 美元=6.100 0 元人民币，假设下一交易日的汇率变化为 1 美元=6.120 0 元人民币。假如投资者已经提前买入 1 手美元(10 万美元)，那么汇率上涨后，该投资者赚取的金额为：

$$(6.120\ 0-6.100\ 0)\times100\ 000 =2\ 000(美元)$$

外汇市场因涉及全球货币，交易量大，流动性高，受大户操控的可能性低于其他市场。与股票等投资品相比，其单日涨跌幅度一般也较小。同时，汇率波动主要取决于国家经济的强弱，这些因素更容易判断，降低了投资难度。另外，外汇交易市场范围涵盖全球，交易时间是 24 小时不间断的，这可以增加买卖各国外币获利的机会。鉴于以上优势，外汇投资成为投资者容易接受的一类投资。

外汇投资中的个人外汇买卖，又称为"外汇宝"。除此之外，外汇投资还包括外汇理财产品、B 股投资等。当然，外汇还可以与远期、期货、期权等金融衍生工具结合，构成外汇衍生产品，也可以单独进行外汇的保证金交易。这些衍生工具通常用于外汇投机、套利，也可以用作对冲外汇风险。案例 11-5，就是利用外汇衍生品对冲外汇风险的案例。

(二)外汇投资的风险

1. 汇率波动的风险

汇率波动的风险构成了外汇投资的基础风险。外汇既可以看作一种货币相对于另一种货币的价值，也可以类似于一般商品，将外汇看作另一种货币的价格。由于市场供需关系的存在，该价格必然存在涨跌，因此外汇投资也必然存在盈亏。

2. 金融衍生品的风险

若将外汇与远期、期货、期权类衍生品搭配，可以理解为是以外汇为标的资产的期货、期权，那么其操作逻辑、保证金制度和杠杆特征，与期货、期权等金融衍生品的性质是一致的。能否盈利的关键在于能否精准预测外汇的价格走势和幅度，这就需要结合前文提到的一国通货膨胀、国际收支、利率、政府政策、国际市场上的外汇供需状况进行综合判断。由于保证金制度和杠杆特性，如果不做好趋势预测和仓位控制，此类外汇投资的风险也是"一念天堂、一念地狱"。与普通期权、期货不同，外汇市场是一个国家金融体系中的重要部分，外汇市场风险可能会扩散为系统性金融风险。因此，外汇投资风险不仅限于个人资金风险，还有可能涉及国家金融安全。历史上的安迪·克雷格(Andy Krieger)做空新西兰元，索罗斯做空欧洲货币制造英镑危机，以及索罗斯做空泰铢等东南亚货币，引发亚洲金融危机，都是外汇衍生产品投机造成的国家风险。

3. 外汇投资骗局

进行外汇投资时，有部分投资者因为想要使用低廉的手续费，因此没有认真研究交易平台，这样很可能碰到诈骗集团假冒的交易商，骗取资金以及个人信息。例如，遇到无牌照的外汇经纪商或交易商；在交易信号和智能交易机器人盛行情况下，卖家提供高频交易信号，误导投资者进行频繁交易，增加手续费；价格操纵；外汇金字塔计划和多级营销的庞氏骗局和金字塔骗局；奖励和红利承诺骗局；代管交易账户和社交媒体诈骗等。

思 考 题

1. 收集"中航油套保巨亏"事件始末，探讨期货交易流程和风险意识，理解本章标题"扩张型"的含义。(要点提示：期货交易的价格走势预判、风险管理、投资心态)

2. 小明将要远赴德国留学三年，假设小明预期欧元兑换人民币存在长期贬值趋势，请为小明设计学费和生活费兑换和支付方案。(要点提示：考虑外汇汇率下跌/上涨的避险操作)

故事鼓励你追寻人生的真谛，尽管这并不容易。当你遇到逆境时会发现很多人都走过你走过的路，他们在这条路上留下的足迹，是值得你学习和借鉴的。

——美国电影导演戴维斯·古根海姆

第十二章　财商：故事与案例

学习目标

领会优秀人物的财商素养，分享案例人物的成功经验。

重点和难点

1. 领悟案例人物的财商素养。
2. 分析案例人物财富成功的原因。

引导案例

乔治·索罗斯被誉为"金融奇才"。他仿佛拥有某种神秘力量，一言一行都能引发商品或货币的瞬间波动，进而影响市场价格走势。一名电视记者曾如此描绘：当索罗斯投资黄金时，众人会纷纷跟进，金价因此攀升；当他质疑一种货币的价值时，这种货币便应声下跌……那么，索罗斯究竟是如何运作量子基金从而影响全球资本市场的呢？

(资料来源：本书作者整理编写.)

第一节　量　子　基　金

一、量子基金发展的三个阶段

量子基金是一种利用复杂的数学模型和算法进行投资决策的基金。索罗斯是量子基金的先驱之一，他将数学和物理学理论应用于金融市场的预测和交易中。量子基金的独特之处在于能够捕捉到市场中微妙的价格和趋势变化，并利用这些信息作出高效的投资决策。索罗斯指出，尽管量子基金被视作全球颇具影响力的对冲基金之一，但它仍然存在较大的风险，其投资活动包括但不限于股票、债券、外汇及其他金融产品。就像测不准原理所描述的，证券市场的变化往往无法被准确地衡量或预测。

(一)起步阶段

量子基金于 1969 年由罗杰斯和索罗斯联手发起，初步投入 400 万美元。最初，这个机构由索罗斯担任交易员，罗杰斯担任研究员，他们经过十年的共同努力，形成了华尔街的传奇组合。量子基金开始运作时，实力有限，索罗斯与罗杰斯坚持努力探索，研究各种商业期刊，并对数以百计的企业财务状况进行深入的财务分析，以期发掘出更多有价值的投资机会。

索罗斯把握住了投资银行股票的良好时机。1972 年，索罗斯注意到银行业声望不佳，管理水平低下，投资者并不感兴趣。但通过深入调查分析，索罗斯发现许多商学院毕业的学生都在投身银行业，银行的盈利能力随之不断提高。基于这一事实，索罗斯果断选择大力投资银行股票。最终在短短数月之内，银行股价如期暴涨，索罗斯借此机会轻松赚取了50%的收益。

索罗斯不仅擅长在股市中发现低估和高估的机会，还擅长进行股权转让。他曾参与过一个著名的股权转让案例，即向雅芳化妆品公司提供 1 万股股权。这笔转让最终使雅芳化妆品公司股票暴涨。两年之内，索罗斯将雅芳化妆品公司的 1 万股股票卖出，获得了 100 万美元的收益，比原本的预期收益高出 5 倍。

(二)发展阶段

索罗斯是一位杰出的投资家，其卓越的财富素养与投资实力使量子基金的规模不断扩张。他判断准确，投资组合屡屡受益，并且每次都把握住机会，取得巨大的投资回报。

在索罗斯的带领下，量子基金于 20 世纪 90 年代狙击全球金融市场，成为知名度最高的一支对冲基金。索罗斯与量子基金的几次战略性行动，如狙击英镑、进攻泰铢、参与引发东南亚金融危机等，堪称史诗般的壮举。1997 年，量子基金的规模达到了 60 亿美元。

(三)衰败阶段

1997 年 7 月，索罗斯再次将目光投向港币，意图像在英国、东南亚、泰国一样做空港币。在货币外汇市场，索罗斯通过老虎基金和量子基金募集到大量美元，随后到香港银行作抵押，借出大量港币。然后立即在香港金融市场抛售，导致港币贬值。索罗斯预测，港币会像泰铢一样对美元大幅度贬值，因此计划按照当时的利率进行还款，从而赚取巨额差价。然而，香港特别行政区政府通过与中国中央政府的联系，动用全部外汇储备大量买进，阻止港币贬值。最终索罗斯的努力未果，他领导的空方势力因此付出沉重代价，未能实现预期结果。

2000 年，美国互联网科技股泡沫破灭，由于缺乏有效的风险管理，索罗斯对互联网的投资遭受严重打击，不得不宣布量子基金停业。

二、动态化财富增长

(一)稳健型投资风格——基金做空

量子基金是一种独特的对冲基金，它的最大优势在于杠杆操作倍数可以达到惊人的八倍，从而使其收益率大幅提升，但同时也伴随着极大的投资风险。量子基金与传统证券投资基金有着明显不同，这些不同体现在多个方面。首先，在基金投资者和资金募集方式方面，证券投资基金更广泛地面向大众投资者，而量子基金往往吸引着更专业、更富裕的投资者。其次，量子基金的特点是其信息披露要求比传统基金更加严格，风险特征非常明确，因此它们往往会接受更严格监督。最后，量子基金能够通过运用各种金融手段，如杠杆融资、风险管理、技术创新等，来获取远远超出市场预期的收益，也可以通过多种投资策略，如长线持有、中线持有、短线持有以及波段操作，来捕捉市场波动，以获取更大收益。基金经理一般会根据自己的偏好进行决策，他们会对不同的基金类型进行不同的配置。总之，量子基金的潜力巨大，其对现代金融市场的影响力越来越强。然而，这种投机活动也具有较高风险，需要投资者具备相应的专业知识和风险承受能力。

索罗斯的量子基金是对冲基金的杰出代表，他们通常利用全球经济的不确定性，敏锐地发现某个国家的股市、利率、汇率等经济变量偏离均衡，就会迅速投入大量资金。一旦这个国家的经济状况出现变化，量子基金就能够从中获取丰厚收益。索罗斯始终以全球宏观视角，在国际市场中寻找投资机会，自上而下地判断宏观市场的核心矛盾，发现大类资产被错误定价。这种宏观市场中大类资产被错误定价的情况并不多，因而索罗斯需要放眼全球市场，一旦发现哪个国家出现了机会，他就会趁机介入。大类资产出现错误定价，一般来自宏观周期错位或者市场失效。机会虽然不多见，但一旦抓住，往往可以带来高额收益，特别是索罗斯这样敢于加重注，使用高倍杠杆的做法，更是可以放大收益。但这种投资方式如果使用多倍杠杆撬动巨额资金，攻击一个国家的货币、国债、股市，也容易引发一个国家甚至多个国家的金融风暴。

(二)技术进步——理论创新与实践

传统经济学家坚信市场是理性的，并主张股票价格的确定可以通过理性计算获得。索罗斯在深入研究华尔街投资之后，意识到以往的经济理论并不能完全解释当前的市场状况，因此他开始从哲学角度探索金融市场的运行机制，以便更好地理解有效市场假说，以及股票价格如何准确地反映信息。

索罗斯认为，金融市场存在动荡和混乱的现象，而投资者的预期和偏见会对股票价格产生影响，数学公式无法完全掌控市场。人类对于任何事物的理解都有局限性，投资者的偏见会导致股票价格波动，从而使市场价格无法准确地预测未来的发展趋势。也就是说，未来的发展取决于当前的预测，而当前的预测又会影响未来的发展。因此，投资者的反应会影响股票价格，而不是仅仅取决于他们的内心情绪，这种情绪比客观数据更为重要。在索罗斯看来，股票的价格不仅仅是股票本身价值的反映，更是决定股票价值的重要因素。如果投资者的观念与实际情况存在较大差异，而又无法及时调整，那么市场将会剧烈波动，甚至可能出现由繁荣转向萧条的情况。投资者要想取得成功，必须要有敏锐的洞察力，能够预测未来可能出现的情况，把握市场的变化趋势，及时发现危机的临界点，从而作出正确的决策，获取最大的收益。索罗斯还认为，由于投资者的偏好，他们可能会被动地追随潮流，从而使市场陷入混乱。在索罗斯的独特投资理论中，他认为投资者应当具备独立思考的能力，不受群体心理的影响，而是根据自己对市场的判断和理解进行决策。这样的投资者在面对市场变动时能够保持冷静，准确把握投资时机。索罗斯在建立起自己独特的投资理论之后，便毅然抛弃了传统的思维模式，转而将其应用于复杂多变的金融市场，以此来检验其理论的可行性。

1981年1月，罗纳德·威尔逊·里根(Ronald Wilson Reagan)担任美国总统，他领导了一系列新政策，试图重振陷入困境的美国经济。这一时期美国经历了盛衰交替的周期，从经济衰退到繁荣的投资环境发生显著变化。里根政府实施了一项称为"里根经济学"的经济政策，其中最重要的举措之一是减税，旨在刺激投资和经济增长。贷款利率逐渐下降，促使更多的企业和个人借款进行投资。这一政策带来了积极的效果，股票市场迎来了长期上涨趋势。索罗斯的量子基金在 1982 年收益率高达 56.9%，净资产也从原来的 1.933 亿美元飙升至 3.028 亿美元。

随着美国经济的发展，美元升值，美国贸易逆差大幅上升，预算赤字逐年增加，索罗斯认为美国正在走向萧条，一场经济风暴将会席卷美国。随着石油输出国组织的解体，原油价格下跌，美国通货膨胀开始下降，相应地，利率也将下降，促使美元贬值。索罗斯密切关注着政府及市场动向，预测美国政府将采取措施支持美元贬值。索罗斯不断大幅增加资金，他坚信即使美元出现波动，也不会立即改变市场走向，而且会随着市场的演进而逐渐减弱。他希望能够抓住市场的反弹，利用美元的贬值来获取最大的收益。

1985 年 9 月，当时的美国国会众议院主席贝克(Baker)签署了《广场协议》，要求中央银行采取行动，以抑制美元的升值。第一天，《广场协议》的签署导致美元大幅度贬值，这一日的美元暴跌让索罗斯获得 4000 万美元的收益。在随后的几周里，美元仍持续走低。10 月底，美元已贬值 13%，1 美元只能兑换 205 日元。1986 年 9 月，美元甚至达到 1 美元兑换 153 日元的水平。最终索罗斯凭借此次巨额投资，获得的收益高达 1.5 亿美元。

(三)财富倍增——数据应用

索罗斯的财商素养也体现在职业能力上，他对数字的敏锐度和对数据的把握力鲜有人及。在金融投资中，这些能力对于投资决策的正确性至关重要。它们涉及对财务报表、市场数据和经济指标的分析和解读，以及对投资风险和回报的量化评估。索罗斯通过对数据资料的分析，能够准确地评估投资机会，并作出明智的决策。

1979 年，欧洲经济共同体创立了欧洲汇率机制，旨在确保欧洲货币的汇率在一定范围内的浮动，维持各国货币之间的汇率稳定。但它也存在一些缺陷，即各国之间必须互相协调经济政策，保持基本面接近，以便实现更加稳定的欧洲金融市场。英德通货膨胀水平之间的差距对汇率机制构成了挑战。然而，由于全球经济分化，以及国际贸易的复杂性，英德的货币政策面临着严峻挑战。

20 世纪 90 年代，外汇市场的变化日新月异，央行仅依靠几百亿美元的外汇储备，已无法有效控制国内货币。索罗斯领导的投机者们发现，英镑和德国马克的价值都有所偏差，于是，索罗斯卖空了价值 70 亿美元的英镑，同时买入了价值 60 亿美元左右的德国马克和一部分法国法郎。不仅如此，他们卖空英镑的同时还买入了英国的股票和卖空了德国的股票，下注英镑贬值后英国股市会上涨，而德国则正好相反。

当时，英国央行采取了坚决的抵抗措施，通过国际货币基金组织(IMF)的融资，累计筹集了 269 亿美元的资金，以购买英镑，并且大幅将利率调升至 15%。但最终，索罗斯的推波助澜让全世界的投机者纷纷涌入，英国央行的努力只能付诸东流。英国央行的资金虽然有限，但仍无法阻止国际市场的恐慌情绪，令英镑兑换德国马克的汇价从 2.95 一路跌至 2.8。德国政府意识到降息可能导致国内通货膨胀，因此最终决定不再让德国马克降息。1992 年 9 月 16 日，英国央行不得不放弃欧洲汇率机制。英国政府将此日定为"黑色星期三"。索罗斯在对英镑进行的"货币阻击战"中展现了投资者的巨大力量，也引发了国家对金融市场稳定性的关注和对投机行为的监管。

数据是投资者对市场动向分析的最关键工具，索罗斯正是通过对数据的敏锐观察和全面应用，击败了英格兰银行，打开了财富增长的大门。

(四)把握投资方向——东南亚金融战役

20 世纪 90 年代初期，东南亚地区经济突飞猛进，取得了惊人的增长。东南亚各国一直抱有积极的预期，努力实现财富的可持续增长，大力实施金融政策，以期能够建立一个全球性的金融枢纽。但是，这种繁荣背后，也存在一些潜在的风险。比如，东南亚地区的财富增长在很大程度上依靠外资驱动，而非内生发展动力。放宽金融管制的同时，容易受到来自世界各地的国际资本的冲击。由于经济快速增长，东南亚国家普遍存在过度投机、企业估值过高及市场需求过度扩张等问题，经济危机的风险逐渐加大。

随着时间的推移，东南亚地区各国的经济运行出现了明显的泡沫。当时泰国在东南亚国家中的金融市场自由程度最高，泰铢与美元挂钩，资本自由进出。泰国银行将大量外国资金转移到房地产业，导致供求严重失衡，银行坏账和不良贷款激增，资产质量严重恶化。根据 1997 年上半年的数据，泰国银行的负债总额为 310 亿～350 亿美元。贷款结构混乱，使泰国的经济状况更加糟糕。索罗斯通过对经济形势的敏锐、精准分析，认为东南亚的金融机构缺乏稳健的发展，因此计划首先对泰铢发动猛烈冲击。

1997 年 3 月，面对泰国的经济局势，索罗斯预见到了一个重要的转折点，即泰国中央银行宣布国内 9 家金融公司和 1 家房地产贷款公司面临高风险资产和流动性不足的问题。因此，他与团队开始大量抛售泰铢，这一举措使泰国的外汇市场剧烈震荡，泰铢持续下跌，最低跌至 1 美元兑换 26.70 泰铢。1997 年 6 月下旬，索罗斯为了获取更多的投机收益，继续对泰铢进行打压，导致全国市场陷入一片恐慌，泰铢价格急剧下降，投机者纷纷出手抢购。为此，该国政府投入了 300 亿美元的外汇储备和 150 亿美元的国债进行干预，但是效果有限。最终泰国当局不得不取消固定汇率制度，转而采取浮动汇率制度。此后泰铢的价格持续大幅走弱，7 月 24 日，1 美元兑换 32.63 泰铢，达到了历史最低点，泰国政府损失了 40 亿美元。

(五)财富形态变化——金融工具过度使用

金融工具可以转移财富分配，转嫁风险，但过度使用金融工具及其衍生工具容易加剧金融风险和市场波动。

量子基金从 20 世纪 90 年代开始，相继做空日股、狙击英镑、做空墨西哥货币比索和股票、做空泰国货币泰铢等，但它最终在 2000 年的美国互联网科技泡沫中倒下。1998 年，俄罗斯的国债"黑天鹅"事件和日元投资上的失利，让量子基金的净值受挫。1999 年，美国的互联网科技股泡沫吸引了索罗斯的注意，他决定回到美国股市，做空疯涨的科技股。此时，互联网科技股持续上涨，谁都不知道泡沫何时才能破灭，于是索罗斯一边忍受亏损，一边不断追加资金。

但在第四季度，索罗斯决定改变策略，开始做多科技股，量子基金仅用一个季度就扭转了一年的亏损，甚至还赚取了 35%的收益。索罗斯明白此时科技股的泡沫之高，风险之大，于是在 2000 年 2 月他退出了这场"击鼓传花"的游戏。但在量子基金空仓的这段时间，这些科技股的势头依然不减，市场上的其他参与者都在赚钱，有时踏空甚至比亏损更让投资人难以接受。

于是，索罗斯决定再次入场，为市场再添一把火。但 2000 年 4 月，互联网科技股泡沫破裂。索罗斯在 4 月 28 日遭遇了重大损失，高达 50 亿美元，他不得不放弃投资。

索罗斯像一名投机客，即便认识到互联网科技股被严重高估，但最后还是加入多头，助长泡沫，赚取短期交易的钱，但终被反噬。泡沫破裂之时，无数被赋予无边界价值的科技股转瞬变为废纸。"倾巢之下，岂有完卵"，曾血洗国际资本市场的索罗斯也没能及时出逃，仅 1 个月就亏损了 50 亿美元，量子基金被宣布关闭。

三、量子基金的管理

2000 年后，量子基金重组为索罗斯基金管理公司(Soros Fund Management)，风格更趋稳健。

索罗斯基金管理公司是乔治·索罗斯(George Soros)在重组量子基金后成立的家族办公室，负责管理其个人及家族财富。该团队由资深投资专家、宏观策略师和行业分析师组成，风格比量子基金时期更为稳健，但仍保持全球宏观投资的核心策略。

(一)团队成员

1. 首席投资官(CIO)

道恩·菲茨帕特里克(Dawn Fitzpatrick)：前瑞银(UBS)全球投资主管，负责管理索罗斯家族的超 250 亿美元资产。

2. 投资团队核心成员

(1) 宏观策略组。

亚当·费舍尔(Adam Fisher)：全球宏观交易主管，专注外汇、利率及地缘政治风险。

乔纳森·索罗斯(Jonathan Soros)(乔治·索罗斯之子)：曾参与公司管理，后创立自己的投资公司 JS Capital。

(2) 股票与行业投资。

菲奥娜·西塞罗(Fiona Cicconi)：医疗健康行业分析师，推动对生物科技公司的长期投资。

(3) 新兴市场。

陈凯丰(Kevin Chen)：亚洲市场策略负责人，专注中国及东南亚机会。

卡洛斯·阿尔贝托(Carlos Alberto)：拉美市场专家，曾参与巴西、墨西哥的宏观经济押注。

3. 研究与风控团队

大卫·诺瓦克(David Novak)：首席风险官(CRO)，负责量化模型与投资组合压力测试。

艾琳·布朗(Erin Browne)：多资产策略主管，平衡宏观与微观风险。

(二)团队管理与运作

索罗斯基金管理公司是一家非常灵活且分散的投资公司，其内部管理也采用了相对分散的方式。该公司的投资策略由一个投资委员会来制定和执行。该委员会由一些具有经验和资质的投资者组成，他们负责评估市场趋势和投资机会，制定和调整投资策略，并且监督公司的投资组合和风险管理过程。

索罗斯基金管理公司拥有一个非常完善的财务和风险管理系统。公司制定了严格的财务规范和风险控制制度，以确保财务稳健和风险可控。此外，公司还采用了一些高级的金融工具和策略，以实现更好的风险管理和投资回报。

索罗斯基金管理公司的投资组合由多种不同类型的资产组成。包括股票、债券、房地产和商品等。公司采用多样化的投资策略和工具，以实现风险和回报的平衡。另外，它还会根据市场情况调整投资组合，以保持投资组合的多样性。

第二节　福布斯全球亿万富豪榜

情景导入

1917 年，伯蒂·查尔斯·福布斯(Bertie Charles Forbes)创办了美国历史上第一本商业新闻杂志《福布斯》。在创刊号上，他亲自撰写了一篇名为《败家子掌权——乔治·古德：美国财经企业的悲剧》的文章，不久之后，这家企业瓦解崩溃。杂志的第二期刊登了对时任世界首富、标准石油公司大亨洛克菲勒的采访，并对其公司未来发展作出了负面评论。不久后，标准石油公司果然遭遇拆分解体。这些事件让公众坚信，《福布斯》杂志具有深入的洞察力和卓越的预测能力，商界精英纷纷将其视为必备读物。如今，《福布斯》已从一本商业杂志发展成为一个庞大的财经传媒帝国。

(资料来源：本书作者整理编写.)

一、福布斯全球亿万富豪榜的起源、意义与作用

福布斯全球亿万富豪榜的创立者是《福布斯》杂志。福布斯杂志认为，通过公开富豪们的财富信息，可以激励更多的人追求成功和财富，从而推动社会进步。因此，1982 年，《福布斯》杂志首次发布了全球 400 位最富有人士的排名。此后，福布斯全球亿万富豪榜逐渐发展成为全球最具权威和影响力的财富排行榜。

(一)福布斯全球亿万富豪榜的评选标准

1. 股票市值

福布斯会参考公开上市公司的股票价格，计算富豪持有的股份市值。

2. 私人资产

私人资产包括房地产、艺术品、珠宝等非上市资产。

3. 债务

福布斯还会考虑到富豪的债务规模，从总资产中扣除。

4. 控股公司估值

对于非上市公司，福布斯会参考同行业上市公司的市盈率、市净率等数据，估算其价值。

(二)福布斯全球亿万富豪榜的意义与作用

福布斯全球亿万富豪榜在全球范围内产生的影响力和作用，具体表现在以下几个方面。

1. 激发创富热情

福布斯富豪榜展示了成功企业家的财富成就，激励更多的人投身商业领域，追求致富目标。

2. 影响政策制定

政府部门和经济学家通常会关注福布斯富豪榜，以此为依据制定有关财富分配和税收政策等。

3. 引导投资方向

福布斯富豪榜揭示了各行业的盈利能力，引导投资者关注具有潜力的领域。

4. 塑造社会价值观

福布斯富豪榜强调了财富创造的重要性，影响着人们对成功和幸福的定义。

自 1982 年以来，《福布斯》杂志每年都会发布福布斯全球亿万富豪榜。作为全球最具权威性和影响力的财富排行榜，福布斯富豪榜不仅反映了全球亿万富翁的财富状况，还成为衡量一个国家或地区经济实力和商业活力的重要指标，在很大程度上推动了经济发展和社会进步。

福布斯全球亿万富豪榜单是全球商业界和投资者了解全球商业情况、投资机会和市场趋势的重要参考。该榜单不仅反映了全球商业发展的趋势和方向，还充分反映了市场竞争态势和公司战略执行能力的优劣。

二、福布斯全球亿万富豪榜上榜人物分析

(一)福布斯全球亿万富豪榜前 100 位出现次数最多的富豪

杰夫·贝索斯(Jeff Bezos)：亚马逊公司创始人和前首席执行官，自 2013 年起多次位居福布斯全球亿万富豪榜榜首。

比尔·盖茨(Bill Gates)：微软公司创始人，多次进入福布斯全球亿万富豪榜前列。

马克·扎克伯格(Mark Zuckerberg)：Facebook 创始人之一，社交媒体巨头，是当前福布斯全球亿万富豪榜前十位中最年轻的富豪。

埃隆·马斯克(Elon Musk)：特斯拉汽车公司和 SpaceX 公司的创始人，近年来由于公司股价增长迅速，他的财富也大幅增加。

沃伦·巴菲特(Warren Buffett)：伯克希尔·哈撒韦公司董事长兼首席执行官，被誉为"股神"。

伯纳德·阿尔诺(Bernard Arnault)：全球最大的奢侈品企业 LVMH 集团的董事长，自2018 年起多次位于榜单前十。

穆克什·安巴尼(Mukesh Ambani)：印度信实工业集团(Reliance Industries)的董事长，集团业务涉及石油化工、炼油、电信和零售等多个领域。

拉里·埃里森(Larry Ellison)：甲骨文公司联合创始人，计算机软件业巨头。

卡洛斯·斯利姆·埃卢(Carlos Slim Helú)：墨西哥著名企业家，在电信、工程和房地产等领域取得了巨大成功。

(二)主要上榜人物分析

1. 埃隆·马斯克

埃隆·马斯克在 2021 年从福布斯全球亿万富豪榜的第 31 位飙升至第 2 位，在 2022 年首次登顶富豪榜首。马斯克在青年时期就敏锐地意识到未来最具前景的四个行业是互联网、清洁能源、太空探索和人工智能。马斯克是一个梦想家，他宣称自己的最终目标是帮助人类成为跨星球物种，以确保在发生巨大的灾难时，人类文明能够延续。这是他积累财富的唯一目的，也是支撑他一直坚持下去的核心动力。马斯克认为，如果一件事足够重要，即使成功率不高，也应该去做。

1995 年，马斯克第一次创业，建立了网站 Zip2，赚到了人生中第一桶金——2200 万美元。获得巨额财富后，马斯克并未沉迷于享乐，过上奢侈炫富的生活，而是将所有的资金都投入到了全新的项目中，即电子支付平台 X.com。这样大胆的举动源于马斯克拥有清醒的头脑和孤注一掷的勇气。马斯克创业并不仅仅是为了获得财富，更多是对财富进行最大化利用，这帮助他逐步扩大了商业版图，而非受制于财富，故步自封。

离开互联网领域后，马斯克进行了第三次创业，创立了太空探索公司 Space X。他声称要开发只有世界上几个超级大国才能够制造的太空运载火箭，当时这被大众认为是不可能实现的。2006—2008 年，SpaceX 的三次火箭发射全部以失败告终，这对于马斯克来说是致命的，因为公司的账面资产仅够支持马斯克和他的团队进行三次火箭发射尝试。但马斯克最卓越的品质就在于追求梦想，永不放弃。他变卖了自己的房产，向公司所有员工集资，将这些资产全部投入到公司的运营中。之后马斯克以坚持到底的姿态进行了第四次尝试。如果第四次火箭发射仍然不能成功，他将会一无所有，并且负债累累。最终在马斯克的不懈努力下，2008 年，这家只有 500 人的私人企业完成了一项超级工程，SpaceX 的第四次发射获得成功。凭借这一成绩，SpaceX 获得大量订单，之后逐渐成长为全球航天领域最稳定的运营商之一。

2. 沃伦·巴菲特

沃伦·巴菲特是美国伯克希尔·哈撒韦公司的董事长兼首席执行官。1983 年，巴菲特第一次进入福布斯富豪排行榜 400 强。2007 年，巴菲特以 520 亿美元的财富位于排行榜的第二，2008 年首次登顶该榜单，此后多年一直位居前五。

巴菲特从小就对赚钱有着浓厚的兴趣，为此他熟读多本经营类书籍，并从中得到启发。14 岁时，巴菲特开始经营报纸生意，每天早上 4 点半起床，送 500 份报纸。几个月内，他共送出 60 万份报纸，赚取了 5000 美元。之后巴菲特用报纸生意的收益收购了许多二手弹球机，并放在学校附近的理发店，并与老店主五五分成。在校期间，他通过弹球机业务获得了持续的收入。15 岁时，以 1200 美元卖掉了自己的 "弹球公司"，用这笔钱买下了一块农场，并将土地转租给附近农民，开始了农场租赁生意，为自己带来稳定的收益。16 岁时，巴菲特迷上了赌马，由于年龄限制，他无法直接参与，便收集所有赌马书籍，仿制出一部《马经》，在马场售卖，赚取了大笔利润。

20 世纪七八十年代，巴菲特投资了《波士顿环球报》《华盛顿邮报》等报刊和可口可乐公司，获得了巨额回报。此时，伯克希尔公司已成长为令人瞩目的投资金融集团。1991 年，巴菲特第一次见到比尔·盖茨，比尔·盖茨建议巴菲特对微软进行投资，当时已可预见到计算机即将改变世界。但巴菲特认为计算机并不会改变人们以往喝可乐、嚼口香糖的生活习惯，而这才是巴菲特擅长投资的领域。因此，巴菲特拒绝了投资微软的机会，选择继续在自己熟悉的领域进行研究。巴菲特认为，投资与打棒球一样，只有在球飞向理想区域时挥杆，平均击中率可以高达 40%，如果在不太合适的区域内挥杆，击中率只能达到 20%。击球最重要的是等待正确的时机，投资也是如此。它不需要在每一个可能成功的时机都进行投资，只需要在正确的时候，做几个正确的决定即可。即使只了解几个行业，只要坚持自己的选择，一直做下去，就能获得财富。

3. 张一鸣

张一鸣是字节跳动科技有限公司的创始人。2021 年，张一鸣的身价达 594 亿美元，成为福布斯全球亿万富豪榜上中国第二大富豪，也是中国互联网行业的首富。

张一鸣认为，对事物的深度认知是创业最为关键的因素。认知来自读书和深度思考，正确且有深度的认知可以超越当下已有的观念。例如，2012 年，字节跳动公司成立之初，张一鸣力主开发个性化的推荐引擎，而此时全世界还从未有人研发过此类软件。面对理论和实践经验的空白，张一鸣表示，没有基础知识可以通过学习来弥补。但如果不解决个性化问题，只对产品做一些微创新，这样不可能取得根本性的突破，即使能够获得移动互联网的红利，也不会创造真正的价值。于是，张一鸣自学了推荐系统的相关知识，并开发了第一版个性化推荐引擎。最终，今日头条成功上线后，通过个性化推荐引擎获得了巨大的利润。

此外，张一鸣一直以开放的心态面对一切，包括竞争对手。他认为竞争对手是最好的教材，通过分析并了解竞争对手，掌握他们的市场策略，可以帮助自己策划出更有效的市场营销方案，实现在竞争中促进自身的进步，提升市场竞争力。

第三节 红杉资本

情景导入

　　1972 年，脾气火暴的硅谷芯片行业营销高管唐·瓦伦丁(Don Valentine)决定涉足风险投资，红杉资本应运而生。瓦伦丁是纽约州一名卡车司机的儿子，他眼光独到，能够发现那些开创伟大企业的特立独行者。得益于红杉资本对爱彼迎(Airbnb)、多宝箱(Dropbox)、火眼(FireEye)、帕洛阿尔托网络(Palo Alto Networks)、Stripe、Square 和 WhatsApp 等公司的发掘和投资，红杉资本有 9 位合伙人在 2017 年登上了福布斯"全球最佳创投人"榜单。

(资料来源：本书作者整理编写.)

一、资本概况

　　红杉资本是一家成立于 1972 年的美国风险投资公司，总部位于硅谷。红杉资本是一家著名的机构投资者，致力于投资创新型和领先的企业。该公司拥有超过 3 000 亿元人民币的资产，并已投资了众多国内外知名公司，包括苹果、谷歌、思科(Cisco)、甲骨文(Oracle)、雅虎(Yahoo)、领英(LinkedIn)等。

　　红杉资本在科技、消费、医疗健康等领域投资广泛，是创业投资服务品牌中的一员。他们的投资范围广泛，涉及多个领域，包括互联网行业巨头字节跳动、电商平台 Shein、能源公司远景能源，以及全球领先的电信服务提供商 Canva 等。通过对这些领先企业的股权投资，红杉资本为这些公司提供了数亿元的融资支持，助力它们实现快速发展。

　　作为全球知名的做市商 Citadel Securities 的合作伙伴，红杉资本成立了红杉中国种子基金，以支持中国的初创企业，这为中国创业者提供了更多的资金来源和专业支持。目前，红杉资本的估值达到了 220 亿美元，相当于 1400 亿元人民币，证明了其在风险投资领域的影响力和实力。

　　红杉资本以其丰富的投资经验和强大的资源网络，在全球范围内赢得了良好的声誉。公司通过投资具有潜力的企业，促进了创新和技术的发展，推动了经济的增长。作为一家具有影响力和实力的风险投资公司，红杉资本在推动新兴产业发展和经济转型方面发挥着重要作用。

二、资本运作

　　风险投资在当代金融史上有一个非常经典的案例，即思科公司(创业者)与红杉资本(投资人)的合作。红杉资本关注科技初创公司的潜力，能够精准、高效地识别哪些企业具有投资价值。思科公司最初是由两位大学教授为设计路由器而创立的公司，拥有当时最前沿的科技思想和解决互联网连接问题的能力，但由于缺乏资金迟迟未能大批量生产和商业化。此时，红杉资本看中了思科的技术实力和市场前景，果断投资了思科。红杉资本创始人瓦伦丁以 250 万美元的价格买下了思科 1/3 的股份，并成了思科的董事会成员。在接下来的几年里，瓦伦丁重组了思科的管理团队，到 1990 年思科在纳斯达克上市时，公司的盈利能力已经增长了近 40 倍。红杉资本对思科的投资对整个风险投资行业而言，不仅在于巨额的投资回报，还在于风险投资人可以通过进入初创公司的管理核心，引入专家团队，使公司以极快的速度发展壮大，在近十年的时间里主导整个行业，从而改变公司的命运。

对于思科这样的大企业来说，最有竞争力和威胁的对手是小型科技企业。一旦这些小型科技企业出现颠覆性技术创新时，将对思科造成重大打击。因此，思科与红杉发展出了一种新的合作模式，即红杉利用其强大的识别能力，对这类有价值的科技初创企业进行投资，并在合适的时候，推动和促成这些小企业被思科并购，以此来降低思科遭受竞争和威胁的可能性。于是思科可以通过不断并购来提升自我，通过"资本市场机制+产业整合"的方式维持其在本行业内的龙头地位。

总之，红杉资本借助思科的前沿科学视野及遍布全球的营销渠道，可以持续寻找并投资有潜力的新兴企业，以较低的代价实现其长期收益。思科则借助红杉的财力、眼光和资源不断提升其在行业中的影响力，最终实现在国际市场的霸主地位。

三、经验与启示

(1) 深入洞察行业趋势。红杉资本的成功部分归功于其对科技和创新领域的深入了解。这表明了深入了解行业趋势、技术发展和市场需求的重要性。创业者和投资者应时刻关注行业的变化和创新，以便抓住机会。

(2) 寻找优秀的团队。红杉资本注重投资公司的管理团队。这表明，优秀的创业团队对于项目的成功至关重要。创业者和投资者应该在选择合作伙伴和投资项目时特别注意团队的素质和能力。

(3) 坚持长期价值。红杉资本的投资哲学强调长期价值创造。这意味着在投资决策中，应考虑公司的长远增长和可持续性，而不仅仅关注短期利润。创业者和投资者可以从中学到将眼光放长远的重要性。

(4) 创业支持和指导。红杉资本不仅提供资金，还提供战略性的指导和支持。这强调了创业者在初创阶段可能需要更多的支持和指导。创业者可以积极寻求导师和合作伙伴，以帮助他们在复杂的商业环境中取得成功。

(5) 适应不断变化的环境。红杉资本的成功也与其能够适应不断变化的科技和商业环境有关。这表明了在快速变化的市场中，灵活应对的重要性。创业者和投资者应具备适应变化和创新的能力。

思　考　题

1. 查阅高瓴资本的投资策略，分析高瓴资本的投资理念和投资风格。(要点提示：积

极型财富增长；稳健型财富增长)

2. 讨论"芒格"基金的投资方向及资金运作路径，理解投资风格对财富增长的作用。(要点提示：财富倍增路径)

3. 从投资风格和方向方面总结 2023 年福布斯富豪榜前 10 位的投资规律。(要点提示：投资类型、财富来源)

参 考 文 献

[1] [德]博多·舍费尔.小狗钱钱[M].王钟欣,余茜,译.海口:南海出版公司,2009.

[2] [美]罗伯特·T.清崎,莎伦·L.莱希特.富爸爸 穷爸爸[M].北京:世界图书出版公司,2000.

[3] [德]博多·舍费尔.财务自由之路[M].刘欢,译.北京:现代出版社,2017.

[4] [法]埃斯特·迪弗洛,[印]阿比吉特·班纳吉.贫穷的本质[M].景芳,译.北京:中信出版社,2013.

[5] [美]彼得·林奇,约翰·罗瑟查尔德.彼得·林奇教你理财[M].北京:机械工业出版社,2010.

[6] 张磊.价值[M].杭州:浙江教育出版社,2020.

[7] [美]彼得·考夫曼.穷查理宝典:查理·芒格智慧箴言录[M].李继宏,译.北京:中信出版社,2016.

[8] [美]苏世民.苏世民:我的经验与教训[M].赵灿,译.北京:中信出版社,2020.

[9] [美]欧文·费雪.利息理论[M].陈彪如,译.北京:商务印书馆,2013.

[10] [美]本杰明·格雷厄姆.聪明的投资者[M].王中华,黄一义,译.北京:人民邮电出版社,2010.

[11] [美]霍华德·马克斯.投资最重要的事[M].李莉,石继志,译.北京:中信出版社,2012.

[12] [美]埃德温·勒菲弗.股票大作手回忆录[M].丁圣元,译.沈阳:万卷出版公司,2010.

[13] 中共中央马克思恩格斯列宁斯大林著作编译局.马克思恩格斯文集[M].北京:人民出版社,2009.

[14] 纪明山.古典经济学家怎样理解财富和财富增长[J].南开经济研究,1987(4):55-60.

[15] 贾聪聪.对马克思商品"使用价值"的再认识及其现实意义[J].理论观察,2018(10):27-29.

[16] 蒋南平,徐明.资本有机构成理论发展的新态势与当代中国的实践[J].社会科学研究,2020(4):40-46.

[17] 孔陆泉.《资本论》三大理论新解[M].南京:南京大学出版社:2021:288.

[18] 李发昇,张维.经济增长决定要素研究[J].天津大学学报(社会科学版),2011,13(5):413-417.

[19] 李松龄.资本有机构成理论的深化认识和现实意义[J].福建论坛(人文社会科学版),2017(11):5-14.

[20] 李业正.浅谈企业管理与经济效益的关系[J].营销界,2022(21):140-142.

[21] 孟捷,冯金华.劳动价值新论:理论和数理的研究[M].北京:中国人民大学出版社,2018:287.

[22] 时振清.宇宙与生物起源及演化的时序特征[J].地理教育,2008(5):20-21.

[23] 孙乐强.马克思的使用价值理论及其哲学意义的再思考[J].理论探讨,2017(5):69-74.

[24] 杨爱元.劳动经济学[M].北京:人民邮电出版社,2014:341.

[25] 褚长湘.人力资源管理对经济效益的影响及措施[J].中国市场,2023(5):102-104.

[26] 华秀萍,毕坚达.石豪骞.普惠金融的适度水平:金融稳定的视角[J].经济学(季刊),2023,23(3):1131-1149.

[27] 许雪晨,田侃.部门扭曲与宏观经济波动:以金融危机为例[J].世界经济,2023,46(5):58-89.

[28] 孙巾雅.金融资本的时间扩张路径与债务危机——基于马克思主义政治经济学视角[J].理论月刊,2023(5):98-104.

[29] 李黎力. 实体、金融与不稳定性：明斯基与马克思[J]. 教学与研究，2023(4)：84-95.

[30] 郝宇彪，张丽君. 资源诅咒、货币错配与发展中国家债务危机[J]. 学海，2023(2)：141-152.

[31] 刘志洋，宋雨楠. 金融衍生产品市场降低全球银行业系统性风险了吗？[J]. 世界经济研究，2023(2)：66-77+135.

[32] 高泽，郇庆治. 2008 年金融危机以来国外生态社会主义研究新进展[J]. 国外理论动态，2023(1)：88-96.

[33] 胡春阳，马亚明，马金娅. 重大事件冲击下金融市场与实体经济间双向尾部风险溢出效应[J]. 金融经济学研究，2023，38(2)：3-19.

[34] 张发林. 全球金融治理与中国[M]. 北京：中国人民大学出版社，2020：247.

[35] [美]龙安志. 人民币国际化：重构全球经济新秩序[M]. 张梦溪，译. 北京：中华工商联合出版社，2020：229.

[36] 陈漓高，邹玉娟，赵晓晨，等. 经济全球化和经济虚拟化背景下的资本主义经济周期理论研究[M]. 天津：南开大学出版社，2019：225.

[37] 刘志洋，马亚娜，岳琳琳. 宏观审慎监管对财富分配不平等的影响研究——兼论金融监管与共同富裕的关系[J]. 金融监管研究，2022(12)：78-95.

[38] 张来明，赵昌文，蒋希蘅，等. 携手应对危机 共享发展机遇——亚洲金融危机 25 年来中国—东盟经济金融合作的启示和未来重要方向[J]. 管理世界，2023，39(1)：1-14+40+15.

[39] 于力，黄晓薇. 美国国债与全球房地产繁荣——安全资产替代效应[J]. 国际商务(对外经济贸易大学学报)，2023(1)：105-119.

[40] 连平. 以自然利率为锚实施跨周期调节[J]. 中国金融，2023(5)：33-34.

[41] 丁一，冯如雪，武佳薇. 经合组织国家财富管理经验[J]. 中国金融，2022(12)：82-83.

[42] 冯婷婷，胡翠娥. 《国富论》溯源与内涵分析[J]. 中国科技术语，2019，21(4)：59-64.

[43] 卓翔，黄甄铭. 论大数据国家财富观[J]. 北方工业大学学报，2019，31(3)：31-37.

[44] 任保平. 新国家财富观：引导经济增长质量的价值判断[J]. 国家治理，2015(19)：5-11.

[45] 康宁. 中国高等教育资源配置转型程度的趋势研究(1978—2018)[M]. 南京：南京大学出版社，2020：633.

[46] [美]纳西姆·尼古拉斯·塔勒布. 黑天鹅：如何应对不可预知的未来[M]. 北京：中信出版社，2008.

[47] [英]克劳迪娅·哈蒙德. 花钱的艺术[M]. 高玉芳，樊雨馨，译. 北京：中信出版集团，2018.

[48] 吴雨，李晓，李洁，等. 数字金融发展与家庭金融资产组合有效性[J]. 管理世界，2021，37(7)：92-104+7.

[49] 邱勋. 余额宝对商业银行的影响和启示[J]. 金融发展研究，2013(9)：50-54.

[50] 范园园. 家庭综合理财规划案例分析[J]. 时代金融，2019(15)：117-118.

[51] 胡振，臧日宏. 金融素养对家庭理财规划影响研究——中国城镇家庭的微观证据[J]. 中央财经大学学报，2017(2)：72-83.

[52] 李亿平. 我国城镇普通居民个人理财研究[D]. 成都：西南财经大学，2010.

[53] 石庆新. 家庭理财教育方式对大学生消费行为的影响研究[D]. 重庆：西南大学，2008.

[54] 汪辛. 家庭金融理财风险与防范研究[D]. 武汉：武汉理工大学，2008.

[55] 华金秋. 中国居民理财研究[D]. 成都：西南财经大学，2002.

[56] 张学平，马维兰，韩雅君，等．可转债投资价值凸性与财富效应[J]．首都经济贸易大学学报，2019，21(2)：104-112．

[57] 张良财．大学生理财从可转债投资开始[J]．时代金融，2020(27)．

[58] 黄冰华，冯芸．可转换债券套利策略研究：中国市场的例子[J]．管理评论．2017，29(11)．

[59] 张玉琴．可转债融资选择实证研究[J]．财会通讯，2013(35)：47-49．

[60] 吴海燕，兰秋军．可转换债券及其标的股票风险收益关系的实证研究[J]．系统工程，2013，31(3)：21-27．

[61] 薛颖朝．我国上市公司可转债估值的研究[J]．现代商业，2022(32)．

[62] 甄爱军．可转债基金怎么玩[J]．理财周刊，2022(8)．

[63] 江茜．当前国内可转债投资策略分析[J]．上海商业，2021(10)：60-61．

[64] 樊业辉．中国可转换债券发展现状及投资策略分析[J]．经济研究导刊，2021(24)．

[65] 吕晶晶．可转债投资的"攻守之道"[J]．金融博览，2020(8)：61-63．

[66] 杨璇，曾海妹．可转债的投资策略研究[J]．中小企业管理与科技(上旬刊)，2019(11)．

[67] 陈悦．可转债基金适合大众参与吗[J]．理财周刊，2019(9)．

[68] 饕餮海，定风波，优美．攻守：可转债投资实用手册[M]．北京：中国经济出版社，2020．

[69] 徐大为．低风险投资之路[M]．北京：中国经济出版社，2014．

[70] 刘晶，沈桂龙，李祥文．基金管理人持基对基金业绩的影响——基于中国发起式基金的实证研究[J]．技术经济与管理研究，2023，320(3)：77-83．

[71] 王文南翔，沈洋，胡日东．基金市场同质化对股价崩盘风险的影响——兼论基金投资行为的微观机理[J]．金融与经济，2023，550(5)：15-26．

[72] 张学勇，冯盼盼，魏旭．上市公司精准扶贫信息披露对基金投资的信号作用[J]．经济研究，2023，58(4)：152-170．

[73] 唐大鹏，吴佳美．交易策略能提高社保基金投资绩效吗？[J]．财经研究，2020，46(12)：64-78．

[74] 靳玉英，罗子嫄，聂光宇．国际基金投资视角下中国资本流动管理：有效性和外溢性[J]．经济研究，2020，55(7)：21-40．

[75] 景鹏，陈明俊．基本养老保险基金投资管理困境及对策研究[J]．金融理论与实践，2018，470(9)：99-103．

[76] 朱晓明，童小龙．中国房地产投资的挤出效应[J]．上海金融，2021，495(10)：2-11．

[77] 周华东，丁帅，高玲玲．房价上涨、房地产投资与全要素生产率——来自上市工业企业的经验证据[J]．投资研究，2021，40(10)：68-87．

[78] 温希锦．房地产投资环境评价的重要性及路径探析——评《城市房地产投资环境评价》[J]．环境工程，2021，39(7)：225．

[79] 曹阳．我国房地产投资信托(REITs)的标准化发展与法律制度建设[J]．法律适用，2019，440(23)：48-57．

[80] 赵奉军，骆祖春．经济政策不确定性与房地产投资[J]．现代经济探讨，2019，455(11)：13-20．

[81] 周洪兵，范正根，王晨，等．新发展理念下中国房地产投资的经济增长质量效应研究[J]．投资研究，2020，39(5)：37-51．

[82] 仲继银．伟大的公司：创新、治理与传承[M]．北京：企业管理出版社，2020：54．

[83] 陈政立．投资[M]．北京：中国商业出版社，2021：125．

[84] [美]帕特·多尔西. 巴菲特的护城河寻找超额收益公司，构建股票首富城堡[M]. 刘寅龙，译. 广州：广东经济出版社，2009.

[85] [美]凯利·赖特. 选股，一定要看股息[M]. 王正林，王权，译. 北京：中信出版社，2011.

[86] 余文恭. 基建投资、城市更新、REITs 与财务分析决策[M]. 北京：中国法制出版社，2022.

[87] 翟晨曦，张霖，袁中圆. 唤醒沉睡的资产：公募 REITs 实操指南[M]. 广州：广东人民出版社，2022.

[88] 杨松令，牛登云，刘亭立，等. 行为金融视角下财投者情绪对实体企业金融化的影响研究[J]. 管理评论，2021(6)：3-15.

[89] 叶建华，周铭山，彭韶兵. 盈利能力、财投者认知偏差与资产增长异象[J]. 南开管理评论，2014(1)：61-68.

[90] [美]吉姆·罗杰斯. 中国赛道：投资大师罗杰斯谈中国未来趋势[M]. 孟语彤，译. 杭州：浙江文艺出版社，2021.

[91] 韩立岩，伍燕然. 投资者情绪与 IPOS 之谜——抑价或者溢价[J]. 管理世界，2007，(3)：51-61.

[92] 刘超，韩泽县. 投资者情绪与上证综指关系的实证研究[J]，北京理工大学学报(社会科学版)，2006，(2)：57-60.

[93] 孔东民，付克华. 中国股市增发的市场反应及影响因素分析[J]，世界经济，2005，(10)：51-59.

[94] 王薛淄. 多家照明企业披露去年业绩报告 大力发展植物照明等细分领域 开辟新赛道成行业趋势[N]. 消费日报. 2022 年 4 月 19 日.

[95] 王菲. 从经济数据看行业新赛道[J]. 纺织科学研究. 2022(9).

[96] 盖彦. 筑牢企业竞争力"护城河"[J]. 经济. 2023(3)：84-85.

[97] 彭春雨，王玉. 竞争优势：透视企业护城河[J]. 销售与市场(管理版)，2022(5).

[98] 李遥杰. 企业战略管理的重要性与精准化探究[M]. 企业改革与管理，2023(5)：28-30.

[99] 李慧勇. 好行业催生好公司[J]. 上海国资，2020(6)：9.

[100] 企业会计准则编审委员会. 小企业会计准则解读(2021 年版)[M]. 上海：立信会计出版社，2021.

[101] 邢俊英. 事业单位会计：双系统核算模式[M]. 大连：东北财经大学出版社，2019.

[102] 张延杰. 复利常胜之道：五步建立股票投资交易系统[M]. 北京：中国铁道出版社，2021.

[103] 崔琳，刘晓峰. 中级财务会计[M]. 北京：中国原子能出版社，2019.

[104] [英]乔治·拉姆赛. 论财富的分配[M]. 李任初，译. 北京：商务印书馆，2022.

[105] 蒋豹. 扫雷：读财报做投资[M]. 北京：中国铁道出版社，2021.

[106] 张颖. 会计科目设置与实操大全(图解版)[M]. 北京：中国铁道出版社，2015.

[107] 姜昕，李爱华. 中级财务会计[M]. 3 版. 大连：东北财经大学出版社，2018.

[108] 朱振东，李尚越. 中级财务会计[M]. 3 版. 北京：北京理工大学出版社，2020.

[109] 汤健，祝勇军. 中级财务会计[M]. 3 版. 长沙：湖南大学出版社，2020.

[110] 周广恢，张颖. 财务公式运用大全不可不知的 180 个公式(图解版)[M]. 2 版. 北京：中国铁道出版社，2018.

[111] 陈金强. 股市投资进阶：基本面分析的 40 个财务指标[M]. 北京：中国铁道出版社，2018.

[112] 姜艳玲，白兰春，刘井平. 政府会计：从入门到精通[M]. 北京：机械工业出版社，2019.

[113] 常茹. 财务会计[M]. 2 版. 北京：经济科学出版社，2019.

[114] 范立新. 中国税务大词典[M]. 北京：中国税务出版社，2011.

[115] 王磊. 财务分析[M]. 北京：中国金融出版社，2017.

[116] 李桂君，宋砚秋，王瑶琪．投资项目评估[M]．3 版．北京：中国金融出版社，2021．

[117] [美]S. B. 科斯特斯(S. B. Costales)，盖泽·斯泽罗威(Geza Szurovy)．财务报表分析及案例[M]．2 版．张志强，译．北京：宇航出版社，香港：科文(香港)出版有限公司，1999．

[118] 何永江．财务报表分析[M]．天津：南开大学出版社，2021．

[119] 余梅．艺术生的商业决策[M]．北京：中国金融出版社，2020．

[120] 梁胜威，杨启民．打造准上市公司的管理模式[M]．北京：中国铁道出版社，2017．

[121] 何韧．财务报表分析[M]．上海：上海财经大学出版社，2019．

[122] 股震子．股市掘金：核心资产板块股票投资指南[M]．北京：中国宇航出版社，2022．

[123] 李学春，张晓楠，王岌．财务报表分析[M]．上海：上海交通大学出版社，2015．

[124] 于秉汝．财务分析指标案例精讲[M]．北京：中国经济出版社，2018．

[125] 曹明成，谭文．财务指标解析与实战[M]．北京：中国宇航出版社，2018．

[126] 贺瑛．金融概论[M]．5 版．北京：高等教育出版社，2014．

[127] 李昊轩．一本书读懂金融常识[M]．北京：中国商业出版社，2013．

[128] 中国发展研究基金会．汇率博弈——人民币汇率制度改革影响评估[M]．北京：中国发展出版社，2011．

[129] 张延良．证券投资学[M]．北京：经济科学出版社，2015．

[130] 大众财经图书中心．三天读懂金融学：用最短的时间最全面地了解金融学(实用图解版)[M]．2 版．北京：中国法制出版社，2015．

[131] 武永梅．金融学：从入门到精通[M]．南昌：江西人民出版社，2017．

[132] [美]乔治·索罗斯．金融炼金术[M]．海口：海南出版社，2016．

[133] [美]罗伯特·斯莱特．索罗斯传[M]．北京：中国人民大学出版社，2015．

[134] 褚峻．企业品牌管理案例[M]．北京：中国人民大学出版社，2015．

[135] [英]塞巴斯蒂安·马拉比．风险投资史[M]．田轩，译．杭州：浙江教育出版社，2022．

[136] 李又羲．赛道为王：红杉资本的投资哲学[M]．北京：北京理工大学出版社，2016．